全国高等职业教育护理专业配套教材

生理学学习指南与习题集

主　编　陈宝琅　倪月秋

副主编　王　晶　梁秀艳　林艳华　张　量

编　委　（按姓氏拼音排序）

陈宝琅（菏泽医学专科学校）　　　　　　王　晶（哈尔滨医科大学大庆校区）

李辉勤（辽源职业技术学院医药分院）　　王　平（黑龙江农垦职业学院护理分院）

梁秀艳（辽源职业技术学院医药分院）　　闫长虹（菏泽医学专科学校）

林艳华（吉林职工医科大学）　　　　　　姚　阳（沈阳医学院）

刘慧霞（菏泽医学专科学校）　　　　　　姚丹丹（广州医学院从化学院）

倪月秋（沈阳医学院）　　　　　　　　　张　量（沈阳医学院）

孙德英（辽源职业技术学院医药分院）

北京大学医学出版社

SHENGLIXUE XUEXI ZHINAN YU XITIJI

图书在版编目（CIP）数据

生理学学习指南与习题集/陈宝琅，倪月秋主编.
—北京：北京大学医学出版社，2014.5（2021.9重印）
ISBN 978-7-5659-0788-3

Ⅰ.①生… Ⅱ.①陈… ②倪… Ⅲ.①人体生理学-医学院校-教学参考资料 Ⅳ.①R33

中国版本图书馆 CIP 数据核字（2014）第 033516 号

生理学学习指南与习题集

主　　编：陈宝琅　倪月秋
出版发行：北京大学医学出版社
地　　址：(100191)北京市海淀区学院路 38 号 北京大学医学部院内
电　　话：发行部 010-82802230；图书邮购 010-82802495
网　　址：http://www.pumpress.com.cn
E-mail：booksale@bjmu.edu.cn
印　　刷：北京瑞达方舟印务有限公司
经　　销：新华书店
责任编辑：韩忠刚　张立峰　　责任校对：金彤文　　责任印制：罗德刚
开　　本：787 mm×1092 mm　1/16　　印张：15.75　　字数：403 千字
版　　次：2014 年 5 月第 1 版　2021 年 9 月第 2 次印刷
书　　号：ISBN 978-7-5659-0788-3
定　　价：32.00 元
版权所有，违者必究
（凡属质量问题请与本社发行部联系退换）

絮语：怎样学好生理学——代前言

生理学是重要的，似乎又是难学的，知识点多，说理性强，多学科关联，和临床联系密切。

怎样学好生理学，是每一个医护学生希望了解的。作者根据自身学习和从教生理学近30年的经历谈一点体会，期冀有所助益。

学习生理学，要注意的方面用5个字来概括：听、记、读、想、练。

听：听老师讲。为什么一定要听老师讲？因为，老师是先学者，早知道生理学是怎样一门学科，早认识了生理学的内容，为后学者学习生理学趟出了路子；老师的讲解，把凌乱的知识点进行了系统化和条理化，把难懂的、深奥的内容变得容易化，把复杂的问题简单化。因此，学生听老师讲，能在有限的时间内更多更好地掌握生理学知识，获取知识的效率高。

记：记笔记。将老师在课堂上的讲解随堂记下来，课后再整理笔记，虽然显得有些繁琐，却能在整理笔记的过程中加强对内容的理解和记忆。整理笔记本身就是学习。记，更好的还是记在脑子里，随堂要记住至少75％的内容，这就要求听课时精力要集中。

读：读教材。结合整理笔记，将当天课堂所学内容复习一遍，掌握老师提到的难点、重点。还要参考相关学科、相关内容，如解剖学、组织学、生物化学、药理学、诊断学、各临床科学，不求甚解，只需了解，能佐证或印证生理学规律、克服学习生理学过程中遇到的知识障碍即可。带上面包和水，到图书馆阅览室泡上一天！

想：圣人说"学而不思则罔，思而不学则殆。"想什么，想自己的身体。生理学不仅在书上，更重要的是在自己身上，哪一章内容都不缺，自己就是一部活生生的生理学。水喝多了，尿量就多，书上说的是叫水利尿，是抗利尿激素分泌少了，可是发现豪饮啤酒后要不断去卫生间，为什么？没有哪本书上论述过，那就自己想想吧。想，就是联系，将前前后后各章内容联系起来，和其他学科联系起来，和临床现象联系起来，想，就是融会贯通。

练：就是做习题。"学而时习之，不亦悦乎。"听、记、读、想都做到了，还不等于掌握了。这里说的掌握有两个含义，其一，是能将生理学原理付诸工作岗位应用，这是最终目标；其二是比较现实的一点，是要应对各类必须的考试。就是要将所学知识在试卷上正确地再现。这两个目标的实现都离不开做一定量习题的训练。做习题，可强化对知识的掌握；可增强分析问题的能力。临床工作岗位其实就是不断地在做最佳选择。做选择题，就是训练分析、甄别和抉择能力。

当然，方法，只是走向成功的途径；勤奋，才是成功的保证。

《生理学学习指南与习题集》是《生理学》教材原班编著者集长年一线教学和辅导各类考试经验之大成共同精心之作。

本书包括两大部分，第一部分是"理论精粹"，对《生理学》每一章知识点进行梳理，将每一个生理学规律以简洁的语言给予精准的表述，以简明的近乎课堂板书的形式予以呈现。第二部分是"习题与答案"，编写和精选了近年来各类考试中常见题目，以不同题型涵盖了主教材《生理学》的全部知识点。题目难度照顾到三个层次：基本知识、能力上升、拓展知识。在保证基本知识掌握的同时，注重知识目标向能力目标的引申；适当联系临床和周边学科，使知识范围得以拓展。问答题解答向来是学生最难把握的，鉴于此，作者对答案进行删繁就简，使之简明扼要，既切题又易记易诵。

学生阅读本书宜和课堂同步，课后复习时阅读本书第一部分可帮助提炼主教材的难点和重点，再适量地做些习题更能强化对课堂内容的理解和掌握。每次课坚持如此，化整为零，是提高学习效率和学习成绩的好策略。

本书的成书，依然得到各位作者所在单位的全力支持，各位作者将自己多年"压箱底"的经验和盘托出，体现了对教育的责任感和无私奉献的精神，再此谨致谢忱。本书也得到了北京大学医学出版社资深编辑的悉心指导和严格把关，使本书既坚持了内容的科学性和学术上的高度，又兼具课堂化的适读性，一定能成为学生喜欢的良师益友。

近年来学生学习兴趣和学习能力在变化，作为教师也应该有责任予以适应和引导。对此感触良多，谨摹稼轩词定风波又散句以抒感怀。

风华正茂不觉春，尺铎难掩读书困。
漫道学子不知进，且问，传道授业解惑人。
春江水暖鸭岂知，黑板白字炼眼神。
莫问考试得几分，听取，花前月下已羞人。

闭目掩卷憩正酣，快波睡眠。
乍然间，有葵花宝典呈现。
顿悟，顿悟，
生命有理，却在斯文间。

陈宝琅
2014 年 3 月

目 录

第一部分 理论精粹

第一章 绪论 ⋯⋯⋯⋯⋯⋯⋯⋯⋯⋯ 2
  一、人体生理学的概念、内容 ⋯⋯ 2
  二、生理学在泛医学课程体系中的作用和地位 ⋯⋯⋯⋯⋯⋯⋯⋯ 2
  三、生理学的研究方法 ⋯⋯⋯⋯ 2
  四、生理学研究的层次 ⋯⋯⋯⋯ 2
  第一节 兴奋性 ⋯⋯⋯⋯⋯⋯⋯⋯ 2
    一、刺激与反应 ⋯⋯⋯⋯⋯⋯ 2
    二、衡量兴奋性的指标——阈值 ⋯ 3
    三、组织兴奋时兴奋性的变化 ⋯⋯ 3
  第二节 人体与环境 ⋯⋯⋯⋯⋯⋯ 4
    一、人体与外环境 ⋯⋯⋯⋯⋯⋯ 4
    二、内环境与稳态 ⋯⋯⋯⋯⋯⋯ 4
  第三节 人体功能的调节 ⋯⋯⋯⋯ 4
    一、人体功能的调节方式 ⋯⋯⋯⋯ 4
    二、人体功能调节的自动控制系统 ⋯ 5

第二章 细胞的基本功能 ⋯⋯⋯⋯⋯ 6
  第一节 细胞的跨膜物质转运功能 ⋯ 6
    一、单纯扩散 ⋯⋯⋯⋯⋯⋯⋯ 6
    二、易化扩散 ⋯⋯⋯⋯⋯⋯⋯ 6
    三、主动转运 ⋯⋯⋯⋯⋯⋯⋯ 7
    四、入胞和出胞 ⋯⋯⋯⋯⋯⋯ 7
  第二节 细胞的信号转导功能 ⋯⋯ 7
    一、离子通道耦联受体的信号转导 ⋯ 8
    二、G蛋白（鸟苷酸调节蛋白）耦联受体介导的信号转导 ⋯⋯⋯ 8
    三、酶耦联受体介导的信号转导 ⋯ 8
    四、细胞内受体介导的信号转导 ⋯ 8
  第三节 细胞的生物电现象 ⋯⋯⋯ 8
    一、静息电位（RP） ⋯⋯⋯⋯⋯ 8
    二、动作电位（AP） ⋯⋯⋯⋯⋯ 9
  第四节 肌细胞的收缩功能 ⋯⋯⋯ 10
    一、N-M接头处兴奋的传递 ⋯⋯ 10
    二、骨骼肌细胞的微细结构 ⋯⋯ 11
    三、骨骼肌细胞的收缩机制——肌丝滑行学说 ⋯⋯⋯⋯⋯⋯⋯⋯ 11
    四、骨骼肌细胞的兴奋——收缩耦联 ⋯⋯⋯⋯⋯⋯⋯⋯⋯⋯⋯⋯ 11
    五、骨骼肌的收缩形式 ⋯⋯⋯⋯ 12
    六、影响骨骼肌收缩的主要因素 ⋯ 12
    七、平滑肌细胞的结构和功能特点 ⋯⋯⋯⋯⋯⋯⋯⋯⋯⋯⋯⋯ 13

第三章 血液 ⋯⋯⋯⋯⋯⋯⋯⋯⋯⋯ 14
  一、体液的概念 ⋯⋯⋯⋯⋯⋯ 14
  二、体液的分布 ⋯⋯⋯⋯⋯⋯ 14
  三、血液的生理功能 ⋯⋯⋯⋯ 14
  第一节 血液的组成和理化特性 ⋯ 14
    一、血液的组成 ⋯⋯⋯⋯⋯⋯ 14
    二、血液的理化特性 ⋯⋯⋯⋯ 15
  第二节 血细胞 ⋯⋯⋯⋯⋯⋯⋯ 15
    一、红细胞 ⋯⋯⋯⋯⋯⋯⋯⋯ 15
    二、白细胞 ⋯⋯⋯⋯⋯⋯⋯⋯ 18
    三、血小板 ⋯⋯⋯⋯⋯⋯⋯⋯ 19
  第三节 血液凝固及纤维蛋白溶解 ⋯ 20
    一、血液凝固 ⋯⋯⋯⋯⋯⋯⋯ 20
    二、纤维蛋白溶解 ⋯⋯⋯⋯⋯ 21
  第四节 血量和血型 ⋯⋯⋯⋯⋯ 21
    一、血量 ⋯⋯⋯⋯⋯⋯⋯⋯⋯ 21
    二、血型 ⋯⋯⋯⋯⋯⋯⋯⋯⋯ 22

第四章 血液循环 ⋯⋯⋯⋯⋯⋯⋯⋯ 24
  第一节 心脏生理 ⋯⋯⋯⋯⋯⋯ 24
    一、心肌细胞的生物电现象 ⋯⋯ 24
    二、心肌生理特性 ⋯⋯⋯⋯⋯ 25
    三、心脏的泵血功能 ⋯⋯⋯⋯ 27

四、心音和心电图 ……………………… 29
第二节　血管生理 ……………………………… 29
　　一、血流动力学 ………………………… 30
　　二、动脉血压和动脉脉搏 ……………… 30
　　三、静脉血压和静脉血回流 …………… 31
　　四、微循环 ……………………………… 31
　　五、组织液和淋巴液的生成和回流
　　　　………………………………………… 32
　　六、淋巴循环 …………………………… 33
第三节　心血管活动的调节 …………………… 33
　　一、神经调节 …………………………… 33
　　二、体液调节 …………………………… 35
第四节　器官循环 ……………………………… 35
　　一、冠状动脉循环 ……………………… 35
　　二、肺循环特点 ………………………… 36
　　三、脑循环特点 ………………………… 36

第五章　呼吸 …………………………………… 37
第一节　肺通气 ………………………………… 37
　　一、肺通气的动力 ……………………… 37
　　二、呼吸运动的形式类型 ……………… 37
　　三、呼吸时肺内压与胸膜腔内压的
　　　　变化 …………………………………… 38
　　四、肺通气的阻力 ……………………… 38
　　五、肺通气功能的评价 ………………… 39
第二节　呼吸气体的交换 ……………………… 41
　　一、气体交换的原理 …………………… 41
　　二、气体交换的过程 …………………… 41
　　三、影响气体交换的因素 ……………… 41
第三节　气体在血液中的运输 ………………… 41
　　一、气体在血液中的存在形式 ………… 41
　　二、氧的运输 …………………………… 42
　　三、CO_2的运输 ………………………… 43
第四节　呼吸运动的调节 ……………………… 43
　　一、呼吸的中枢调控 …………………… 43
　　二、呼吸的反射性调节 ………………… 44

第六章　消化与吸收 …………………………… 46
第一节　概述 …………………………………… 46
　　一、消化和吸收的概念 ………………… 46
　　二、消化的方式 ………………………… 46
第二节　消化道的运动 ………………………… 46

　　一、消化道平滑肌的生理特性 ………… 46
　　二、咀嚼和吞咽 ………………………… 47
　　三、胃的运动 …………………………… 47
　　四、小肠的运动 ………………………… 48
　　五、大肠的运动 ………………………… 48
第三节　消化液及其作用 ……………………… 49
　　一、唾液及其作用 ……………………… 49
　　二、胃液及其作用 ……………………… 50
　　三、胰液及其作用 ……………………… 51
　　四、胆汁及其作用 ……………………… 51
　　五、小肠液及其作用 …………………… 52
　　六、大肠液及其作用 …………………… 52
第四节　吸收 …………………………………… 52
　　一、吸收部位及机制 …………………… 52
　　二、小肠内主要营养物质的吸收 ……… 53
第五节　消化器官活动的调节 ………………… 53
　　一、神经调节 …………………………… 53
　　二、体液调节 …………………………… 55
　　三、社会、心理因素对消化功能的
　　　　影响 …………………………………… 55

第七章　能量代谢与体温 ……………………… 56
第一节　能量代谢 ……………………………… 56
　　一、能量代谢 …………………………… 56
　　二、能量代谢的测定 …………………… 57
　　三、影响能量代谢的主要因素 ………… 57
第二节　体温及其调节 ………………………… 58
　　一、人体正常体温及生理变动 ………… 58
　　二、机体的产热与散热 ………………… 58
　　三、体温调节 …………………………… 59

第八章　肾的排泄 ……………………………… 61
第一节　肾的结构特点与功能概述 …………… 61
　　一、肾的结构特点 ……………………… 61
　　二、肾血液循环的特点 ………………… 62
第二节　肾小球的滤过作用 …………………… 62
　　一、滤过膜及其通透性 ………………… 63
　　二、有效滤过压 ………………………… 63
　　三、影响肾小球滤过的因素 …………… 63
第三节　肾小管和集合管的重吸收和
　　　　分泌作用 …………………………… 64
　　一、肾小管和集合管的重吸收作用

二、肾小管和集合管的分泌作用…… 66
　第四节　尿液的浓缩和稀释………… 66
　　一、概念…………………………… 66
　　二、尿液的浓缩和稀释机制……… 67
　　三、影响尿浓缩和稀释的因素…… 67
　第五节　尿生成的调节………………… 67
　　一、体液调节……………………… 67
　　二、神经调节……………………… 69
　第六节　肾血浆清除率………………… 69
　第七节　尿的排放……………………… 70
　　一、尿液…………………………… 70
　　二、排尿反射……………………… 70

第九章　感觉器官……………………… 72
　第一节　概述…………………………… 72
　　一、感受器、感觉器官的概念和分类
　　　………………………………… 72
　　二、感受器的一般生理特性……… 72
　第二节　视觉器官……………………… 72
　　一、眼的折光功能………………… 72
　　二、眼的感光功能………………… 73
　　三、与视觉有关的几种生理现象… 74
　第三节　听觉器官……………………… 74
　　一、外耳和中耳的传音功能……… 74
　　二、内耳（耳蜗）的感音功能…… 75
　　三、听阈和听域…………………… 75
　第四节　前庭器官……………………… 75
　　一、前庭器官的感受细胞………… 75
　　二、椭圆囊和球囊的功能………… 75
　　三、半规管的功能………………… 76
　　四、前庭反应……………………… 76

第十章　神经系统……………………… 77
　第一节　神经元及反射活动的一般规律
　　　………………………………… 77
　　一、神经元和神经纤维…………… 77
　　二、突触生理……………………… 78
　　三、神经递质……………………… 79
　　四、反射中枢……………………… 80
　第二节　神经系统的感觉功能………… 81
　　一、脊髓的感觉传导功能………… 81
　　二、丘脑及其感觉投射系统……… 81
　　三、大脑皮质的感觉分析功能…… 82
　　四、痛觉…………………………… 83
　第三节　神经系统对躯体运动的调节
　　　………………………………… 84
　　一、脊髓对躯体运动的调节……… 84
　　二、脑干对肌紧张的调节………… 86
　　三、小脑对躯体运动的调节……… 87
　　四、基底核对躯体运动的调节…… 87
　　五、大脑皮质对躯体运动的调节… 88
　第四节　神经系统对内脏活动的调节
　　　………………………………… 88
　　一、自主神经系统的结构和功能特征
　　　………………………………… 88
　　二、自主神经的主要功能………… 89
　　三、自主神经的递质及其受体…… 90
　　四、各级中枢对内脏活动的调节… 91
　第五节　脑的高级功能与脑电活动…… 92
　　一、条件反射……………………… 92
　　二、学习与记忆…………………… 93
　　三、大脑皮质的语言中枢………… 94
　　四、大脑皮质的电活动…………… 94
　　五、觉醒与睡眠…………………… 95

第十一章　内分泌系统………………… 97
　第一节　激素的概况…………………… 99
　　一、激素的信息传递方式及分类… 99
　　二、激素的作用机制……………… 99
　　三、激素作用的一般特征………… 100
　第二节　下丘脑与垂体………………… 100
　　一、下丘脑与垂体的结构机能联系
　　　………………………………… 100
　　二、腺垂体………………………… 100
　　三、神经垂体……………………… 102
　第三节　甲状腺………………………… 103
　　一、甲状腺激素的合成、贮存、释放、
　　　运输和灭活…………………… 103
　　二、甲状腺激素的生理作用……… 105
　　三、甲状腺激素的分泌调节……… 106
　第四节　肾上腺………………………… 107
　　一、糖皮质激素的生理作用……… 107

二、糖皮质激素的分泌调节 ……… 109
　第五节　甲状旁腺激素、降钙素、
　　　　　1,25（OH）$_2$维生素 D$_3$ ……… 110
　　一、甲状旁腺激素（PTH） ……… 110
　　二、降钙素（CT） ……………… 110
　　三、1,25（OH）$_2$维生素 D$_3$ …… 110
　第六节　胰岛 …………………………… 111
　　一、胰岛素 ……………………… 111
　　二、胰高血糖素 ………………… 112
　第七节　其他激素 ……………………… 112
　　一、松果体激素 ………………… 112
　　二、胸腺激素 …………………… 112
　　三、前列腺素 …………………… 112

第十二章　生殖 …………………………… 113
　第一节　男性生殖 ……………………… 113
　　一、睾丸的生精作用 …………… 113
　　二、睾丸的内分泌作用 ………… 113
　　三、睾丸功能的调节 …………… 113
　第二节　女性生殖 ……………………… 114
　　一、卵巢的生卵作用 …………… 114
　　二、卵巢的内分泌功能 ………… 115
　　三、卵巢周期性活动的调节 …… 115
　第三节　妊娠与避孕 …………………… 116
　　一、妊娠 ………………………… 116
　　二、避孕 ………………………… 117

第二部分　习题与答案

第一章　绪论 ……………………………… 120
　习题 ………………………………… 120
　参考答案 …………………………… 123
第二章　细胞的基本功能 ………………… 126
　习题 ………………………………… 126
　参考答案 …………………………… 133
第三章　血液 ……………………………… 138
　习题 ………………………………… 138
　参考答案 …………………………… 143
第四章　血液循环 ………………………… 147
　习题 ………………………………… 147
　参考答案 …………………………… 159
第五章　呼吸 ……………………………… 167
　习题 ………………………………… 167
　参考答案 …………………………… 173
第六章　消化与吸收 ……………………… 177
　习题 ………………………………… 177
　参考答案 …………………………… 182

第七章　能量代谢与体温 ………………… 186
　习题 ………………………………… 186
　参考答案 …………………………… 189
第八章　排泄 ……………………………… 192
　习题 ………………………………… 192
　参考答案 …………………………… 199
第九章　感觉器官 ………………………… 203
　习题 ………………………………… 203
　参考答案 …………………………… 208
第十章　神经系统 ………………………… 211
　习题 ………………………………… 211
　参考答案 …………………………… 221
第十一章　内分泌 ………………………… 227
　习题 ………………………………… 227
　参考答案 …………………………… 234
第十二章　生殖 …………………………… 239
　习题 ………………………………… 239
　参考答案 …………………………… 242

第一部分 理论精粹

《生理学》基本概念、基本规律、基本机制、基本数据和生理意义

透彻讲解,言简意赅;
形式简明,易记易诵;
基本知识,扎实掌握;
具体问题,百变有宗。

第一章 绪 论

一、人体生理学的概念、内容

生理学，属于生物学范畴。

生物学→生理学→人体生理学（简称生理学）

生理学的基本内容：正常状态下，人体及其各部分的功能。包括生命活动的现象、过程、规律、机制以及影响因素。

学习《生理学》，应特别注意其中的基本概念、基本作用、基本规律、基本机制、基本数据和生理意义。

二、生理学在泛医学课程体系中的作用和地位

属于机能学科。是基于形态学之上的各机能学科的论证核心，是临床各学科的基础，构成医护人员临床机能学思维的核心。

三、生理学的研究方法

(1) 人群调查；
(2) 动物实验：在体实验、离体实验；急性实验、慢性实验；
(3) 人体试验：自愿、知情、非创伤；
(4) 临床观察。

四、生理学研究的层次

研究的三个水平：整体水平、器官和系统水平、细胞和分子水平。

生理学基本内容：正常功能变化及病理变化的本质。人体是一个统一体，以整体为存在形式，与周围环境保持密切联系，应以整合和稳态的观点认识人体功能的整体性、综合性和协调性。

第一节 兴奋性

生命的基本特征：新陈代谢、兴奋性、适应性、生殖。

新陈代谢：机体与环境之间进行物质交换与能量交换的过程，是生命活动赖以进行的基本活动。

兴奋性：机体感受刺激产生反应的能力或特性。是在新陈代谢的基础上进行的。

一、刺激与反应

刺激：能引起机体产生反应的环境变化称为刺激。是产生反应的条件。

分类：

(1) 物理：声、光、电、机械、温度等。电：生理学研究最常用。
(2) 化学：酸、碱、盐、渗透压。
(3) 生物：病毒、细菌等微生物。
(4) 社会心理：情绪、情感、社会变革。

反应：刺激引起机体功能活动的改变。是刺激作用的结果。
兴奋：机体受刺激后，由相对静止变为活动，或活动由弱变强。
　　　静止→活动→活动↑
抑制：机体受刺激后，由活动变为相对静止，或活动由强变弱。
　　　活动→静止，活动↑→活动↓

功能活动的两方面互为前提，辩证统一，动态变化，是相互消长的相对状态。
刺激引起反应的三个条件（刺激的三要素）：
(1) 刺激的强度。
(2) 刺激的作用时间。
(3) 刺激的强度-时间变化率。
三要素作不同组合可形成各种刺激。

二、衡量兴奋性的指标——阈值

阈值：在刺激作用时间、强度-时间变化率不变的前提下，逐渐增大刺激强度，则刚能引起反应的刺激强度称阈值，亦称阈强度。
阈刺激：强度＝阈值
阈上刺激：强度＞阈值
阈下刺激：强度＜阈值
衡量兴奋性的指标：阈值。兴奋性的大小可用阈值衡量。
兴奋性与阈值的关系：反变关系。兴奋性∝1/阈值。
　　　　　　　即阈值大则兴奋性低，阈值小则兴奋性高。

三、组织兴奋时兴奋性的变化

可兴奋组织：神经、肌肉、腺体（兴奋性高、反应迅速明显、能产生动作电位）。
可兴奋组织受到刺激产生兴奋的过程中（或称在一个动作电位的时程中），其兴奋性发生一系列规律性变化：绝对不应期、相对不应期、超常期、低常期，然后进入（恢复到）正常兴奋性状态。

组织兴奋时兴奋性的变化

分期	对刺激的反应	兴奋性
绝对不应期	对任何强大的刺激不产生反应	基本消失（＝0）
相对不应期	对阈上刺激产生反应	降低（＞0，＜正常）
超常期	对阈下刺激产生反应	稍微增高（＞正常）
低常期	对阈上刺激产生反应	稍微降低（＜正常，＞0）

绝对不应期的意义：决定两次兴奋间的最短时间间隔。或单位时间内产生兴奋的最大次

数，即兴奋频率。如绝对不应期为2ms，则最大可兴奋频率为1000ms/2ms＝500次/秒。

第二节　人体与环境

一、人体与外环境

外环境：人体所处的自然界。人体与外环境相互影响。
自然环境：物理、化学、生物。
社会环境：社会、心理因素。
生（理）物—心理—社会医学模式
改善社会环境、提高心理素质、增进人类健康、保护和改善自然环境。

二、内环境与稳态

内环境：体内细胞直接生存的液体环境即细胞外液，称为内环境。
稳态：内环境理化性质（因素）保持相对稳定的状态称稳态。温度、渗透压、酸碱度、各化学成分等。
稳态的意义：稳态是人体生命活动正常进行的必要条件。两个含义：
①细胞外液理化性质保持相对不变。
②泛指：整体、系统或器官功能状态趋于稳定。
人体正常生命活动是在稳态不断破坏和恢复的过程中得以保持和进行的。

第三节　人体功能的调节

人体具有完善的功能调节机制，①使人体各部分功能活动协调一致，相互配合，成为统一的整体；②对复杂的内、外环境的变化产生适应性的反应，维持内环境稳态。

一、人体功能的调节方式

神经调节、体液调节、自身调节。

（一）神经调节

通过神经系统的作用对机体功能进行调节的方式；在三种调节机制中起主导作用。基本机制是神经反射。
神经反射：在中枢神经系统参与下，机体对刺激产生的规律性反应。
反射弧组成：五部分①感受器；②传入神经；③反射中枢；④传出神经；⑤效应器。
反射的形式：
非条件反射：先天具有的由遗传而来的反射活动。
条件反射：经后天训练学习获得的反射活动。可泛化、分化、消退。
特点：作用发生迅速、精确，作用时间短暂、作用部位局限。

（二）体液调节

通过体液中化学物质对人体机能活动进行调节的方式。

体液中化学物质：激素；代谢产物：CO_2、H^+、乳酸等；生物活性物质：组胺、缓激肽等。

特点：作用缓慢、持久、范围广泛。

神经-体液调节：以神经调节为主导，有体液调节参加的复合调节方式。神经调节为主导，体液调节是神经调节的传出环节。

（三）自身调节

组织细胞不依赖神经调节和体液调节，而由自身对刺激产生的适应性反应。如脑血流量、肾血流量的自身调节。

特点：作用准确、稳定、范围局限。

二、人体功能调节的自动控制系统

自动控制系统（反馈控制系统）：控制部分作用于受控部分，受控部分的效应信息反馈作用于控制部分，调节受控作用效应。

开环调节（非自动化调节）：单一的反射过程，中枢不受效应器的反作用，效应器只产生动作而不反过来影响中枢。少见。如应激状态下，糖皮质激素的分泌。

闭环调节（自动化调节）（反馈式控制系统）：由效应器上的感受装置返回的信息作用于中枢，经过中枢的分析综合（整合），调整其发出指令的现象。

反馈：受控部分的效应信息反过来调节控制部分的过程。

负反馈：反馈作用的效应与原效应相反，使反馈后的效应向相反方向变化。多见。自动维持机体功能相对稳定。

正反馈：反馈作用的效应与原效应作用一致，起到促进或加强原效应的作用。不多见。排尿反射、排便反射、分娩、血凝等。

前馈：在效应器作出反应之前，中枢控制系统即受到某处传来的信息，影响中枢控制系统发出信息，使效应器及早做出适应性反应。

条件反射即属前馈，使机体的反应更具预见性和超前性。

（陈宝琅）

第二章 细胞的基本功能

细胞是人体的基本结构和功能单位。
本章介绍具有共性的基本功能。
■ 细胞的跨膜物质转运动能：单纯扩散、易化扩散、主动转运、入胞和出胞。
■ 细胞的信号转导功能：离子通道耦联受体介导的信号转导、G-蛋白耦联受体介导的信号转导、酶耦联受体介导的信号转导、细胞内受体介导的信号转导。
■ 细胞的生物电现象。
■ 肌细胞的收缩功能。

第一节 细胞的跨膜物质转运功能

细胞膜构成与周围环境的屏障。膜蛋白参与跨膜物质转运和细胞信号转导。
被动转运：小分子物质顺电-化学梯度，不需代谢供能的物质转运过程。包括单纯扩散、易化扩散。易化扩散又包括载体转运和通道转运。
主动转运：逆浓度差、电位差从低浓度侧到高浓度侧；从低电位侧到高电位侧的物质转运过程。耗能。借助泵蛋白的作用。

一、单纯扩散

转运物：脂溶性小分子物质如 O_2、CO_2。
特点：顺浓度差转运，无需膜蛋白参与、无需细胞代谢供能。
影响因素：（1）浓度差。动力。浓度差↑→扩散通量↑
　　　　　（2）通透性。通过膜的难易程度。通透性↑→扩散通量↑

二、易化扩散

非脂溶性、脂溶性小的分子通过膜蛋白从高浓度到低浓度、从高电位到低电位转运。不直接耗能。

（一）通道转运

通道蛋白。贯通胞膜，带有闸门。钠、钾、钙通道等。转运物质多为离子。
按控制闸门的机制不同，分为：化学门控、电压门控、机械门控通道等。
通道蛋白构象改变，引起通道状态改变。备用：闸门未开放，无物质转运；激活：闸门开放，物质顺浓度差转运；失活：闸门关闭，物质不能转运。备用、激活、失活三种状态的转化具有时间依从性。

（二）载体转运

转运物：有机小分子如葡萄糖、氨基酸等。
转运过程：高浓度侧结合转运物→载体分子构象变化→低浓度侧分离释放转运物。

特点：（1）特异性：结合位点只能与具有特定化学结构的物质结合。

（2）饱和现象：载体和载体结合位点数量有限。转运物浓度增大到一定程度时，扩散通量不再增加。

（3）竞争性抑制：浓度大的转运物优先占据结合位点而被转运，浓度低的转运物竞争结合位点能力低，转运被抑制。

三、主动转运

从低浓度侧到高浓度侧；从低电位侧到高电位侧。耗能。膜蛋白：泵，具有 ATP 酶。

（一）原发性主动转运

直接利用代谢产生的能量。

生物泵。消耗 ATP。

钠钾泵：有 α 和 β 两个亚单位组成的二聚体蛋白质。有 Na^+-K^+ 依赖式 ATP 酶活性。分解 ATP 释放能量。受胞外高 K^+、胞内高 Na^+ 激活。$3Na^+$ 出细胞、$2K^+$ 入细胞。即 $3Na^+$：$2K^+$。可被毒毛旋花苷 G（Ouabain，哇巴因）抑制。意义：维持细胞外高 Na^+ 和细胞内高 K^+ 的不均衡分布。是形成细胞静息电位的物质基础。

（二）继发性主动转运

间接利用 Na^+ 主动转运所形成的势能储备主动转运物质的过程。

Na^+ 主动转运入胞→势能＋转运体→其他转运物：低→高，间接利用 ATP 能量联合转运。

按被转运物与 Na^+ 转运方向不同分为两种形式：

（1）同向转运：与 Na^+ 转运方向一致。

（2）逆向转运：与 Na^+ 转运方向相反。如葡萄糖、氨基酸在小肠吸收的过程。

四、入胞和出胞

通过细胞自身的活动，将团块、大分子物质出入细胞的过程。耗能。

（一）入胞

胞外大分子或团块物质进入细胞的过程。

大分子团块物与胞膜识别、融合、断裂→吞噬小泡＋溶酶体，蛋白水解酶消化。

吞噬：固态物质。

吞饮：液态物质。

（二）出胞

大分子物质通过细胞膜的运动排出细胞的过程。分泌过程。

合成→被膜→融合→断裂→倾囊释放。

第二节　细胞的信号转导功能

细胞间通过信息联系成为有机整体。

信号转导：细胞间的信息联系。

信号分子：神经递质、激素、细胞因子等。
受体：与信号分子特异性结合而发挥信号转导作用的蛋白质。膜受体、胞质受体、核内受体。

一、离子通道耦联受体的信号转导

化学门控离子通道。信号分子＋受体结合位点→通道开放或关闭→生理效应。
神经-肌肉接头：ACh＋N_2受体→Na^+通道开放：Na^+内流→终板电位。

二、G蛋白（鸟苷酸调节蛋白）耦联受体介导的信号转导

信号分子＋受体→G蛋白→G蛋白效应器酶→第二信使物质→蛋白激酶或离子通道→生理效应。含氮类激素多为此作用机制。

三、酶耦联受体介导的信号转导

酶耦联受体：细胞膜上的蛋白质分子，既是受体又具有酶的作用。
受体酪氨酸激酶：结合位点，酶催化作用。双重作用。如生长因子、肽类激素（胰岛素）。

四、细胞内受体介导的信号转导

脂溶性信号分子（类固醇激素）＋胞质受体＋核受体→调节基因表达→诱导蛋白：信号转导。

第三节　细胞的生物电现象

生物电：活细胞静息状态或活动状态存在的电现象。
跨膜电位：存在于细胞膜两侧的电位差。包括静息电位和动作电位。

一、静息电位（RP）

细胞处于静息状态时，细胞膜内外两侧存在的电位差。
极化：细胞在安静状态下所保持的膜外带正电、膜内带负电的状态。"外正内负"。数值稳定：神经、肌肉－70～－90mV。
去极化：极化状态的减弱。跨膜电位差减小。
超极化：极化状态的增强。跨膜电位差增大。
反极化：细胞膜外负内正的状态。
产生原理：
在静息状态下：
（1）细胞内外各种离子分布不均，存在浓度差。胞内［K^+］高、胞外［Na^+］高。
（2）静息时膜对K^+通透性高。对有机负离子（A^-）不通透。对Na^+几乎不通透。
（3）K^+顺浓度差外流，形成外正内负的电位差。
（4）K^+在电场中所受电场力与K^+外流的扩散力平衡时，K^+的净移动为零。此时膜电位稳定下来，即为静息电位。

RP 是 K^+ 的电-化学平衡电位：K^+ 向外扩散的力与之形成的电场力达到平衡时膜两侧的电位差。

RP 与极化状态都是细胞处于静息状态的标志，是一种现象的两种表现形式。

RP 的大小主要受细胞内外 K^+ 浓度的影响。

胞外 [K^+] ↑→细胞内外 [K^+] 差↓→扩散通量↓→RP↓

胞外 [K^+] ↓→细胞内外 [K^+] 差↑→扩散通量↑→RP↑

缺血、缺 O_2、酸中毒→细胞代谢障碍：Na^+ 泵功能受影响→胞内 [K^+]↓→RP↓甚至消失。

二、动作电位（AP）

（一）AP 的概念和过程

AP：可兴奋细胞受刺激时在 RP 基础上产生的以去极化和复极化为主的连续变化的跨膜电位。AP 是一个连续变化过程：一旦在细胞某一部位产生，就会迅速向四周传播；AP 是细胞处于兴奋状态的标志，RP 是细胞处于静息状态的标志。

AP 是一次在 RP 基础上爆发的电位快速上升又快速下降，以及随后缓慢波动的电位变化过程。包括锋电位和后电位。以神经细胞为例，AP 的波形包括：

$$
\text{动作电位}\begin{cases}
\text{锋电位}\begin{cases}
\text{上升支}\begin{cases}\text{去极化}（-80→0mV）\\ \text{反极化（超射）}（0→+30mV）\end{cases}\\
\text{下降支 复极化}（+30→-80mV)
\end{cases}\\
\text{后电位}\begin{cases}\text{负后电位}\\ \text{正后电位}\end{cases}
\end{cases}
$$

锋电位是 AP 的主要成分，是 AP 的标志。

（二）AP 与兴奋性的时间对应关系

锋电位：绝对不应期。

负后电位的前段：相对不应期。

负后电位的后段：超常期。

正后电位：低常期。

（三）AP 的特点

(1) "全或无"（All or None）现象：AP 的幅度不因刺激的加强而增大。要么不产生，一旦产生即达幅度的最大值。AP 的幅度决定于胞外 [Na^+]$_o$ 与胞内 [Na^+]$_i$ 之比即 [Na^+]$_o$/ [Na^+]$_i$。

(2) 不衰减性传导：一旦产生立即向其他部位传导，而且幅度不衰减。不因传导距离的增大而减小。

(3) 脉冲式产生：由于绝对不应期的存在，AP 不能重合，AP 间总有一定时间间隔，呈脉冲样图形。

（四）AP 的产生机制

(1) RP：K^+ 电-化学平衡电位。

(2) 局部电位：少量 Na^+ 通道开放，Na^+ 少量内流。

(3) 上升支（去极）：Na$^+$通道突然大量开放，Na$^+$迅速大量内流，使膜电位迅速上升。达+30mV时失活。

(4) 下降支（复极）：K$^+$通透性增大，K$^+$外流，使膜电位迅速下降。

(5) 后电位：K$^+$缓慢外流；Na$^+$泵活动。Na$^+$泵出，K$^+$泵入。膜电位恢复至静息水平，且膜两侧离子分布也恢复到静息状态。

（五）AP的产生条件与阈电位

阈电位（TP）：能触发动作电位产生的膜电位临界值称为TP。

RP去极化达到TP是产生AP的必要条件。

刺激→细胞膜局部去极化→达到阈电位→Na$^+$通道大量开放→暴发AP。

局部电位：细胞受到阈下刺激时，少量Na$^+$通道开放，少量Na$^+$内流使细胞膜局部产生较小的去极化，未达到阈电位。

特点：幅度小，呈衰减性传导、非"全或无"式、可总和（时间、空间）。

超极化：膜内负电荷增加，静息电位增大。

RP-TP距离增大，兴奋性降低。

阈强度：使细胞膜去极化达到阈电位的刺激强度。

刺激引起膜去极化，只是使膜电位从静息电位达到阈电位水平，而AP的暴发则是膜电位达到阈电位后其本身进一步去极化的结果，与施加给细胞刺激的强度无关。

（六）AP的传导与局部电流

传导：动作电位在同一个细胞上传播。

神经冲动：在神经纤维上传导的动作电位。

局部电流：兴奋膜与未兴奋膜之间存在的电流。刺激未兴奋膜。

跳跃式：局部电流跨越一段有髓鞘的神经纤维逐朗飞节传导。

无髓鞘纤维依靠局部电流依次传导，速度慢。

有髓鞘纤维跳跃式传导，速度快。

特点：双向性、不衰减性。

第四节 肌细胞的收缩功能

肌细胞：骨骼肌、心肌、平滑肌。收缩。

收缩的机制：肌丝滑行学说。

一、N-M接头处兴奋的传递

传递：兴奋从一个细胞传给另一个细胞。

（一）N-M接头的结构

接头前膜：释放乙酰胆碱（ACh）。

接头间隙：

接头后膜（即运动终板膜）：有ACh受体（即N$_2$受体）。

（二）N-M接头处兴奋传递的过程

电-化学-电的传递过程。

（三）N-M 接头处兴奋传递的特点

（1）单向性传递。（前膜→后膜）
（2）时间延搁：0.5～1.0ms。
（3）易受环境变化影响。（箭毒、有机磷农药等）

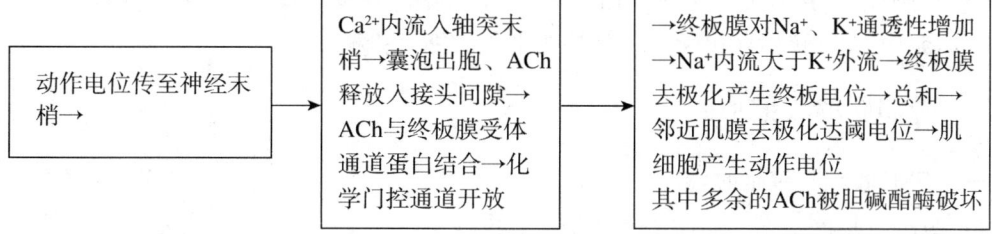

二、骨骼肌细胞的微细结构

肌小节：两丝（粗肌丝、细肌丝）；三带（明带、暗带、H带）；两线（Z线、M线）。
肌管系统：横管、纵管、三联管。

（一）肌原纤维

粗肌丝：肌凝蛋白：杆部、头部（横桥）。
细肌丝：肌动蛋白、原肌凝蛋白、肌钙蛋白。
横桥与肌动蛋白称为收缩蛋白；原肌凝蛋白与肌钙蛋白称为调节蛋白。

（二）肌管系统

三联管。终池-横管-终池。终池可贮存和释放 Ca^{2+}。

三、骨骼肌细胞的收缩机制——肌丝滑行学说

钙离子在肌丝滑行中的作用：
$[Ca^{2+}]$ ↑达$\geq 10^{-5}$mol/L 时与肌钙蛋白结合，使原肌凝蛋白分子变构，从肌动蛋白上横桥作用点移开，解除横桥与肌动蛋白的隔离。此结合：
（1）激活横桥 ATP 酶，分解 ATP 供能；
（2）激发横桥作同方向连续摆动，拉动细肌丝向 M 线方向滑行，肌小节缩短，肌细胞收缩。$[Ca^{2+}]$ $<10^{-7}$mol/L 时分离。舒张。

四、骨骼肌细胞的兴奋——收缩耦联

原理：
收缩：肌膜动作电位→三联管→钙池释放 Ca^{2+}→肌质 $[Ca^{2+}]$ 升高→肌丝滑入→肌小节缩短。
舒张：肌膜电位恢复→三联管→终池钙泵运转→肌质中 $[Ca^{2+}]$ 降低→肌丝滑出→肌小节变长
骨骼肌的兴奋-收缩耦联涉及三个基本环节：
（1）肌膜 AP 经过横管到达三联体。
（2）三联体的信号传递。
（3）终池对 Ca^{2+} 的释放和回收。

Ca^{2+}：耦联因子。

兴奋-收缩脱耦联：肌浆缺少 Ca^{2+}，只产生兴奋而不发生收缩。

［Ca^{2+}］在肌浆中的浓度在一定范围内与肌肉收缩力呈正变关系。

骨骼肌的收缩全过程包括五个基本环节：电-化学-电-化学-机械。

神经细胞电活动（电）→神经肌肉接头处的化学传递（化学）→骨骼肌细胞电活动（电）→肌浆中 Ca^{2+} 转移（化学）→骨骼肌细胞收缩（机械）。

五、骨骼肌的收缩形式

（一）等长收缩与等张收缩

等长收缩：长度不变，肌张力增大。

等张收缩：张力不变，长度缩短。

外力→肌肉：等长收缩 $\xrightarrow{\text{长度不变}}_{\text{张力增大}}$ 等张收缩 $\xrightarrow{\text{长度缩短}}_{\text{张力不变}}$ 负荷位移

（二）单收缩与强直收缩

骨骼肌的一次收缩包括三个时期：潜伏期、缩短期、舒张期。

单收缩：受到一次有效刺激，引起一次短暂收缩。

强直收缩：受到连续刺激，发生持续收缩。

根据强直的程度，又分为：

不完全强直收缩：收缩的复合发生在舒张期。

完全强直收缩：收缩的复合发生在收缩期。

六、影响骨骼肌收缩的主要因素

前负荷：肌肉收缩前承受的负荷。

肌肉初长度：肌肉收缩前，在前负荷的作用下的长度，在一定范围内，肌张力与前负荷呈正变关系。

最适前负荷：使肌肉产生最大张力的前负荷。

最适初长度：使肌肉产生最大张力的初长度。

前负荷—初长度。

前负荷↑→初长度↑→收缩力↑

最适前负荷→最适初长度→收缩力最大

前负荷↑↑↑→超过最适初长度→收缩力↓

后负荷：肌肉收缩过程中承受的负荷，是肌肉收缩的阻力。

后负荷↑→肌肉缩短前产生最大张力和达到最大张力所需时间↑，肌肉开始收缩的初速度和缩短的最大长度均减小。即后负荷增大，肌张力增大，肌肉缩短的速度减慢、缩短的幅度减小。张力增加在前、长度缩短在后。

后负荷与肌肉的缩短速度呈反变关系。

肌肉收缩能力：肌肉内在的收缩特性。收缩能力增强，做功增加，受体内多种因素影响。

七、平滑肌细胞的结构和功能特点

（一）结构特点

2～5μm；长度可变性大：8～800μm。

细胞内肌丝排列不规则，肌小节不明显，无横纹。肌浆网不发达。无肌钙蛋白，由钙调蛋白代司功能。

（二）功能特点

(1) 肌浆网不发达，胞内 Ca^{2+} 有限，依靠胞外 Ca^{2+}。
(2) 收缩缓慢持久，不易疲劳。
(3) 对牵拉刺激敏感。
(4) 具有自律性。
(5) 受自主神经支配。

（陈宝琅）

第三章 血 液

一、体液的概念

体内所有液体的总称。包括水分及溶于其中的各种物质。

二、体液的分布

体液（占体重60%）。包括：
细胞内液：存在于细胞内的液体。为体重的40%；
细胞外液：存在于细胞外的液体。占体重的20%。又称内环境。
包括：
血浆：为体重的5%。联系内外环境，最活跃。
组织液：存在于细胞间隙的液体以及体腔中的液体。为体重的15%。

三、血液的生理功能

运输、防御、调节体温、凝血与纤溶、调节酸碱平衡。

第一节 血液的组成和理化特性

一、血液的组成

（一）血液的基本组成

血细胞：红细胞、白细胞、血小板。
血浆：水和各种溶于其中的化学物质。加入抗凝剂后血液分离出淡黄色透明的液体。
血清：不加抗凝剂，血液凝固后析出的淡黄色清亮液体。
　　　全血＝血浆＋血细胞
　　　血浆＝全血-血细胞
　　　血清：血液凝固后析出的液体部分，不含纤维蛋白原

（二）红细胞比容（血细胞比容）

红（血）细胞在全血中所占容积百分比。男性40%～50%；女性37%～48%。

（三）血浆的化学成分

水占91%～92%；溶质占8%～9%。

1. 血浆蛋白（60～80g/L）：包括白蛋白40～50g/L、球蛋白20～30g/L、纤维蛋白原2～4g/L，白蛋白/球蛋白＝（1.5～2.5）：1
2. 非蛋白含氮化合物：即非蛋白氮（NPN）。蛋白质的代谢产物：尿素、尿酸、肌苷、氨基酸、多肽、胆红素、氨等。

3. 不含氮的有机化合物：葡萄糖、三酰甘油（甘油三酯）、胆固醇、磷脂、脂肪酸、有机酸等。

4. 无机盐：Na^+、K^+、Ca^{2+}、Mg^{2+}、Fe^{2+}、Cl^-、I^-、HCO_3^-、HPO_4^{2-}、SO_4^{2-}。

5. 呼吸气体和微量物质。

二、血液的理化特性

（一）颜色

红细胞内血红蛋白的颜色。

动脉血：鲜红色，HbO_2；静脉血：暗红色，Hb。

空腹血浆：清澈透明；餐后血浆：较混浊。

（二）比重

全血 1.050～1.060，决定于红细胞的数量。

血浆 1.025～1.030，决定于血浆蛋白的含量。

红细胞 1.090，决定于血红蛋白的含量。

（三）黏滞性

血液在血管中流动时的阻滞特性。血液内部分子或颗粒之间的摩擦。

（四）渗透压

概念：溶液中溶质颗粒具有的吸引和保留水分子的特性或能力。渗透压的大小与溶质颗粒的种类和大小无关，与溶质颗粒数目成正相关。

血浆渗透压包括血浆胶体渗透压和晶体渗透压。血浆渗透压约为 300 毫渗（mOsm/L）其中血浆晶体渗透压为主要组成部分。

血浆晶体渗透压：由晶体物质形成。作用：调节细胞内外水平衡，维持血细胞的正常形态。

血浆胶体渗透压：由血浆蛋白（主要是白蛋白）形成。作用：调节血管内外水平衡，维持血容量。

等渗溶液：渗透压与血浆相等的溶液（如 5% 葡萄糖溶液、0.9% NaCl 溶液）。

高渗溶液：渗透压高于血浆的溶液。（如 10% 葡萄糖溶液、50% 葡萄糖溶液）。

低渗溶液：渗透压低于血浆的溶液。

（五）酸碱度

血浆 pH 7.35～7.45。＞7.45 为碱中毒，＜7.35 为酸中毒。

第二节 血细胞

一、红细胞

（一）红细胞的数量和功能

1. 数量

成年男性：RBC（4.0～5.5）$\times 10^{12}$/L，平均 5.0×10^{12}/L，Hb 120～160 g/L

成年女性：RBC（3.5～5.0）×10^{12}/L，平均 4.2×10^{12}/L，Hb110～150g/L
新生儿：RBC（6.0～7.0）×10^{12}/L，Hb 170～200g/L

2. 功能

(1) 运输 O_2 和 CO_2；

(2) 调节酸碱平衡。缓冲对：KHb/HHb，$KHbO_2$/$HHbO_2$ 等。

(二) 红细胞的生理特性

1. 悬浮稳定性

(1) 概念：RBC 能较稳定地分散悬浮于血浆的特性。

(2) 原理：①血液流动。
②RBC 与血浆之间的摩擦使下沉速度减慢。
③表面积与体积之比较大，不易下沉。
④表面带负电荷，互相排斥。

(3) 测定方法：通过测定红细胞沉降率（即血沉，ESR）的方法测定。

红细胞沉降率：单位时间内红细胞在特定玻璃管中下降的距离。（魏氏法）

男性：0～15mm/第 1 小时末；女性：0～20mm/第 1 小时末。

(4) 影响因素：主要决定于血浆成分，而不在于红细胞本身。

①红细胞相互叠连→表面积与体积比↓→摩擦力↓→ESR↑。
②血浆中的纤维蛋白原、球蛋白、胆固醇可减弱负电荷，促进叠连。
③白蛋白、卵磷脂可减弱叠连。

(5) 临床意义

急性炎症或组织破坏、月经期、妊娠期、风湿热、肿瘤、结核病等疾病时，肝制造纤维蛋白原、球蛋白增多，红细胞沉降率加快。

2. 红细胞的渗透脆性

(1) 概念：红细胞膜对低渗溶液抵抗力的大小。

(2) 表明 RBC 对低渗溶液抵抗能力的大小：

脆性大→抵抗力小，易溶血。

脆性小→抵抗力大，不易溶血。

(3) 等渗溶液与等张溶液：

等渗溶液：与血浆渗透压相等的溶液。如 0.9%NaCl 溶液、1.9%尿素溶液等。

等张溶液：能保持 RBC 正常大小和形态的溶液，如 0.9%NaCl 溶液。

1.9%尿素溶液是等渗溶液但不是等张溶液。因尿素分子可透过红细胞膜进入胞内，在胞内形成渗透压吸引水分子进入而改变红细胞的正常形态。

3. 红细胞的形态可塑性（变形性）

(1) 概念：红细胞可改变其形态的能力。

(2) 原理：容积远大于体积，且内容物和细胞膜均具有流动性。

(3) 意义：使 RBC 可通过直径较小的毛细血管或穿过肝、脾血窦的空隙。

(4) 影响因素：

①膜中胆固醇含量与变形性呈反比。
②RBC 形态：表面积与体积之比与变形性呈正比。即表面积越大，RBC 越易变形。

4. 红细胞膜的通透性

(1) 符合一般细胞膜的特点,但与正离子相比,负离子更易通过。

(2) 低温贮存较久的血液,代谢停止,Na^+-K^+泵活动减弱,K^+离子内流减少,造成血浆K^+离子浓度升高。

(三) 红细胞的生成

1. 生成的部位　出生后,红骨髓是制造红细胞的唯一场所(若功能障碍,引起再生障碍性贫血)。

过程:骨髓造血干细胞→红系祖细胞→原红细胞→早、中、晚幼红细胞→网织红细胞→成熟红细胞。

2. 原料　铁和蛋白质。

(1) 铁:若缺乏,引起缺铁性贫血(亦称小细胞低色素性贫血)。

①来源:

内源性:红细胞在体内破坏后释放,贮存于肝、骨髓和巨噬细胞系统。吸收25mg/天。

外源性:食物摄取,食物中Fe^{3+}在胃酸的作用下,还原为Fe^{2+},在十二指肠和空肠上段吸收,吸收1~2mg/天。

②缺铁的原因:

a. 摄入不足或需要量增多:如哺乳期婴儿、生长发育期儿童、孕妇、乳母等。

b. 失血过多:如妇女月经过多、溃疡病、钩虫病或创伤等。

c. 铁的吸收利用障碍:如慢性腹泻、萎缩性胃炎等。

(2) 蛋白质:若缺乏,引起营养不良性贫血。

食物中的蛋白质被消化分解成氨基酸后吸收→氨基酸在有核红细胞内合成珠蛋白→珠蛋白与血红素结合成血红蛋白。

3. 成熟因子——促进红细胞成熟:叶酸和维生素B_{12}(若缺乏,引起巨幼红细胞性贫血)。

(1) 叶酸:

①来源:

a. 肠道细菌合成。

b. 动植物性食品中普遍存在。

②作用:是合成胸腺嘧啶脱氧核苷酸的辅酶,与DNA的合成有关。缺乏→DNA合成障碍→红细胞成熟障碍→巨幼红细胞性贫血。

(2) 维生素B_{12}:

①来源与吸收:各种动物性食品中存在,必须在胃内与内因子结合成复合物,然后才能在回肠吸收。

②作用:活化四氢叶酸,促进叶酸的利用。维生素B_{12}摄入不足,或内因子缺乏致维生素B_{12}吸收障碍→叶酸利用障碍→巨幼红细胞性贫血。

4. 调节因子:促红细胞生成素和雄激素。调节红细胞的生成过程。

(1) 促红细胞生成素(EPO):

①产生:肾在组织缺氧或氧耗量增多的刺激下产生。

②作用:a. 促进红系祖细胞分化与增殖。

b. 促进网织红细胞的成熟和释放。

c. 促进血红蛋白的合成。

(2) 雄激素：属类固醇激素。
① 直接作用：刺激骨髓，促进 DNA 和血红蛋白的合成，使有核红细胞分裂增快，红细胞生成增多。
② 间接作用：刺激肾，使促红细胞生成素增多。

（四）红细胞的破坏

1. 寿命　平均 120 天。
2. 破坏
(1) 血管内破坏：外伤或溶血物质进入血管内，致红细胞破坏，血红蛋白释放入血，与触珠蛋白结合后被肝摄取，处理后转为胆色素。
(2) 血管外破坏：衰老或破损的红细胞在肝、脾被巨噬细胞吞噬消化，铁可被再利用，脱铁血红素被转变为胆色素。

二、白细胞

（一）白细胞的数量和分布

1. 数量　健康正常成年人 $(4.0\sim10.0)\times10^9/L$
2. 分类
白细胞包括：

粒细胞 ｛ 中性粒细胞　50%～70%
　　　　　嗜酸性粒细胞　1%～4%
　　　　　嗜碱性粒细胞　0～1%

无粒细胞 ｛ 淋巴细胞　20%～40%
　　　　　单核细胞　1%～7%

（二）白细胞的功能

主要功能是防卫，参与人体对入侵异物的反应过程。
具有吞噬作用的白细胞：中性粒细胞、单核细胞。
具有特异性免疫作用的白细胞：淋巴细胞。

1. 中性粒细胞的功能　具有固有免疫（非特异性免疫）功能。有吞噬能力、变形能力和趋化性，吞噬细菌和异物后，并在各种溶酶体酶的作用下加以分解破坏。吞噬细菌而自身也死亡的中性粒细胞称为脓细胞，是脓液的主要成分。中性粒细胞减少则机体抵抗力降低，中性粒细胞增多则提示有细菌感染。
2. 嗜碱性粒细胞的功能　主要合成和释放多种生物活性物质，如肝素、组胺、趋化因子、过敏性慢反应物质等。表现两方面的作用：引起各种过敏反应的症状；吸引嗜酸性粒细胞使之限制嗜碱性粒细胞在过敏反应中的作用。
3. 嗜酸性粒细胞的功能　含有溶酶体和颗粒，但无溶菌酶，故有吞噬作用而无杀菌能力。限制嗜碱性粒细胞在速发型过敏反应中的作用；参与对蠕虫的杀伤反应。
4. 单核-巨噬细胞的功能　单核细胞转化为巨噬细胞，具有更强的吞噬作用。参与固有免疫（非特异性免疫）反应。

单核细胞由血液透过毛细血管壁进入组织转化为巨噬细胞，其功能有：
(1) 吞噬致病微生物，如细菌、原虫等。

（2）吞噬衰老变形的红细胞、血小板。
（3）识别、清除变形的血浆蛋白。
（4）激活淋巴细胞的适应性免疫（特异性免疫）功能。

5. 淋巴细胞的功能　参与机体适应性免疫（特异性免疫）反应。

T 淋巴细胞执行细胞免疫，破坏肿瘤或异体移植细胞。

B 淋巴细胞在抗原刺激作用下转化为浆细胞产生抗体，执行体液免疫。

三、血小板

由骨髓巨核细胞的胞质裂解脱落下来形成小块胞质，有完整的胞膜，无细胞核，具有代谢能力。

（一）血小板的数量

健康成人（100～300）$\times 10^9$/L

$<50\times 10^9$/L 称为血小板减少，有出血倾向。

$>1000\times 10^9$/L 称为血小板增多，易形成血栓。

（二）血小板的生理特性

1. 黏着　血管内膜损伤后，血小板与暴露的胶原组织结合，黏着在损伤的血管内膜处。
2. 聚集　在生理性（ADP、5-羟色胺、肾上腺素）及病理性（细菌、病毒、药物）致聚剂的作用下，血小板能够彼此聚合。其过程可分两个时相：

第一时相：组织释放 ADP，发生可逆性聚集。

第二时相：血小板释放内源性 ADP，发生不可逆性聚集。

3. 释放反应

损伤刺激引起血小板颗粒释放：

ADP：促进血小板聚集→形成松软的血小板血栓，堵塞血管伤口。

5-HT：儿茶酚胺类物质→损伤血管收缩。可暂时阻断或减小血流，有利于后续血栓形成过程的进行。

4. 收缩　血小板内的收缩蛋白收缩，使血凝块硬化，止血更牢。
5. 吸附　血小板吸附凝血因子于其表面，使血管破损部位局部的凝血因子浓度显著增高。
6. 修复　血小板可融合入血管内皮细胞，保持血管内皮完整性，并修复损伤的内皮细胞。

（三）血小板的生理功能

1. 参与生理性止血　小血管损伤后，血液从小血管流出数分钟后出血自行停止的现象。是血管、血小板、凝血因子协同作用的结果。

其中血小板所发挥的作用有：

（1）释放缩血管物质：5-HT、Adr 等。

（2）黏着、聚集，形成较松软的血小板止血栓，暂时堵塞小的出血口。

（3）修复小血管受损的内皮细胞。沉积、填补、融合。

（4）参与血液凝固过程，形成坚实的血凝块，最后完成止血过程。

2. 促进凝血　血小板含有许多与凝血过程有关的因子，可促进凝血。其中最重要的

是 PF_3。

3. 维持毛细血管壁的通透性。

血小板可随时沉着于毛细血管壁上,以填补内皮脱落留下的空隙,及时修补血管壁。

第三节　血液凝固及纤维蛋白溶解

一、血液凝固

(一) 概念

血液由液体状态变为不流动的胶冻状态的过程称为血液凝固,简称凝血。是一系列顺序发生的酶促反应。

(二) 凝血因子 (12 个)

血液和组织液中直接参与凝血的物质统称为凝血因子(见教材表)。其中因子Ⅳ为 Ca^{2+},Ⅱ、Ⅶ、Ⅸ、Ⅹ都是在肝中合成,并且合成中需要维生素 K 的参与。因子Ⅲ在组织中,其余均在血浆中。

(三) 凝血过程

1. 三个阶段

(1) 凝血酶原激活物的形成。

(2) 凝血酶的形成。

(3) 纤维蛋白的形成。

2. 两个途径

(1) 内源性凝血途径:参与凝血的全部凝血因子都在血管内。启动因子为Ⅻ,因子Ⅹa、Ⅴ、Ca^{2+} 和 PF_3 共同组成凝血酶原激活物。

(2) 外源性凝血途径:参与凝血的始动因子为组织因子(Ⅲ)来自组织。启动因子为Ⅲ,因子Ⅲ、Ⅶ和 Ca^{2+} 组成复合物,激活因子Ⅹ,其后反应过程同内源性凝血途径。

(四) 影响血液凝固的因素

1. 一般因素

(1) 接触面的光滑程度:接触粗糙面加速血液的凝固。

(2) 温度:一定范围内温度升高加速血液凝固。

(3) Ca^{2+} 浓度:浓度增高,血液凝固速度增快。

2. 血液中的抗凝物质

(1) 肝素:抗凝物质。主要通过增加抗凝血酶Ⅲ的活性发挥抗凝作用,可用于体内外的血液抗凝。还通过抑制凝血酶原的激活,抑制血小板的黏着、聚集和释放,刺激血管内皮细胞释放凝血抑制物和纤溶酶原激活物等途径发挥抗凝作用。

(2) 抗凝血酶Ⅲ:由肝产生,在肝素存在的情况下有较强的抗凝作用。通过与凝血酶结合并使之失活,封闭因子Ⅶ、Ⅸ、Ⅹ、Ⅺ、Ⅻ的活性中心等途径发挥抗凝作用。

(3) 蛋白质 C 系统:在维生素 K 的参与下由肝合成,可灭活因子Ⅴa、Ⅷa,减低Ⅹa 的活性,还可以促进纤维蛋白的溶解。

(4) 组织因子途径抑制物:是由血管内皮细胞合成的一种糖蛋白,可抑制因子Ⅹ,且可灭活因子Ⅶ与因子Ⅲ复合物，抑制外源性凝血途径。

二、纤维蛋白溶解

（一）概念

纤维蛋白在纤维蛋白酶的作用下，被降解液化的过程称为纤维蛋白溶解，简称纤溶。

（二）纤溶系统的组成

1. 纤维蛋白溶解酶原（纤溶酶原）
2. 纤维蛋白溶解酶
3. 纤溶酶原激活物
（1）血浆激活物：由血管内皮细胞合成与释放，大多吸附在血凝块上。
（2）组织激活物：存在于组织中，损伤时释放，主要在血管外进行纤溶，如尿激酶。
（3）依赖凝血因子Ⅻ的激活物：如激肽释放酶，使血凝与纤溶相配合。
4. 纤溶抑制物
（1）抗纤溶酶：为α-球蛋白，能与纤溶酶结合从而使之失活。
（2）激活物的抑制物：如α_2-巨球蛋白，能抑制尿激酶从而发挥抑制纤溶酶被激活的作用。

（三）纤溶的过程

包括两个过程：纤溶酶原激活和纤维蛋白降解。

（四）纤溶系统的功能和意义

与凝血系统一起组成两个既对立又统一的功能系统，它们之间的动态平衡，使人体在出血时既能有效地止血，又防止血块堵塞血管，从而维持血流的正常状态。

第四节　血量和血型

一、血量

（一）正常血量

占体重的7‰～8‰。

分布：

循环血量：在心血管系统中循环流动。是维持动脉血压和微循环灌流量的必要条件。

储备血量：在肝、脾、肺、腹腔及皮下静脉等处，流动缓慢，称为储血库。

（二）血量相对恒定的意义

使血管保持一定程度的充盈，从而维持正常血压和血流，保证器官、组织、细胞能够获得充足的血液灌流。

（三）失血程度与后果

1. 轻度失血：成人一次失血＜500ml或＜全身血量的10%，可代偿，患者无症状。
2. 中等程度失血：成人一次失血＞1000ml或＞全身血量的10%，不能代偿，患者有症状。

3. 严重失血：失血量达总血量的30%以上时，如不及时抢救，可危及生命。

二、血型

（一）概念

血细胞膜上特异凝集原的类型。根据凝集原的不同，目前认可的血型系统有23个，其中较重要的有ABO血型系统和Rh血型系统。

（二）ABO血型系统

1. 分型依据　红细胞膜上特异性凝集原的种类（A、B两种凝集原）。
2. 血型判断
（1）制备标准的A型血清（含抗B凝集素）和B型血清（含抗A凝集素）。
（2）用标准血清分别与被鉴定人的红细胞悬液相混合。
（3）根据反应的结果判定被鉴定人红细胞膜上所含凝集原，并根据所含凝集原确定血型：
①红细胞膜上只含有A凝集原→A型血→血清中含有抗B而不含抗A凝集素。
②红细胞膜上只含有B凝集原→B型血→血清中含有抗A而不含抗B凝集素。
③红细胞膜上既含A又含B凝集原→AB型血→血清中既不含抗A也不含抗B凝集素。
④红细胞膜上既不含A又不含B凝集原→O型血→血清中既含抗A又含抗B凝集素。
3. 交叉配血试验
（1）方法：
主侧：供血者的红细胞混悬液与受血者的血清相混合；
次侧：受血者的红细胞混悬液与供血者的血清相混合。
（2）结果判断：
①两侧均无凝集→配血相合，可以输血；
②主侧凝集，不管次侧凝与否→配血不合，不能输血；
③主侧不凝而次侧凝→紧急情况下少量缓慢输血。
4. 输血的原则　输血的基本原则是保证供血者的红细胞在受血者体内不被破坏，即供血者红细胞膜上的凝集原不与受血者血浆中的凝集素发生凝集反应。以下每项均为输血的必要条件：
（1）同型血相输。
（2）若无法得到同型血，O型血可以少量、缓慢输给。
（3）AB型血的人可以接受少量其他血型的血液，但要少量、缓慢输入。
（4）交叉配血试验：在检测血型的同时，还必须做交叉配血试验。
①两侧均无凝集→配血相合，可以输血；
②主侧凝集，不管次侧凝与否→配血不合，绝不能输血；
③主侧不凝而次侧凝→紧急情况下可少量、缓慢输血。

（三）Rh血型系统

1. 凝集原的种类和血型的判定　与临床关系密切的有C、c、D、E、e 5种。其中D凝集原的抗原性最强。红细胞表面含有D抗原的称为Rh阳性，没有D抗原的称为Rh阴性。我国汉族人99%为Rh阳性。

2. 临床意义

（1）Rh 阴性患者第一次接受 Rh 阳性血液时，由于体内没有天然的凝集素，不发生凝集反应，但可刺激机体产生凝集素，当患者再次接受 Rh 阳性血液时，便可发生凝集反应。宜作交叉配血试验。

（2）Rh 阴性妇女怀孕 Rh 阳性胎儿时，胎儿 Rh 抗原经胎盘进入母体，使母体产生凝集素；待再次怀孕 Rh 阳性胎儿时，母体抗 Rh 凝集素经胎盘进入胎儿体内引起红细胞凝集和溶血反应，造成胎儿死亡。

（李辉勤）

第四章 血液循环

血液在心血管系统中按照一定方向周而复始地流动,称为血液循环。

第一节 心脏生理

一、心肌细胞的生物电现象

(一)心肌细胞分类

根据有无自律性分为自律细胞和非自律细胞,根据动作电位去极化速率的快慢分为快反应细胞和慢反应细胞。两种分类方式结合起来可将心肌细胞分成四类:

	快反应细胞 (Na^+内流产生0期快速去极化)	慢反应细胞 (Ca^{2+}内流产生0期缓慢去极化)
自律细胞 (4期存在自动去极化)	浦肯野细胞	窦房结P细胞 房结区细胞 结希区细胞
非自律细胞 (4期不存在自动去极化)	心房肌细胞 心室肌细胞	结区细胞

(二)心肌细胞的跨膜电位及形成机制

1. 工作细胞(以心室肌细胞为例)

静息电位:$-90mV$,机制:K^+向膜外扩散,最终达K^+平衡电位。K^+的电-化学平衡电位。

动作电位:分5期。

过程	时相	膜内位变化		离子流
去极化	0期(去极化期)	快速上升	$-90mV \rightarrow +30mV$	Na^+快速内流
复极化	1期(快速复极初期)	快速下降	$+30mV \rightarrow 0mV$附近	一过性快K^+外流
	2期(平台期)	基本停滞	维持在$0mV$附近	K^+外流和Ca^{2+}内流电荷流量相当
	3期(快速复极末期)	迅速下降	$0mV \rightarrow -90mV$	K^+外流
	4期(静息期或恢复期)	稳定	$-90mV$	Na^+、Ca^{2+}泵出,K^+泵入

特点:心室肌细胞动作电位的主要特征是存在平台期缓慢复极化,从而导致动作电位时程长。

意义:使动作电位延长,有效不应期延长。Ca^{2+}内流增多,加强心肌收缩力。

2. 窦房结 P 细胞

最大复极电位：自律细胞动作电位复极化达到的最大膜电位值，P 细胞为－60mV。

动作电位：P 细胞属慢反应自律细胞，其动作电位的波形特点和形成机制为：

0 期：去极化速度慢，幅度小，无超射，由 Ca^{2+} 内流形成。

3 期：无明显的 1 期和平台期，复极化由 K^+ 内流形成。

4 期：存在自动去极化，由逐渐减弱的 K^+ 外流和逐渐增强的 Na^+ 内流和 Ca^{2+} 内流形成。

特点：由 0、3、4 期组成，没有明显的 1、2 期。

   最大复极电位－60mV。

   阈电位－40mV。

   4 期自动去极化速度快于浦肯野细胞。

3. 浦肯野细胞

最大复极电位：－90mV，由 K^+ 外流形成。

动作电位：由于浦肯野细胞属快反应自律细胞，所以动作电位的 0、1、2、3 期与心室肌基本相同。

4 期：存在缓慢的自动去极化，由渐弱的 K^+ 外流和渐强的 Na^+ 内流形成。

心室肌细胞、浦肯野细胞、窦房结 P 细胞的比较

	心室肌细胞	浦肯野细胞	窦房结 P 细胞
细胞种类	工作细胞	快反应细胞	慢反应细胞
动作电位分期	0、1、2、3、4	0、1、2、3、4	0、3、4
最大膜电位	静息电位－90mV	最大舒张电位－90mV	最大舒张电位－60mV
阈电位	－70mV	－70mv	－40mV
0 期去极化速度	迅速	迅速	较缓慢
0 期去极化时间	短	短	长
0 期结束时膜电位值	＋30mV（反极化）	＋30mV（反极化）	0mV（无反极化）
0 期去极幅度	大（120mV）	大（120mV）	小（60mV）
4 期膜电位	稳定	自动去极化较慢	自动去极化较快

二、心肌生理特性

（一）自动节律性

定义：组织或细胞在没有外来刺激的作用下，能够自动发生节律性兴奋的能力或特性。

来源：自律细胞。

窦房结：100 次/分，正常起搏点（窦性心律）

房室交界：房结区、结希区 40～60 次/分

心室内传导组织：房室束

    浦肯野纤维 20～40 次/分 ｝潜在起搏点

窦房结 P 细胞的自律性最高，窦房结为正常起搏点，由窦房结控制的心搏节律，称窦性心律。其他部位的自律组织称为潜在起搏点，一旦表现出自律性便成为异位起搏点。

心率：每分钟心脏搏动的次数：正常 60~100 次/分。
心动过速 >100 次/分
心动过缓 <60 次/分
心律：心脏搏动的节律。正常律齐。
窦性心律：窦房结控制的心搏节律。
异位心律：窦房结以外其他潜在起搏点发放冲动引起的心搏节律。
原理：4 期自动去极化。
意义：自动发放冲动使心脏有节律地搏动。
影响自律性的因素：①4 期自动去极化的速度，速度快，自律性高。②最大复极电位和阈电位的差距小，自律性高。

（二）兴奋性

1. 心肌细胞兴奋性的周期性变化

在动作电位产生过程中，膜电位发生变化→离子通道性状发生变化→细胞的兴奋性发生变化。

特点：有效不应期特别长，达 200~300ms。

意义：保证心肌不发生强直收缩。使收缩和舒张交替进行，有利于心室的充盈和射血。

		与 AP 的关系	对刺激的反应	兴奋性
有效不应期	绝对不应期	0 期~3 期-55mV	强刺激→无反应	下降到零
	局部反应期	3 期-55~-60mV	强刺激→局部去极化	极度降低
相对不应期		3 期-60~-80mV	阈上刺激→AP	逐渐恢复低于正常
超常期		3 期-80~-90mV	阈下刺激→AP	高于正常

2. 影响心肌兴奋性的因素

（1）静息电位和阈电位的差距：差距小，兴奋性高。

（2）钠离子通道的性状：备用状态时，兴奋性存在，激活和失活状态时，兴奋性丧失。

3. 期前收缩和代偿间歇

（1）期前收缩：由于"额外"刺激或窦房结以外传来的兴奋，落在心肌正常兴奋的有效不应期之后而产生的提前兴奋和收缩。

（2）代偿间歇：是由于正常窦房结的兴奋落在期前收缩的有效不应期之内而出现一段较长时间的舒张期。

（三）传导性

1. 心内兴奋传导途径　窦房结→心房肌→房室交界→房室束→左束支、右束支→浦肯野纤维网→心室肌

2. 心内兴奋传导速度

（1）最慢的部位：在房室交界（结区为 0.02m/s），称之为房室延搁，其意义为防止心房和心室同时收缩。

（2）最快的部位：在心室内的浦肯野纤维网，约 4m/s，其意义为保证心室肌同步收缩，

增强射血力量。

（3）传导阻滞：心脏特殊传导系统功能障碍，窦房结发放的冲动不能正常下传。

3. 影响心肌传导性的因素

（1）心肌细胞的结构：细胞直径与传导速度呈正变关系。

（2）0 期去极化的速度和幅度：与传导速度呈正变关系。

（3）邻近部位细胞的兴奋性：阈电位与静息电位的差距大，兴奋性低，传导慢。

（四）收缩性

心肌细胞收缩特点：

1. 不发生强直收缩。原因：心肌细胞的有效不应期特别长。

2. "全或无"式收缩，即同步收缩。收缩合力大，射血效率高。其原因为心房或心室构成功能上的合胞体。心室或心房内兴奋传导速度快。

3. 依赖细胞外液的 Ca^{2+}。因为心肌细胞的肌质网不发达，贮存和释放的 Ca^{2+} 量少。主要来自平台期内流的 Ca^{2+}。

4. "绞拧"作用。

三、心脏的泵血功能

（一）心动周期

心脏一次收缩和舒张，构成一个机械活动周期。

要点：两心房活动一致，两心室活动一致。

心房、心室收缩交替进行。

舒张期长于收缩期。

全心舒张期（心房、心室同时舒张）。

以心室活动为标志。

（二）心脏的泵血过程

以左心室为例：

心脏泵血过程中瓣膜、压力和心室容积等的变化

分期	压力关系			瓣膜状态		血流方向	心室容积	历时（s）
	心房	心室	动脉	房室瓣	半月瓣			
等容收缩期	房内压＜室内压＜动脉压			关	未开	不变	不变	0.05
快速射血期	房内压＜室内压＞动脉压			关	开	心室→动脉	减小	0.1
减慢射血期	房内压＜室内压＜动脉压			关	开	心室→动脉	减小	0.15
等容舒张期	房内压＜室内压＜动脉压			未开	关	不变	不变	0.07
快速充盈期	房内压＞室内压＜动脉压			开	关	心房→心室	增大	0.11
减慢充盈期	房内压＞室内压＜动脉压			开	关	心房→心室	增大	0.22
心房收缩期	房内压＞室内压＜动脉压			开	关	心房→心室	增大	0.1

说明：①血液流动的主要动力是压力梯度的变化，心室的收缩和舒张是产生压力梯度的根本原因。

②心房的作用是暂存血液、助血入室（初级泵血功能）。

③瓣膜单向开放，使血液定向流动，静脉→心房→心室→大动脉。

④肺动脉压小，右心室的压力变化小。

⑤左、右心室的搏出量基本相等。

1. 等容收缩期　此期房室瓣、动脉瓣均处于关闭状态，心室肌强烈收缩，室内压急剧升高，但容积不变。
2. 快速射血期　此期动脉瓣开放，心室开始射血，心室容积迅速缩小，室内压继续升高达峰值。
3. 减慢射血期　室内压回降略低于动脉压，依靠惯性继续射血，心室容积缩至最小。
4. 等容舒张期　此期房室瓣、动脉瓣均关闭，心室肌舒张，室内压迅速下降，容积不变。
5. 快速充盈期　房室瓣开放，心房血流快速流入心室，心室容积急剧增大。
6. 减慢充盈期　心房血液流入心室速度减慢，心室容积继续增大。
7. 心房收缩期　心房收缩，将血液进一步压入心室，心室肌的收缩和舒张是完成心脏射血和充盈的主要力量，心房肌收缩对心室充盈仅起到辅助作用。

（三）心脏泵血功能的评价

1. 每搏输出量　一侧心室一次收缩时射入动脉的血量，成人安静状态下为 60~80ml。
2. 每分输出量　一侧心室每分钟射出的血量＝每搏输出量×心率。成人安静状态下 4.5~6.0L/min。
3. 心指数　每 m^2 体表面积的心输出量。用于不同个体间心功能的评价。成人静息心指数为 $3.0~3.5L/(min·m^2)$。
4. 射血分数　搏出量占心室舒张期末容积的百分比。成年人为 55%~60%。
5. 心脏做功

每搏功：心室收缩一次所作的功。

左心室搏出功＝搏出量×（平均主动脉压－平均左心房压）

每分功：心室每分钟作的功。每分功＝搏出功×心率

左右心室搏出量基本相同，但由于肺动脉压仅为主动脉压的 1/6，所以，右心室做功量仅为左心室的 1/6。

（四）影响心脏泵血功能的因素

心输出量等于搏出量×心率

1. 影响搏出量的因素

（1）前负荷（容量负荷）：指心室舒张末期的容积充盈压。静脉回心血量增加或心脏射血后心室内泵血量增多→心室舒张末期容积增加→心室的初长度增加→心肌收缩强度增加→搏出量增加。

（2）后负荷（压力负荷）：指动脉血压。动脉血压升高，可导致射血期缩短，射血速度减慢，搏出量减少。

（3）心肌收缩能力：肾上腺素可增强心肌收缩能力，使搏出量增加，乙酰胆碱使心肌收缩能力减弱，搏出量减少。

2. 心率对心脏泵血功能的影响

当心率在 40~180 次/分范围，随心率加快，心输出量增加，心率过快、过慢都会导致心输出量减少。

前负荷：一定范围内增加 ┐
后负荷（动脉血压）：降低 ├ 每搏输出量增加 ┐
心肌收缩能力：增强 ┘ ├ 心输出量增加
心率：40~180 次/分范围内加快 ┘

（五）心力储备

心输出量随机体代谢需要而增长的能力。

$$\text{心力储备}\begin{cases}\text{心率储备}\\\text{搏出量储备}\begin{cases}\text{收缩期储备}\\\text{舒张期储备}\end{cases}\end{cases}$$

四、心音和心电图

（一）心音

伴随心脏的搏动，在胸壁的一定部位听到的声音。

第一心音：主要由房室瓣关闭引起，标志着心室收缩的开始。

第二心音：主要由动脉瓣关闭引起，标志着心室舒张的开始。

第一心音与第二心音的比较

	第一心音	第二心音
产生原因	房室瓣关闭	动脉瓣关闭
标志	心室收缩开始	心室舒张开始
特点	音调低、声音强、时间长	音调高、声音弱、时间短

（二）心电图

用心电图机在体表的特定部位记录到的心脏电变化的波形。

三波：P、QRS、T；二期：PR、QT；一段：ST。

心电图各主要波段的含义

波段	含义
P 波	两心房去极化
QRS 波群	两心室去极化
T 波	两心室复极化
P-R 间期	心房开始兴奋到心室开始兴奋的时间
ST 段	从 QRS 波结束到 T 波开始，表示心室全部去极化
Q-T 间期	从 QRS 波群开始到 T 波结束，表示心室肌开始去极化到复极化完成的时间

第二节　血管生理

血管的功能：输送血液、物质交换、调节器官血流量。

大动脉：弹性贮器血管。富含弹性纤维。

中动脉：分配血管。富含弹性纤维和平滑肌。

小动脉、微动脉：阻力血管。富含平滑肌。

毛细血管：交换血管。无弹性纤维和平滑肌。只有内皮细胞层和基膜层。

静脉：容量血管。管腔大，壁薄、易扩张。

一、血流动力学

血流量（Q）：单位时间内，通过血管某一横截面的血量（ml/min、L/min）。

血流阻力（R）：血液在血管内流动遇到的阻力（血液内部摩擦力、血液与血管壁的摩擦力）。

$$R=8\eta L/\pi r^4$$

血压（P）：血管内流动的血液对于单位面积血管壁的侧压力，即压强（kPa、mmHg）。（换算：1kPa＝7.5mmHg，1mmHg＝0.133kPa）

$$Q=\Delta P/R$$

二、动脉血压和动脉脉搏

（一）动脉压的概念和正常值

动脉血压：动脉血管内血液对血管壁的压强。多指主动脉内的血压。常用肱动脉血压代表。随心动周期波动。

收缩压：心缩期血压的最高值。100～120mmHg（13.3～16kPa）。

舒张压：心舒期血液的最低值。60～80mmHg（8.0～10.6kPa）。

脉压：收缩压与舒张压的差值。30～40mmHg（4.5～5.3kPa）。

平均动脉压：一个心动周期中每一瞬间动脉压的平均值（舒张压＋1/3脉压）。100mmHg（13.33kPa）。

（二）动脉血压的形成机制

一个前提：循环系统平均充盈压。

两个决定因素：心脏射血和外周阻力。

一个缓冲因素：大动脉弹性。

1. 血液充盈：循环血量＝心血管容量。用循环系统平均充盈压表示。
2. 心脏射血的动力作用。
3. 外周阻力。
4. 大动脉管壁的弹性贮器作用：(1) 缓冲血压波动的幅度；(2) 维持血液的连续流动。

（三）影响动脉血压的因素

前述动脉压形成因素的任意因素改变，必然影响动脉压。在假设其他因素不变而只有以下某单一因素改变时，血压的变化如下表所示：

影响因素	收缩压	舒张压	脉压	意义
搏出量↑	↑↑	↑	↑	搏出量决定收缩压；收缩压反映搏出量
心率↑	↑	↑↑	↓	
外周阻力↑	↑	↑↑	↓	外周阻力决定舒张压；舒张压反映外周阻力
大动脉壁弹性↓	↑	↓	↑↑	
循环血量/血管容量↓	↓↓	↓		

动脉脉搏：每一心动周期中动脉内压力、容积周期性的波动变化，引起动脉血管壁的扩张与回缩的起伏（60～100 次/分）。动脉脉搏传播比血流速度快，动脉壁弹性越小传播越快。

三、静脉血压和静脉血回流

静脉压：血液在静脉内流动对静脉管壁的侧压力。

（一）中心静脉压（CVP）

指右心房和胸腔内大静脉的血压，正常值 4～12cmH$_2$O，其高低取决于心脏射血能力和静脉回心血量之间的关系。（1cmH$_2$O＝98Pa）

（二）影响静脉回流的因素

1. 体循环平均充盈压：

循环血量↑→充盈压↑→静脉回心血量↑

循环血量↓→充盈压↓→静脉回心血量↓

如大量失血或大量输液，会显著影响充盈压。

2. 心肌收缩力（心泵）：心肌收缩力↑→CVP↓→静脉回心血量↑。

3. 骨骼肌的挤压作用（肌泵）：骨骼肌收缩→静脉血挤入心脏，骨骼肌舒张→毛细血管血液流向静脉。

4. 呼吸运动（呼吸泵）对体循环的影响：

吸气→胸膜腔负压↑→外周静脉血加速回流入心房；

呼气→胸膜腔负压↓→静脉血回流速度减慢。

5. 重力和体位：由卧位转为立位，静脉回心血量减少。

记忆：三泵重力体位充盈压。

四、微循环

微循环：指微动脉经毛细血管到微静脉之间的血液循环。最根本的功能是进行血液和组织之间的物质交换。

由七部分组成，包括三条通路：

(一) 血流通路

通路	途径	功能	特点
直捷通路	微A→通血毛细血管→微V	维持回心血量，稳定循环血量、血压	途径短、血流快、物质交换少、经常开放
迂回通路（营养通路）	微A→真毛细血管→微V	物质交换、调节器官血流量	途径长、血流慢、物质交换多、轮流开放、按需开放
动静脉短路（非营养通路）	微A→动静脉吻合支→微V	调节体温	途径最短，血流最快，无物质交换，通常不开放

(二) 微循环的调节

1. 微循环的三个闸门

总闸门：微动脉

分闸门：毛细血管前括约肌

后闸门：微静脉

2. 调节机制

(1) 神经调节：交感神经兴奋，微循环血流量↓。

(2) 体液调节：缩血管物质（肾上腺素、去甲肾上腺素、血管紧张素）增多→微循环血流量减少。

(3) 自身调节：局部代谢产物使微循环真毛细血管交替开放。对微循环调节作用最为重要。

五、组织液和淋巴液的生成和回流

(一) 组织液生成和回流的机制

有效滤过压＝（毛细血管血压＋组织液胶体渗透压）－（血浆胶体渗透压＋组织液静水压）

有效滤过压为正值，组织液生成；有效滤过压为负值，组织液回流，10%的组织液进入毛细淋巴管，生成淋巴液。

动脉端有效滤过压＝＋10mmHg（组织液生成）

静脉端有效滤过压＝－8mmHg（组织液回流）

动脉端组织液生成量＝静脉端组织液生成量＋淋巴液回流量

(二) 影响组织液生成和回流的因素

1. 毛细血管血压↑→有效滤过压↑→组织液生成↑。例如心衰、炎症。

2. 血浆胶体渗透压　血浆蛋白↓→血浆胶体渗透压↓→有效滤过压↑→组织液生成↑。例如：肝疾病、肾疾病、营养不良。

3. 淋巴液回流障碍

(1) 组织液回流入淋巴系统减少。

(2) 组织液中蛋白质增多→组织液胶体渗透压↑→有效滤过压↑→组织液生成↑。例如：丝虫病。

4. 毛细血管壁通透性 ↑→血浆蛋白渗出→组织液胶体渗透压↑→有效滤过压↑→组织液生成↑。例如：过敏、烧伤。

六、淋巴循环

2～4L/天

1. 回收蛋白质。
2. 运输脂肪及其他营养物质。
3. 调节血浆和组织液之间的液体平衡。
4. 防御屏障作用。

第三节 心血管活动的调节

一、神经调节

调节心血管活动的基本中枢、传出神经及作用。

调节心血管活动的基本中枢、传出神经及作用

	心迷走中枢	心交感中枢	缩血管中枢
中枢的部位	延髓	延髓	延髓
传出神经	心迷走神经	心交感神经	交感缩血管纤维
外周分布	心房、心室	心房、心室	小动脉、小静脉
传出神经释放的递质	乙酰胆碱	去甲肾上腺素	去甲肾上腺素
心肌上的受体	M 受体	β_1 受体	α 受体
作用	负性变时、变力、变传导	正性变时、变力、变传导	血管收缩

（一）心脏的神经支配

心迷走神经：乙酰胆碱与心脏 M 受体结合→细胞膜对 K^+ 通透性↑→心率↓，传导↓，收缩力↓。

心交感神经：去甲肾上腺素与心脏 β_1 受体结合→细胞膜对 Ca^{2+} 通透性↑，对 K^+ 通透性↓→心率↑，传导↑，收缩力↑。

（二）血管的神经支配

交感缩血管神经：去甲肾上腺素与血管平滑肌的 α 受体结合→血管收缩。分布：体内大多数血管。

交感舒血管神经：乙酰胆碱与血管平滑肌 M 受体结合→血管舒张。分布：骨骼肌血管。

副交感舒血管神经：乙酰胆碱与血管平滑肌 M 受体结合→血管舒张。分布：脑、唾液腺、胃肠道外分泌腺和外生殖器血管。

（三）心血管中枢

1. 延髓心血管中枢（基本中枢）

心交感中枢：延髓腹外侧部。
缩血管中枢：延髓腹外侧部。
心迷走中枢：迷走神经背核、疑核。
说明：
①右侧心迷走神经对窦房结的影响占优势，左侧心迷走神经对房室交界的作用占优势。
②右侧心交感神经兴奋时以心率加快为主，左侧心交感神经兴奋时以心肌收缩能力加强为主。
③绝大部分血管只受交感缩血管神经纤维的支配。
④具有紧张性活动。
⑤舒血管神经纤维：交感舒血管神经纤维、副交感神经舒血管纤维。

2. 延髓以上心血管中枢　完成心血管活动与人体其他生理反应的整合作用。

（四）心血管反射

1. 颈动脉窦和主动脉弓压力感受器反射（减压反射，窦弓反射，稳压反射）

（1）反射过程：

血压↑ { 颈动脉窦 / 主动脉弓 } 压力感受器活动↑ —舌咽神经/迷走神经→ { 心迷走中枢活动↑ / 心交感中枢活动↓ / 缩血管中枢活动↓ } → { 心迷走神经冲动↑ / 心交感神经冲动↓ / 缩血管神经冲动↓ }

→ { 心脏活动↓ / 血管舒张 } → { 心输出量↓ / 外周阻力↓ / 回心血量↓ } → 血压↓

反之，当血压降低时，减压反射活动减弱，血压回升。

（2）特点：
①经常起作用，是一种负反馈调节机制。
②当窦内压在正常平均动脉压水平（约100mmHg）上下波动时，反射最敏感，纠偏能力最强。
③压力感受器对搏动性的血压变化比对稳定的非搏动性的压力变化更为敏感。

（3）生理作用和意义：对血压的变化起经常性的监视和调节作用，维持动脉血压相对稳定。有利于维持心、脑的正常血流量。有效调节范围：动脉压在60～180mmHg范围内变动时，可发挥稳压作用。

2. 颈动脉体和主动脉体化学感受器反射

血液 { PO_2↓ / PCO_2↑ / $[H^+]$↑ } → { 颈动脉体 / 主动脉体 } 化学感受器 —→ 舌咽神经冲动↑ / 迷走神经冲动↑

{ 呼吸中枢活动↑→呼吸加深加快 —牵张反射→抑制心迷走中枢 / →心率↑→心输出量↑ / 缩血管中枢活动↑→血管收缩→外周阻力↑ } 血压↑

当血压下降过低水平时，颈动脉体、主动脉体血供大大减少，组织缺氧，代谢产物二氧化碳和氢离子堆积，可刺激颈动脉体、主动脉体化学感受器。

特点：
①生理情况下，主要调节呼吸功能，对心血管活动的调节作用很小。
②在缺氧、窒息、失血、动脉血压过低和酸中毒等紧急情况时，才对心血管活动有明显的作用。
③有效调节范围：动脉压在 40～80mmHg 范围。
生理意义：保证心、脑等重要器官在紧急情况时有足够的血流量供应。

二、体液调节

（一）肾上腺素和去甲肾上腺素

产生：肾上腺髓质：80%Adr、20%NE
作用：取决于二者与心脏和血管平滑肌受体结合的情况。

	肾上腺素（Adr）	去甲肾上腺素（NE）
心脏（β_1）	心率加快，收缩力增强，心输出量增大	减压反射对心脏的抑制作用掩盖直接兴奋心脏的作用
血管（α）	皮肤、肾、胃肠道血管收缩	体内大多数收缩
血管（β_2）	骨骼肌、肝、冠状血管舒张	冠状血管舒张
血压	血压不变或收缩压轻度升高	血压升高
临床应用	强心剂	升压剂

（二）肾素-血管紧张素系统

血管收缩，血压升高。详见第八章"肾的排泄"。
作用：血管紧张素Ⅱ的作用最强，主要有：①收缩小动脉、微动脉，外周阻力升高，收缩静脉，回心血量增加。②促进肾上腺皮质分泌醛固酮，后者保 Na^+、保水、排 K^+，循环血量增多。③使交感神经末梢释放去甲肾上腺素增多。

（三）血管升压素（VP）（抗利尿激素：ADH）

产生：下丘脑视上核和室旁核合成，经下丘脑垂体束运输到神经垂体进行储存和释放。
作用：①收缩血管，升高血压。②抗利尿作用：促进远曲小管集合管对水的重吸收，使尿量减少。

第四节　器官循环

一、冠状动脉循环

（一）冠状动脉循环的血流特点

1. 途径短、压力高、流速快、血流量大（占心输出量的 4%～5%）。
2. 舒张期流量大于心缩期。受心肌收缩的影响：心舒促灌，心缩促排。舒张期的长短和舒张压的高低是影响冠脉血流量的最重要因素。

3. 动静脉氧差大。心肌对氧的摄取能力强。65%～75%的氧被摄取。

（二）冠状动脉循环的调节

1. 代谢产物　是影响冠状动脉循环调节的主要因素。CO_2、乳酸、H^+，尤其腺苷是最重要的舒张冠脉血管的代谢产物。

2. 神经调节　冠状动脉受迷走神经和交感神经的支配。迷走神经直接舒张冠脉，增大血流量，又通过降低心肌代谢活动间接减少冠脉血流量；交感神经相反，直接收缩冠脉，减少冠脉血流量，又通过加强心肌代谢活动间接增大冠脉血流量。

神经因素对血流量的影响可在很短的时间内被心肌代谢改变引起的血流变化所掩盖。

3. 体液调节　肾上腺素、去甲肾上腺素、甲状腺激素等可通过提高心肌代谢水平，使冠脉舒张，血流量增加。缓激肽、前列腺素也可舒张冠脉；血管紧张素Ⅱ和加压素收缩冠脉，使血流量减少。

二、肺循环特点

1. 血流阻力小，血压低。

2. 血容量变化大。储血库。肺的血容量约为450ml，占全身血量的9%。深吸气时可达1000ml，深呼气时可低至200ml。

3. 肺循环组织液有效滤过压为负值。肺循环毛细血管血压低，有效滤过压为负值，可保持肺泡干燥，有利于气体交换。

三、脑循环特点

1. 血流量大，耗氧量多，脑组织对缺氧敏感，对缺氧耐受性差。

2. 血流量变化小。颅腔容积固定，脑血管舒缩受到限制，血流量变化小。

3. 存在血-脑脊液屏障和血-脑屏障：保持脑组织内环境理化因素的相对稳定、防止血液中有害物质进入脑内。

脑循环的调节：

（1）脑血管的自身调节。为主。

（2）神经调节。

（3）体液调节：主要受二氧化碳调节。PCO_2升高时，脑血管舒张，血管阻力降低，脑血流量增大。反之，脑血流量减小。

（倪月秋　姚　阳）

第五章 呼吸

呼吸：机体与外界环境之间气体交换的全过程。

呼吸全过程：$\left.\begin{array}{l}\text{肺通气}\\\text{肺换气}\end{array}\right\}$外呼吸

气体在血液中的运输

组织换气—内呼吸

意义：维持体内 O_2、CO_2 含量的相对稳定，保持代谢活动的正常进行。

第一节 肺通气

肺通气：肺与外界环境间进行气体交换的过程。

一、肺通气的动力

原动力：呼吸肌收缩带动胸廓的扩张与收缩。

   吸气肌：肋间外肌：增大胸廓前后径、左右径。

      膈肌：增大胸廓上下径；作用更重要。

   呼气肌：肋间内肌：减小胸廓前后、左右径。

      腹壁肌：使膈肌上升，胸廓上下径减小。

直接动力：肺泡与外界大气之间的压力差。

关键：胸膜腔负压是原动力转变为直接动力的关键。

二、呼吸运动的形式类型

呼吸运动：呼吸肌的收缩和舒张引起胸廓有节律地扩大和缩小。

呼吸运动的产生：

平静吸气：膈肌、肋间外肌收缩→胸廓扩大→肺扩大→肺内压<外界大气压→空气入肺（平静吸气是主动过程，消耗能量）

平静呼气：膈肌、肋间外肌舒张→胸廓回缩→肺回缩→肺内压>外界大气压→空气出肺（平静呼气是被动过程，不消耗能量）

呼吸运动的类型：

按深度分：

平静呼吸：安静状态下平稳均匀地呼吸。12～18次/分。

吸气主动，呼气被动。

用力呼吸：机体活动增强时呼吸运动加强加快。辅助吸气肌、呼气肌参加。吸气和呼气均主动。

按参与的呼吸肌分：

胸式呼吸：以肋间外肌舒缩为主→胸壁起伏明显。
腹式呼吸：以膈肌舒缩为主→腹壁起伏明显。
混合式呼吸：胸、腹式呼吸两者同时存在。

三、呼吸时肺内压与胸膜腔内压的变化

正常人平静呼吸过程中胸内压都低于大气压，故胸内压又称为胸内负压。胸内负压是出生后形成和逐渐加大的。出生后吸气入肺，肺组织有弹性，在被动扩张时产生弹性回缩力，形成胸内负压。婴儿在发育过程中，胸廓的发育速度比肺的发育速度快，造成胸廓的自然容积大于肺。由于胸膜腔内浆液分子的内聚力作用和肺的弹性，肺被胸廓牵引不断扩大，肺的回缩力加大因而胸内负压增加。胸内负压形成的直接原因是肺的回缩力。

呼吸时肺内压的变化：平静吸气初，肺内压低于大气压，产生吸气。
　　　　　　　　　平静吸气末，肺内压等于大气压，吸气停止。
　　　　　　　　　平静呼气初，肺内压高于大气压，产生呼气。
　　　　　　　　　平静呼气末，肺内压等于大气压，呼气停止。

人工呼吸的原理：人为地造成肺与大气之间的压力差。
胸膜腔负压：正常情况下胸膜腔的压力低于大气压。
平静吸气时：$-5\sim-10$mmHg；平静呼气时：$-3\sim-5$mmHg。
形成：胸内压＝－肺回缩力
即胸内压的大小决定于肺回缩力的大小。
维持条件：胸膜腔密闭。密闭性破坏形成气胸，肺不能扩张而萎陷。
生理意义：有利于肺保持扩张状态，不致于由自身回缩力而缩小、萎陷。由于吸气时胸内负压加大，可降低中心静脉压，促进静脉血和淋巴液的回流。
（1）维持肺扩张状态：是胸廓扩张带动肺扩张的关键。
（2）促进静脉回流和淋巴回流。

[记忆点津] 要求会默画潮气量曲线、肺内压曲线和胸内压曲线，便于相关问题的理解。

四、肺通气的阻力

（一）弹性阻力

1. 肺的弹性阻力　占总弹性阻力的2/3。
（1）肺泡表面张力：（占2/3）由肺泡内薄液层形成。
作用：阻碍肺泡的扩张，增加吸气的阻力。
　　　使相通的大小肺泡内压不稳定。
　　　促进肺部组织液生成。
表面活性物质：肺泡Ⅱ型细胞分泌，主要成分是二软脂酰卵磷脂（二棕榈酰卵磷脂）。
作用：降低肺泡表面张力，减小吸气阻力，利于肺的扩张。
　　　调节大小肺泡内压，维持大小肺泡的容积稳定。
　　　减少肺部组织液生成，防止肺水肿。
（2）肺的弹性回缩力：（占1/3）由肺泡弹性纤维和胶原纤维形成。在一定范围内与肺扩张程度成正比。

2. 胸廓的弹性阻力　来自胸廓的弹性组织。占总弹性阻力的1/3。双向弹性体。自然位

置。肺容量的 67%。

＞肺容量的 67%：呼气的动力，吸气的阻力。

＜肺容量的 67%：呼气的阻力，吸气的动力。

3. 肺和胸廓的顺应性 肺和胸廓在外力的作用下扩张的难易程度。意即单位压力变化的肺容积变化。

顺应性＝1/弹性阻力＝容积变化（ΔV）/压力变化（ΔP）（L/cmH$_2$O）

正常人：肺顺应性约为 0.2L/cmH$_2$O

　　　　胸廓的顺应性约为 0.2L/cmH$_2$O

　　　　肺和胸廓的总顺应性约为 0.1L/cmH$_2$O

(二) 非弹性阻力

黏滞阻力、惯性阻力、呼吸道阻力（主支气管以上的气道阻力最大）。占总通气阻力的 30%。

1. 气道阻力 气流通过呼吸道时气体分子之间及气体分子与气道管壁之间的摩擦力，占非弹性阻力的 80%～90%，主要来自大气道。正常值 1～3L/cmH$_2$O/（L/S）

影响因素：呼吸道口径（R＝1/r^4）、气流速度、气流形式。

交感神经兴奋、儿茶酚胺类物质等使气道阻力减小。

迷走神经兴奋、组胺、5-羟色胺、缓激肽等使气道阻力增大。

2. 黏滞阻力 呼吸时胸廓、肺等组织移位产生的摩擦力。

占非弹性阻力的 10%～20%。

3. 惯性阻力 气流在发动、变速、换向时，因气流惯性所遇到的阻力，正常时忽略不计。

临床做气管切开可减小气道阻力。呼吸机、麻醉机等外接管道管理不善，管道扭曲、压迫等可致气道阻力增大。

五、肺通气功能的评价

(一) 肺容量

肺容纳的气量。

1. 肺总容量 指肺所能容纳的最大气量（潮气量＋补吸气量＋补呼气量＋余气量）。(深吸气量＋功能余气量)。成年男性平均约 5000ml，女性约 3500ml。

2. 潮气量 呼吸时，每次吸入或呼出的气量。正常成人平静呼吸时的潮气量为 400～600ml，平均 500ml。

3. 补吸气量 平静吸气末再尽力吸气，所能增加的吸入气量或吸气贮备量。正常成人为 1000～2000ml。

4. 深吸气量 指在平静呼气末作最大吸气时所能吸入的气量，等于平静呼吸潮气量和补吸气量之和。补吸气量＋潮气量。深吸气量一般与肺活量呈平行关系，是衡量最大通气潜力的重要指标。深吸气量大，表示吸气贮备能力大。胸廓、胸膜、肺组织和呼吸肌等发生病变时，肺通气功能下降，深吸气量减少。

5. 补呼气量 平静呼气末再尽力呼气，所能增加的呼出气量，称为补呼气量或呼气贮备量。正常成人为 0.9～1.2L。表示呼气贮备能力。

6. 残气量　最大呼气末尚存留于肺内不能再呼出的气量。正常成年人1000～1500ml。支气管哮喘和肺气肿患者残气量增加。

7. 功能残气量　指平静呼气末存留于肺内的气量（残气量＋补呼气量）。正常成年人约为2.5L。

生理意义：缓冲呼吸过程中肺泡气中氧分压（PO_2）和二氧化碳分压（PCO_2）的变化。

8. 肺活量　指一次最深吸气后尽力呼气所呼出的最大气量（潮气量＋补吸气量＋补呼气量），也等于肺总容量减去残气量。正常成年男性平均约3.5L，女性约2.5L。

反映肺一次呼吸的最大通气能力，一般来说肺活量越大，肺的通气功能越好。

9. 用力呼气量　指最大吸气后，以最快速度尽力呼气，计算第1、2、3秒末呼出气量占肺活量的百分比（每秒末呼出的气量/肺活量×100%）。该指标避免了肺活量不限制呼气时间的缺陷，是反映肺通气功能的较好指标。用力呼气量亦称时间肺活量。

第1秒用力呼气量：83%（最有意义）。

第2秒用力呼气量：96%。

第3秒用力呼气量：99%。

第1秒用力呼气量是评定慢性阻塞性肺疾病的常用指标。常用于鉴别阻塞性肺病和限制性肺病。

（二）肺通气量

1. 每分通气量　指每分钟吸入或呼出肺的气量。

每分通气量＝潮气量×呼吸频率

影响因素：呼吸深度：潮气量增加，通气量增大。

呼吸频率：在一定范围内，频率增加，通气量增大。

2. 最大通气量　（最大随意通气量）尽力尽快地呼吸，每分钟吸入或呼出的气量。反映呼吸器官最大通气潜力。

男性：100L/分；女性：80L/分。

比较每分静息通气量与最大通气量，反映通气功能的贮备能力。通常用通气贮量百分比表示。

计算：每次吸入的气量×呼吸次数/15秒×4

3. 通气贮量百分比　（最大随意通气量－每分通气量）/最大随意通气量×100%

正常值：≥93%。<70%为通气功能严重损害。

4. 肺泡通气量　指每分钟吸入肺泡内用于气体交换的新鲜空气量。

肺泡通气量＝（潮气量－无效腔气量）×呼吸频率

无效腔：从鼻到肺泡不能进行气体交换的空间。

解剖无效腔：无气体交换功能的呼吸道（150ml）。包括终末细支气管及其以上呼吸道。

肺泡无效腔：无气体交换功能的肺泡容积。通常很小，可忽略。

生理无效腔：解剖无效腔＋肺泡无效腔。正常人生理无效腔大致等于解剖无效腔。

呼吸深度：呼吸加深，肺泡通气量增大。深慢呼吸通气效率更高。

呼吸频率：一定范围内增大，肺泡通气量增大。

第二节 呼吸气体的交换

一、气体交换的原理

气体交换的动力：气体的分压差。

气体扩散速率：单位时间内气体分子的扩散量。与气体分压差成正比；与气体溶解度成正比；与气体分子量的平方根成反比。

CO_2 分压差是 O_2 的 1/10，CO_2 的溶解度是 O_2 的 24 倍，CO_2 的分子量的平方根是 O_2 的 1.17 倍，因此，CO_2 的扩散速率约是 O_2 的 2 倍。临床上缺氧比 CO_2 潴留更为常见，呼吸困难的患者常常先出现缺氧。

二、气体交换的过程

肺换气：O_2 由肺泡→血液，CO_2 由静脉血→肺泡，静脉血变成动脉血。

组织换气：O_2 由血液→组织细胞，CO_2 从组织细胞→血液，动脉血变成静脉血。

三、影响气体交换的因素

（一）影响肺换气的因素

1. 呼吸膜　6层结构：肺泡毛细血管内皮＋基膜＋间质组织＋上皮基膜＋肺泡上皮＋肺泡内薄液层。

面积↓→气体扩散量↓，如肺气肿。

厚度↑→气体扩散量↓，如肺炎、肺间质纤维化。

2. 通气血流比值（V/Q）　即每分钟肺泡通气量/每分钟肺血流量

正常：V/Q＝（500－150）×12/5000＝4200/5000＝0.84

此时通气效率最高。V/Q 增大或减小，通气效率均降低。

V/Q↑：通气量增大或肺血流量减小，多见。肺泡无效腔增大。

V/Q↓：Q↑或 V↓多见。功能性动-静脉短路。

（二）影响组织换气的因素

代谢加强，气体分压差增大，气体交换增加；

组织细胞与毛细血管间的距离增大，换气效率降低，如水肿。

第三节 气体在血液中的运输

一、气体在血液中的存在形式

O_2：物理溶解：O_2 直接溶解在血浆中，占 1.5%。可直接被组织细胞摄取利用。

化学结合：O_2 与 Hb 结合成 HbO_2。占 98.5%。HbO_2 是氧气运输的主要形式。

CO_2：物理溶解占 5%，

化学结合占 95%；

$\begin{cases} 碳酸氢盐 \quad 占88\% \\ 氨基甲酸血红蛋白 \quad 占7\%。 \end{cases}$

二、氧的运输

$$Hb+O_2 \xrightleftharpoons[PO_2 低（组织）]{PO_2 高（肺）} HbO_2$$

Hb与O_2的结合是氧合，不是氧化。结合与分离可逆。

HbO_2鲜红色；Hb暗红色；HbCO樱红色。

判断有无发绀主要看每升去氧血红蛋白的含量。Hb$\geq$50g/L，出现发绀，皮肤、黏膜呈青紫色。

贫血者Hb含量低，去氧血红蛋白达不到50g/L时，可无发绀。

高原居民红细胞数量增多，Hb含量高，Hb$\geq$50g/L，有发绀。

一氧化碳中毒：樱桃红色。CO与Hb的结合力是O_2与Hb结合力的210倍。

亚硝酸盐中毒：Hb中亚铁被氧化成高铁，失去结合氧的能力。

缺氧可致发绀，发绀未必缺氧；无发绀未必不缺氧。

氧容量：每升血液中血红蛋白所能结合的最大氧量。其大小决定于Hb的浓度。

正常：150g/L×1.34ml/L＝201ml/L血液

氧含量：每升血液中实际含氧量。

正常：动脉血：194ml/L

　　　静脉血：144ml/L

血氧饱和度：氧含量占氧容量的百分数。

血氧饱和度＝（氧含量/氧容量）×100%

动脉血：98%，静脉血：75%

氧离曲线：表示血氧饱和度与氧分压关系的曲线。近似"S"形曲线。随氧分压的增大，氧饱和度亦呈增大趋势。

曲线特点：分三段一点描述：

上段：$PO_2>60$mmHg。曲线平坦，氧饱和度高而变化不大。是Hb与O_2结合的部分。

增大或减小PO_2对氧饱和度影响不大。此时仅靠提高吸入气中PO_2，并无助于血液O_2的含量或氧饱和度的增加。

中段：$PO_2=40\sim60$mmHg。曲线陡直。氧饱和度低且易变化。是HbO_2释放O_2的部分。

PO_2稍有增高，氧饱和度大增；PO_2稍有下降，氧饱和度大降，O_2解离释放，有利于组织摄取。即使吸入少量的氧，就可以明显提高氧饱和度和氧含量。

慢性阻塞性呼吸系统疾病低氧血症时给予低流量持续吸氧有利于改善缺氧症状。尤其在15～40mmHg间。

下段：$PO_2=15\sim40$mmHg。最陡峭。反映血液的氧储备。氧分压略有下降，就可以释放更多的氧，尽最大能力地满足缺氧组织对氧的需求。

"一点"：$PO_2=60$mmHg。

此时氧饱和度位于曲线的转折点。虽然氧饱和度不低：90%，但若PO_2稍有下降，即进入氧离曲线的中段，可使氧饱和度迅速降低，易引起患者突发缺氧，即存在潜在缺氧；若及时吸氧又可有效避免氧饱和度持续下降。

影响氧离曲线的因素：

氧离曲线移动的意义：

右移：氧与血红蛋白的结合力降低，有利于 O_2 的释放。在相同 PO_2 下，血氧饱和度降低。

左移：氧与血红蛋白的结合力增大，有利于 O_2 的运输。在相同 PO_2 下，血氧饱和度升高。

氧离曲线移动的规律：

$PCO_2\uparrow$，$pH\downarrow$，体温$\uparrow$，2,3-DPG$\uparrow$，使曲线右移。

$PCO_2\downarrow$，$pH\uparrow$，体温$\downarrow$，2,3-DPG$\downarrow$，使曲线左移。

[记忆点津] 把 pH 理解为 [H^+]，则有两句口诀：四高右移释放氧，四低左移氧不放。按此口诀分析，凡有关氧离曲线移动的问题，可迎刃而解，屡试不爽。

P_{50}：使氧饱和度达到 50% 时的 PO_2，正常为 52kPa（26.5mmHg）。

P_{50} 增大，表明 Hb 与 O_2 的亲和力降低，曲线右移；反之，亲和力增大，曲线左移。

波尔效应：血 pH 降低或 PCO_2 升高，Hb 与 O_2 的亲和力降低，P_{50} 增大，曲线右移，O_2 易于释放；反之，血 pH 升高或 PCO_2 降低，Hb 与 O_2 的亲和力升高，P_{50} 减小，曲线左移，O_2 易与 Hb 结合而运输。酸碱度对 Hb 氧亲和力的这种影响称为波尔效应。

三、CO_2 的运输

1. 碳酸氢盐形式：主要是碳酸氢钠。HCO_3^- 在红细胞内生成，需碳酸酐酶，伴有 Cl^- 转移。

Cl^- 由血浆扩散入红细胞以补充由于 HCO_3^- 扩散出红细胞造成的红细胞内负电荷的缺失而电位失衡，称为氯转移。

2. 氨基甲酸血红蛋白（HHbNHCOOH）形式。不需酶的催化。运输效率高。

3. CO_2 解离曲线。表示血液中 CO_2 含量与 PCO_2 关系的曲线。不是 S 型，接近线性关系，没有饱和点。

4. O_2 与 Hb 的结合对 CO_2 运输的影响。O_2 与 Hb 的结合可促使 CO_2 的释放，称为何尔登效应（Haldane effect）。

在组织，HbO_2 释出 O_2 而成为 Hb，何尔登效应可促使血液摄取并结合 CO_2；

在肺，Hb 与 O_2 结合，促使 CO_2 释放。O_2 和 CO_2 的运输不是孤立的，而是相互影响的。

第四节 呼吸运动的调节

内环境的变化：缺氧、二氧化碳升高、酸中毒等刺激呼吸运动。

外环境变化：机械的、化学的、低气压、高气压等刺激呼吸运动改变，防御反射。

一、呼吸的中枢调控

呼吸中枢：是指中枢神经系统内与呼吸运动的产生和调节有关的细胞群。

（1）吸气神经元：与吸气同步放电；

(2) 呼气神经元：与呼气同步放电；

(3) 吸气-呼气神经元：吸气时放电并持续到呼气；

(4) 呼气-吸气神经元：呼气时放电并持续到吸气。

基本中枢：位于延髓。产生基本呼吸节律，但节律不规则。

背侧组：多属吸气神经元。接受来自肺、咽喉和外周化学感受器传入纤维的投射。

腹侧组：吸气神经元、呼气神经元。

呼吸调整中枢：位于脑桥。抑制吸气，使吸气向呼气转化，使呼吸节律平稳。臂旁内侧核及其外侧。吸气-呼气神经元。与延髓呼吸神经元间有广泛的双向联系

在脑桥上、中部横切：呼吸变深而慢。

在脑桥与延髓间横切：喘息样呼吸。呼气时间延长，吸气突然发生，又突然停止。

呼吸节律的形成：吸气切断机制。正常呼吸节律由各级呼吸中枢协调配合产生。

二、呼吸的反射性调节

（一）机械感受器反射

1. 肺牵张反射（黑-伯反射）

肺扩张—抑制吸气，引起呼气；肺缩小—抑制呼气，兴奋吸气。

反射弧：牵拉刺激→支气管平滑肌牵张感受器→迷走神经→延髓→吸气切断机制

意义：阻止吸气过深过长，促使吸气转为呼气，与脑桥呼吸调整中枢共同调节呼吸频率与深度。

实验：切断动物双侧迷走神经，出现深而慢的呼吸。

2. 呼吸肌的本体感受器反射

气道阻力增大→呼吸肌肌梭兴奋→中枢→呼吸肌收缩加强→呼吸运动加深

意义：克服气道阻力，加强呼吸运动。

（二）化学感受器反射

外周化学感受器：颈动脉体—窦神经，主动脉体—主动脉神经。

对缺氧和高二氧化碳及 H^+ 敏感。尤以颈动脉体作用更大。

中枢化学感受器：延髓腹外侧浅表部。

对 H^+ 敏感。受缺氧抑制。

二氧化碳透过血脑屏障进入脑脊液后，在碳酸酐酶的作用下与水化合成碳酸，而后解离出 H^+，刺激中枢化学感受器；血中 H^+ 因不能透过血脑屏障故不能直接作用于中枢化学感受器。

高 PCO_2 可刺激外周化学感受器和中枢化学感受器，兴奋呼吸中枢，使呼吸运动加强，尤其对中枢化学感受器作用更强。

血液中一定浓度的 CO_2 是呼吸的生理性刺激物。

PCO_2 过高：呼吸抑制。

缺氧（低 PO_2）：轻、中度低 PO_2，可通过刺激外周化学感受器而兴奋呼吸中枢，使呼吸运动加强；重度低 PO_2，则因直接抑制呼吸中枢，使呼吸运动减弱。

血［H^+］升高：可刺激外周化学感受器兴奋呼吸中枢，加强呼吸运动。不能直接作用于呼吸中枢。

血［H^+］降低：呼吸抑制（碱中毒）。

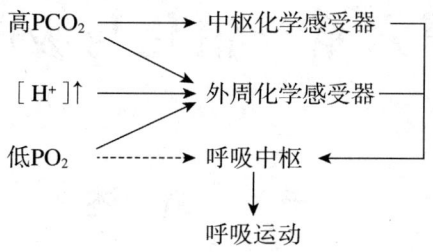

（林艳华）

第六章 消化与吸收

第一节 概　述

一、消化和吸收的概念

消化：食物在消化管内分解成可以被吸收的小分子物质的过程。

吸收：消化后的小分子物质以及水、无机盐和维生素等通过消化管黏膜进入血液和淋巴循环的过程。

二、消化的方式

机械性消化：通过咀嚼和消化道肌肉的运动，将食物磨碎，同时与消化液充分混合，并以一定的速度向消化道远端推送的过程。

化学性消化：在消化酶的作用下，将食物中的大分子物质分解成小分子物质的过程。

在整个消化过程中，两种消化方式同时进行，密切配合。

食物在消化过程中不仅是消化的对象，而且对消化器官具有刺激作用，触发和调节消化器官的活动。

第二节 消化道的运动

一、消化道平滑肌的生理特性

口腔、咽、食管上段的肌肉和肛门外括约肌是横纹肌；

消化道其他各段的肌肉均为平滑肌。

消化管平滑肌属于单位平滑肌，细胞之间通过紧密连接可以进行同步性活动，即整体性反应。

（一）消化道平滑肌的一般生理特性

1. 兴奋性低，收缩缓慢。
2. 自动节律性。慢而不规则。
3. 紧张性。经常保持轻微的持续收缩状态—紧张性收缩。维持一定的基础压力、维持胃肠等器官的形态和位置。
4. 富有伸展性。适应需要作大幅度的伸展。意义：使中空的容纳器官多容纳食物而不发生明显的压力增大。
5. 对化学、温度、机械牵张刺激敏感。

（二）消化道平滑肌的电活动

1. 静息电位　不稳定。$-40 \sim -80 \text{mV}$。主要是 K^+ 的电化学平衡电位。另有 Na^+、

Ca^{2+}、Cl^-参与。

2. 慢波电位（基本电节律）　在静息电位的基础上自动产生的节律性的低振幅去极化波。起源于纵行肌。幅度为10~15mV，不引起平滑肌收缩。胃、十二指肠、回肠末端分别为3、11~12、8~9次/分。

本身不引起肌肉收缩，但其产生的去极化可使膜电位接近阈电位水平，一旦达到阈电位，就可以触发产生动作电位。兴奋性升高。

3. 动作电位　在慢波电位的基础上产生，产生机制：去极化主要是Ca^{2+}内流。

在慢波电位的基础上产生动作电位，动作电位触发肌肉收缩；慢波上动作电位的数目与平滑肌收缩力大小成正相关。

二、咀嚼和吞咽

咀嚼：咀嚼肌群顺序收缩而完成的复杂的反射动作，受大脑意识控制。

作用：切割、磨碎、搅拌，使食物与唾液混合成食团，便于吞咽，反射性引起胃肠运动增强、消化液分泌。

吞咽：食物由口腔经咽、食管进入胃的过程，是复杂的反射性动作。

第一阶段：食团由口腔到咽。

第二阶段：食团由咽进入食管上段。

第三阶段：食管蠕动将食团推送至胃。

食管的蠕动：食管平滑肌顺序收缩引起向前推进的波形运动。

食管下括约肌：食管与贲门连接处4~6cm的高压区。

作用：阻止胃内容物逆流入食管。

三、胃的运动

（一）胃的运动形式

1. 容受性舒张　食物刺激口腔、咽、食管等处的感受器，通过迷走神经反射性引起胃底和胃体的平滑肌舒张，接受和贮存食物。

特点：胃容积增大而压力增大不多，有利于胃容纳和储存食物，并防止食糜过早地排入十二指肠。

是胃特有的运动形式。

2. 紧张性收缩　胃平滑肌经常处于轻度的收缩状态，使胃保持一定的形状、位置、压力，是蠕动的基础。

3. 蠕动　起于胃中部向幽门方向推进的波形运动。3次/分。

作用：①磨碎食团，使其与胃液混合，形成食糜，利于化学消化。

②将食糜逐步推进到幽门部，以一定速度推入十二指肠。

（二）胃的排空及其控制

胃排空：食物由胃排入十二指肠的过程。

动力：胃紧张性收缩和胃蠕动使胃内压升高，大于十二指肠内压，食糜入十二指肠。

每次排入十二指肠约5ml，4~6h完全排空。

幽门作用：限制排出量，防止十二指肠内容物逆流。

影响排空的因素：胃的运动增强，排空加快；胃的运动减弱，排空减慢。
食物的性质：稀-快；固-慢
完全排空的时间：水 5～10min，糖 1～2h，蛋白质 2～3h，脂肪 5～6h，混合食物 4～5h。
即："水-糖-蛋-混-脂"。
胃排空的控制：三个反射，两个激素：
迷走-迷走反射：加强胃运动，促进胃排空。
壁内神经丛反射：加强胃运动，促进胃排空。
肠-胃反射：抑制胃运动，延缓胃排空。
促胃液素：加强胃运动，促进胃排空。
促胰液素：抑制胃运动，延缓胃排空。
呕吐：将胃及十二指肠内容物经口腔强力驱出的反射性动作。是临床常见症状。
反射中枢：延髓。
有利作用：排出胃内有害物质，属保护性防御反射。
不利影响：严重呕吐引起水、电解质、酸碱平衡失调。

四、小肠的运动

运动形式：
1. 紧张性收缩　小肠平滑肌经常保持轻度的收缩状态。
作用：使小肠维持一定的形状、位置、压力，是其他各种运动的基础。
2. 分节运动　小肠壁的环行肌交替收缩、舒张将小肠分为许多节段。是小肠特有的运动形式。
作用：
(1) 使食糜与消化液充分混合，有利于化学性消化；
(2) 增加小肠黏膜与食糜的接触，挤压肠壁促进血液与淋巴液的回流，有助于吸收；
(3) 有较强的推进作用。
3. 蠕动　纵行肌和环行肌共同参与进行的波形运动。
一般蠕动：起于小肠任何部位、从上向下、起推进混匀作用。
蠕动冲：节段长、速度快、传播远、强有力的蠕动。由进食和吞咽活动反射性引起，有利于小肠内容物尽快排入大肠。为小肠容纳新的食物腾出空间。
逆蠕动：与蠕动方向相反（由下向上）。
部位：十二指肠、回肠末段。
作用：延长食糜停留时间。
回盲括约肌的功能：防止小肠内容物过快排入结肠；阻止结肠内食物残渣倒流。

五、大肠的运动

大肠的运动形式：袋状往返运动、分节或多袋推进运动、蠕动和集团蠕动。
排便反射：

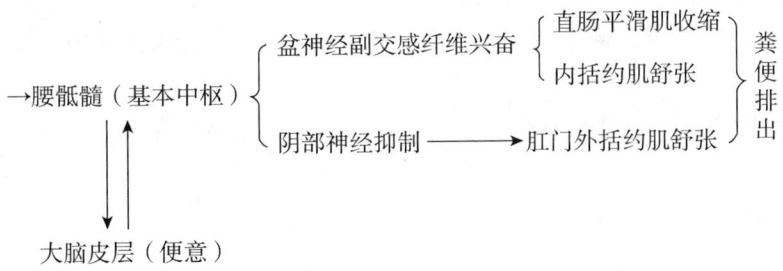

大便潴留：排便反射的反射弧受损，大便不能排出。
大便失禁：基本中枢和高级中枢的联系发生障碍，皮层失去对排便反射的控制。

第三节　消化液及其作用

消化液的主要来源：
在消化道附近：唾液腺、肝、胰腺。
在消化管黏膜内许多散在分布的腺体，向消化管内分泌各种消化液，包括：唾液、胃液、胆汁、胰液、小肠液和大肠液。
消化液的分泌量：6~8L/d。
主要成分：水、无机盐、消化酶、其他。
消化液的主要作用：
（1）稀释、溶解消化产物，有利于吸收。
（2）改变消化道内 pH，为消化酶提供适宜的酸碱环境。
（3）消化：消化酶水解食物中复杂的大分子营养物质成为小分子。
（4）保护：黏液、抗体和大量的液体保护消化道黏膜免受物理性和化学性的损伤。

> **口腔内消化**
> 食物在口腔内停留时间短、酶成分少：初步消化。
> 咀嚼、吞咽、唾液分泌对食物在胃肠内进一步消化有利。
> 食物刺激口腔可反射性引起胃肠活动和消化腺分泌活动增强。

一、唾液及其作用

口腔内唾液来自三对唾液腺：腮腺、颌下腺、舌下腺分泌的混合液。

（一）唾液的性质和成分

水：99%；电解质：钠、钾、钙、硫氰酸盐、氯等；消化酶：唾液淀粉酶；其他：黏蛋白、球蛋白、溶菌酶。量：1~1.5L/d，pH6.6~7.1。

（二）唾液的作用

（1）滑：湿润口腔和食物，利于咀嚼、吞咽和引起味觉。

(2) 化：唾液淀粉酶水解淀粉成为麦芽糖。

(3) 洁：清洁和保护口腔。溶菌酶杀菌。

(4) 泄：体内铅、汞、碘等经唾液排出。狂犬病病毒等致病微生物也经此排出。

> 胃的主要功能：暂时储存食物、初步消化食物并进行胃排空。

二、胃液及其作用

胃腺：贲门腺、泌酸腺（胃底、胃体）、幽门腺；分泌量：1.5～2.5L/d。

（一）胃液的性质、成分和作用

无色酸性液体，pH 0.9～1.5。

主要成分：水；电解质；消化酶：胃蛋白酶；其他：盐酸、内因子、黏液等。

1. 盐酸（胃酸） 由泌酸腺壁细胞分泌。

作用：

(1) 激：激活胃蛋白酶原，成为胃蛋白酶。用于消化蛋白质。

(2) 变：使蛋白质变性，易于消化。

(3) 杀：杀死随食物入胃的细菌。

(4) 促：进入小肠后促进胰液、胆汁和小肠液的分泌。

(5) 吸：有利于小肠对铁和钙的吸收。

存在形式：总酸：

$$\begin{cases} 结合酸：HCl+蛋白质 \rightarrow 盐酸蛋白质 \\ 游离酸：以解离形式存在，决定胃液 pH \end{cases}$$

基础酸排出量 0～5mmol/L，最大酸排出量 20～25mmol/L。

2. 胃蛋白酶原 由泌酸腺主细胞分泌。

盐酸激活胃蛋白酶原成为胃蛋白酶，后者又能激活胃蛋白酶原。胃蛋白酶将蛋白质水解成为䏡和胨、少量多肽和氨基酸。

适宜 pH：1.5～3.5；当 pH 升高到 6 时胃蛋白酶失去活性。

3. 内因子 由泌酸腺壁细胞分泌。糖蛋白（分子量约 6 万）。

作用：保护维生素 B_{12} 免受小肠内蛋白水解酶的破坏并促进维生素 B_{12} 的吸收。回肠。

4. 黏液 黏液细胞、上皮细胞。糖蛋白。黏滞性。形成 $500\mu m$ 的凝胶层。

作用：

(1) 润滑：减少坚硬食物对胃壁的机械损伤。

(2) 保护：参与形成胃黏液屏障。保护胃黏膜抵御 H^+ 侵蚀和胃蛋白酶的消化。

（二）胃黏膜自身防御机制

1. 胃黏液屏障 存在于胃黏膜表面的由黏液和碳酸氢盐共同形成的抗损伤屏障，亦称黏液-碳酸氢盐屏障。

2. 胃黏膜屏障 胃黏膜上皮细胞的腔面膜和相邻细胞间的紧密连接组织构成的生理屏障，具有防止 H^+ 由胃腔向胃黏膜逆向扩散，以及阻止 Na^+ 从黏膜向胃腔内扩散的双重作用。
3. 胃黏膜血流十分丰富，可带走渗入黏膜的 H^+ 和有害物质。
4. 胃黏膜局部的自身保护性物质：前列腺素、生长抑素等。

> 小肠内消化是最重要的消化阶段。停留 3~8h。

三、胰液及其作用

胰液：胰腺的腺泡细胞和小导管管壁细胞分泌，1~2L/d，非消化期分泌很少，消化期分泌多，消化力强。

胰液中所含的消化酶种类最多，消化力最强，是最重要的消化液，如缺乏，会引起脂肪、蛋白质消化障碍，脂肪、脂溶性维生素吸收障碍。

(一) 胰液的性质和成分

性状：无色、透明，pH7.8~8.4。等渗。

成分
- 水
- 无机盐：碳酸氢盐
- 消化酶：胰淀粉酶、胰脂肪酶、胰蛋白酶原、糜蛋白酶原、核糖核酸酶原、脱氧核糖核酸酶、羧基肽酶、胆固醇脂酶、磷脂酶 A_2
- 其他

(二) 胰液的作用

1. **碳酸氢盐**　小导管细胞分泌。中和胃酸，保护小肠黏膜；为小肠内消化酶提供合适的 pH 环境。
2. **胰淀粉酶**　水解淀粉成为糊精、麦芽糖及麦芽寡糖。适宜 pH6.7~7.0。
3. **胰脂肪酶**　将三酰甘油（甘油三酯）分解为一酰甘油（甘油一酯）、甘油和脂肪酸。在胰腺分泌的辅酯酶帮助下才发挥作用。适宜 pH7.5~8.5。
4. **胰蛋白酶、糜蛋白酶**　由相应酶原激活而来。分解蛋白质成为胨和胨，共同作用时将蛋白质分解成小分子多肽和氨基酸。胰蛋白酶原可被肠激酶、HCl、组织液、糜蛋白酶激活成为胰蛋白酶，胰蛋白酶又可激活糜蛋白酶原。适宜 pH8~9。
5. **其他酶类**　核糖核酸酶、脱氧核糖核酸酶、羧基肽酶、胆固醇脂酶、磷脂酶 A_2，水解相应的食物成分。

四、胆汁及其作用

肝细胞分泌，0.8~1L/d。

(一) 胆汁的性质和成分

金黄或棕黄色，pH7.4。苦。胆囊胆汁深绿色，pH6.8。

成分：水、电解质、胆色素、胆盐、胆固醇、卵磷脂。不含消化酶。

> 胆固醇、卵磷脂、胆盐，三者比例不当可致胆固醇胆结石。

胆盐：胆汁酸＋甘氨酸盐或胆汁酸＋牛磺酸盐

（二）胆汁的作用

1. 乳化脂肪　降低脂肪表面张力，使成为微滴。
2. 帮助脂肪吸收　与脂肪结合形成水溶性的复合物。水溶性混合微胶粒。
3. 促进脂溶性维生素吸收　维生素 K、E、D、A。
4. 胆盐利胆　在回肠吸收。肠肝循环。刺激肝细胞分泌胆汁。

（三）胆囊的功能

储存和浓缩胆汁；调节胆管内压。

五、小肠液及其作用

十二指肠腺和肠腺分泌，1.5～3.0L/d。

黏稠，弱碱性。

作用：$NaHCO_3$：中和胃酸，保护肠黏膜。提供消化酶适宜的碱性环境。

稀释食糜，有利于消化产物的吸收。

肠激酶：激活胰蛋白酶原。

上皮细胞纹状缘：多肽酶、二肽酶、三肽酶、麦芽糖酶，分别对蛋白质的中间消化产物多肽和二肽、三肽以及糖类的中间消化产物起彻底消化作用。使蛋白质最终消化成为氨基酸；糖类消化为单糖。

六、大肠液及其作用

大肠液：由柱状上皮细胞和杯状上皮细胞分泌。富含黏液和碳酸氢盐，pH8.3～8.4。

作用：其中的黏液蛋白能保护肠黏膜和润滑粪便。

大肠内含有大量大肠埃希菌，能分解食物残渣和植物纤维，能利用肠内较简单的物质合成维生素 B 复合物和维生素 K，吸收后有重要营养作用。

大肠埃希菌分解蛋白质称为腐败；分解糖类和脂类物质称为发酵。

第四节　吸　收

吸收：食物的消化产物、水分、无机盐和维生素等透过消化管黏膜上皮细胞进入血液和淋巴液的过程。

一、吸收部位及机制

(1) 口腔、食管：基本没有吸收功能。
(2) 胃：吸收能力很小，吸收少量的水、乙醇及某些药物。
(3) 小肠：是主要的吸收部位。
(4) 十二指肠、空肠：吸收绝大部分糖类、脂肪、蛋白质的消化产物。
(5) 十二指肠：Ca^{2+}、Fe^{2+}。
(6) 回肠：维生素 B_{12}、胆盐。
(7) 大肠：剩余的水和盐类。

二、小肠内主要营养物质的吸收

1. 小肠吸收的有利条件
（1）长：4m。长则内表面积大。
（2）大：内表面积大。皱褶、绒毛、微绒毛。200m²。扩大600倍。
（3）富：血液循环和淋巴循环丰富，有利于运输吸收物质。
（4）裕：食糜停留时间长。3～8h。有充裕的时间进行吸收。
（5）好：食物被分解成为水溶性的小分子，易于吸收。

2. 吸收机制

被动重吸收：单纯扩散（渗透）、易化扩散。

主动重吸收：原发性主动转运、继发性主动转运。

（1）糖：分解为单糖（80%是葡萄糖），继发性主动转运吸收入血液，与Na^+的主动吸收相耦联。

（2）蛋白质：分解为氨基酸，继发性主动转运吸收入血液，与Na^+的主动吸收耦联。

（3）脂肪：中、短链脂肪酸（10～12碳原子）、含短链脂肪酸的一酰甘油（甘油一酯）经毛细血管扩散入血液。

长链脂肪酸
一酰甘油
脂溶性维生素
（A、D、E、K）
＋胆盐 → 脂肪微粒（水溶性复合物）→肠黏膜细胞
→脂肪→乳糜微粒→毛细淋巴管→血液

（4）无机盐：单价碱性盐类（钠、钾、铵盐）吸收快。
多价碱性盐类吸收慢。
与钙结合而形成沉淀的盐（硫酸盐、磷酸盐、草酸盐等）不能被吸收。
Na^+主动吸收，带动Cl^-和HCO_3^-等负离子被动吸收。

（5）铁：在十二指肠和空肠吸收，1mg/d，与人体对铁的需要有关。
转铁蛋白与Fe^{2+}结合成复合物，以受体介导的入胞作用进入细胞。

（6）钙：食物中的钙小部分被吸收，大部分随粪便排出体外。
影响的因素：肠内容物的酸度；维生素D；肠内容物成分；脂肪食物。

（7）水：饮水1.5～2L/d，消化腺分泌消化液6～8 L/d，共8～10L/d。
随各种溶质，特别是NaCl的主动吸收产生的渗透压梯度被动吸收。

（8）维生素：水溶性维生素主要以扩散的形式在小肠上段被吸收。
脂溶性维生素A、D、E、K与脂肪吸收相似。需胆盐作用。

第五节 消化器官活动的调节

一、神经调节

（一）消化器官的神经支配

1. 交感神经、副交感神经直接支配消化道平滑肌和消化腺。
（1）交感神经：起于胸腰段脊髓灰质侧角。经腹腔神经节、肠系膜神经节或腹下神经节换神经元后,节后纤维分布到唾液腺、胃、小肠、结肠、肝、胆囊和胰腺。

当交感神经兴奋时,节后神经末梢释放去甲肾上腺素,引起胃肠道运动减弱,括约肌收缩。唾液分泌增加,黏稠。

调节壁内神经丛神经元的活动。

(2) 副交感神经:4个来源。支配消化器官的副交感神经有第Ⅶ、Ⅸ对脑神经中的副交感神经纤维、迷走神经和盆神经。

Ⅶ、Ⅸ脑神经:唾液腺。

迷走神经:食管下段、横结肠右2/3及其以上;肝、胆、胰等。

盆神经:横结肠左1/3及其以下。

当副交感神经兴奋时,节后神经末梢释放乙酰胆碱,引起胃肠道运动增强,消化腺分泌增加,胃肠括约肌舒张。唾液分泌增加,稀薄。

调节壁内神经丛神经元的活动。

2. 壁内神经丛直接支配消化道平滑肌和消化腺。

黏膜下神经丛、肌间神经丛,可完成局部反射,绝大多数属于兴奋性胆碱能纤维,对消化道的运动和消化腺的分泌起兴奋作用;但也有少数是抑制性纤维。

3. 交感神经和副交感神经又可调节壁内神经丛。

(二) 消化器官的反射性调节

中枢:延髓、下丘脑、边缘叶、大脑皮质。

1. 非条件反射性调节

(1) 食物在口腔:食物刺激口腔内感受器引起的反射:

食物→舌咽感受器→Ⅴ、Ⅶ、Ⅸ、Ⅹ→中枢(延髓等处)→唾液、胃液、胰液、胆汁分泌增加,胃容受性舒张

(2) 食糜在胃:食糜机械性的和化学性的刺激刺激胃内感受器:

食糜(机械的和化学的)→胃内感受器→迷走-迷走反射→胃运动增强、胃液分泌增加

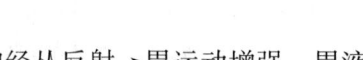

壁内神经丛反射→胃运动增强、胃液分泌增加

(3) 食糜在小肠:食糜刺激小肠内感受器引起的反射:

食糜的扩张和化学刺激直接作用于十二指肠和空肠上部引起三种神经反射:

①通过迷走-迷走反射引起胃液、胰液、胆汁等消化液分泌增加,促进小肠的化学性消化;

食糜→肠内感受器→迷走-迷走反射→胃液、胰液、胆汁分泌增加

②通过壁内神经丛反射,主要促进小肠运动以利于小肠内机械性消化;

食糜→肠内感受器→壁内神经丛反射→小肠运动增强、胃液分泌增加

③通过肠-胃反射抑制胃的运动,延缓胃的排空。

食糜→肠内感受器→肠-胃反射→胃运动抑制,胃排空延缓。

2. 条件反射性调节

食物的形象、声音、气味、进食的环境、与进食有关的语言和文字作为条件刺激,引起胃肠运动增强、消化液分泌增加。

二、体液调节

(一) 胃肠激素

由胃肠黏膜的内分泌细胞（40多种）合成并分泌的激素，统称为胃肠激素，属肽类物质；在中枢神经系统中也存在，并称脑-肠肽。

主要胃肠激素

激素	分泌细胞	分布部位	引起分泌的因素	主要生理作用
促胃液素	G细胞	胃窦十二指肠	迷走神经兴奋 蛋白质分解产物	胃酸、胰液、胆汁分泌增多 胃运动增强 促进消化道黏膜生长
胆囊收缩素	I细胞	小肠上部	蛋白质分解产物 脂肪酸	胆囊收缩 胰液分泌增多（酶多） 促进胰腺外分泌组织生长
促胰液素	S细胞	小肠上部	盐酸（最强） 蛋白质分解产物	胰液分泌增多（$NaHCO_3$和水多）、胆汁分泌增多

(二) 其他体液因素

组胺：由肠嗜铬样细胞产生，具有强烈的刺激胃酸分泌的作用。

盐酸：负反馈调节胃酸分泌。

胃液分泌的调节：

(1) 头期：食物刺激头面部感受器（眼、鼻、耳、口腔、咽、食管等）引起胃液分泌。

机制：条件反射、非条件反射。

特点：分泌量较大（30%），酸度较高，胃蛋白酶含量最丰富。

分泌量的多少与食欲有很大关系，受情绪因素影响明显。

头期刺激停止后，胃液分泌仍持续一段时间。

(2) 胃期：食物入胃后，进一步刺激胃液分泌。

特点：分泌量大（60%），酸度很高，胃蛋白酶的含量较头期少。

(3) 肠期：食糜进入小肠后，刺激十二指肠、空肠上部的肠黏膜引起胃液分泌。

特点：量较少（10%），胃蛋白酶含量少。

> 消化期抑制胃液分泌的因素：盐酸、脂肪、高张溶液。

三、社会、心理因素对消化功能的影响

不良社会、心理因素刺激影响胃肠运动、消化腺分泌。长期不良的心理因素不仅影响正常的消化功能，甚至导致消化系统的某些疾病，如胃黏膜出血或溃疡等。

（姚丹丹）

第七章 能量代谢与体温

第一节 能量代谢

一、能量代谢

(一) 能量代谢
伴随物质代谢而发生的能量的释放、转移、贮存和利用称为能量代谢。

(二) 基础代谢
基础状态下的能量代谢。

基础状态：清醒、安静、静卧，禁食 12～14h，室温 20～25℃。

此状态下体内能量的消耗仅用于维持基本的生命活动，代谢较低且稳定。但不是最低。

BMR：基础代谢率。

在基础状态下，单位时间内的能量代谢。BMR 与体表面积成正比。单位是 $kJ/(m^2·h)$。

绝对值：以实测得的数值表示，随年龄、性别变化。

相对值：以实测的数值与正常人平均值相差的百分率表示。

基础代谢率＝（实测数值－正常平均值)/正常平均值×100％

与正常平均值相差±10％～15％，为正常范围，超过±20％为异常。甲状腺功能减退者 BMR 比正常值低 20％～40％；甲状腺功能亢进者 BMR 高出正常 25％～80％。

(三) 机体能量的来源和去路

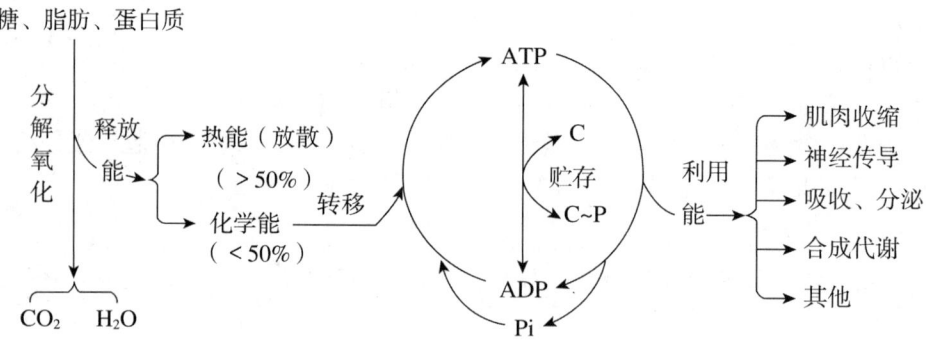

体内的能量物质：

（1）糖：是体内的主要供能物质。体内 70％的能量由糖提供。但体内贮存的糖只有 150g。

（2）脂肪：是体内含能量最多的物质。单位质量的各种营养物质中，脂肪所含能量最多。糖 17.15kJ/g，蛋白质 17.99 kJ/g，脂肪 39.75kJ/g。体内贮存的脂肪占体重的 20％。

（3）蛋白质：是体内的组织构成物质，通常不供能，当机体极度饥饿、糖和脂肪消耗殆尽时才供能。蛋白质在体内的代谢终产物是尿素，经尿排出。每 1g 尿氮相当于氧化分解 6.25g 蛋白质。

(4) ATP：是体内能量的贮存形式，也是唯一可直接利用的能量形式。

(5) CP（磷酸肌酸）：是体内能量的贮存形式。主要贮存于肌肉组织中，是 ATP 的贮存库。

二、能量代谢的测定

(一) 与能量代谢测定有关的几个概念

1. **食物的热价** 1g 某种食物氧化（或在体外燃烧）时所释放的热量称为该食物的热价。有两种形式：

物理热价：在体外燃烧产生的热量；

生物热价：在体内氧化产生的热量。

糖和脂肪的生物热价与其物理热价相等，而蛋白质由于在体内未完全氧化，故其生物热价小于其物理热价。

2. **食物的氧热价** 某种营养物质被氧化时，每消耗 1L 氧所产生的热量，叫该物质的氧热价。

氧热价×耗氧量＝产热量

3. **呼吸商（RQ）** 在体内氧化某一种营养物质时，同一时间内二氧化碳的产生量与氧耗量的比值，称为该物质的呼吸商。$RQ_{糖}=1$；$RQ_{脂肪}=0.71$；$RQ_{蛋白质}=0.8$。$RQ_{混合膳食}=0.85$；基础状态 $RQ_{混合膳食}=0.82$。RQ 能比较准确地反映机体中三种营养物质氧化分解的比例情况。

意义：推测供能物质。根据 RQ 的大小，推测出能量的来源，即主要由那种营养物质供能，然后查表得出该营养物质的氧热价，再知道氧耗量即可算出产热量。即：CO_2 产量/O_2 耗量→RQ→查表得营养物质种类→查表得氧热价×耗氧量＝产热量。这是能量代谢测定的基本思想。

非蛋白呼吸商：糖和脂肪氧化时 CO_2 产生量和 O_2 耗量的比值。

(二) 能量代谢的测定方法

根据测定 CO_2 和 O_2 含量的方法不同，将基于化学反应定比定律的间接测热法分为开放式和闭合式。

简易测定法：在现实生活中人们的饮食均为混合膳食，其 RQ 约为 0.82，相对应的氧热价为 20.1878kJ/L，因此只要测定出氧耗量，马上就能算出产热量：

20.1878kJ/L×耗氧量＝产热量。

产热量/（体表面积·测定时间）＝代谢率 kJ/（m^2·h）

三、影响能量代谢的主要因素

1. **肌肉活动** 肌肉活动对能量代谢影响最显著。运动时的耗氧量可达安静时的 10～20 倍。产热量可达 40 倍之多。

2. **精神活动** 精神紧张、激动、恐惧、愤怒、焦虑等可致能量代谢率显著提高。

> 与骨骼肌张力增大、交感神经兴奋、儿茶酚胺释放增加有关。

3. 食物的特殊动力效应 食物刺激机体额外产生能量消耗、使产热增加的现象。

蛋白质的特殊动力效应最强。进食后开始得早且持续时间长。与营养物质在肝内代谢时需消耗能量有关。

4. 环境温度 环境温度在20~30℃时，能量代谢最稳定，环境温度升高或降低时，能量代谢率均升高。

第二节 体温及其调节

一、人体正常体温及生理变动

体温：人体深部组织的平均温度。也称体核体温。
正常体温：
直肠：36.9~37.9℃
口腔：36.7~37.7℃
腋窝：36.0~37.4℃
体温的生理变动：

日周期变动：凌晨2时~清晨6时体温最低，白天升高，至午后13时~18时最高，继之降低。波动幅度不超过1℃。

性别差异：成年女性体温略高于男性0.3℃。

随月经周期的变动：月经前期较高，月经期较低，比月经前低0.2~0.3℃，排卵日最低，排卵后又升高，呈双峰曲线的特点。系因孕激素周期性变化所致。

年龄差异：新生儿高于成年人。新生儿体温调节中枢发育欠成熟，体温易随环境温度变化而变化。老年人体温调节能力也差。

其他因素：环境温度、精神因素、进食、麻醉等影响体温。

二、机体的产热与散热

产热与散热动态平衡。

1. 主要产热器官 安静状态时，脑和内脏是主要产热器官；

肝是体内代谢最旺盛的器官，产热多，肝区温度高；

活动时，骨骼肌是最主要的产热器官。

产热形式：

（1）寒战产热：不随意的节律性收缩。9~11次/分。代谢率增大4~5倍。

（2）非寒战产热：代谢产热。褐色脂肪组织产热量最大，占70%。

甲状腺激素使代谢率增加。

产热活动的调节：

（1）体液因素：甲状腺激素：作用缓慢，持续时间长。肾上腺素、去甲肾上腺素、生长素等激素可刺激产热，作用迅速而短暂。

（2）神经因素：寒冷刺激交感神经兴奋，肾上腺髓质释放肾上腺素和去甲肾上腺素增多，使机体产热增加。

2. 散热器官 皮肤是主要散热器官；排便、排尿、呼出气也可散热。

散热的方式：辐射、传导、对流、蒸发。每蒸发1g水散热2.43kJ。
辐射：以热射线（红外线）形式将热能向周围放散。
影响因素：皮肤与环境的温度差、辐射面积。
传导：热量直接传给同它接触的较冷物体。
影响因素：温差、物体导热性（冰袋降温）。
对流：通过冷、热空气的对流散热，是传导散热的特殊形式。
影响因素：风速。
蒸发：水分在体表气化时，散发体热。
（1）不感蒸发（不显汗蒸发）：水分直接透出皮肤和黏膜表面，在未聚集成明显的水滴之前即被蒸发。
与汗腺活动无关，在身体表面弥漫性地进行，即使在寒冷季节也依然存在。每天400～600ml。
（2）可感蒸发（显汗蒸发）：通过汗腺分泌活动，在皮肤的表面有明显汗滴存在而被蒸发。通过汗液蒸发吸收并放散大量体热，使体热不致淤积体内导致体温骤升。
汗腺主要受交感胆碱能神经纤维支配。
安静状态下：＞30℃开始发汗
空气潮湿、穿衣多：＞25℃可发汗
运动、劳动：＞20℃可发汗
环境温度高，发汗快；高温下汗腺疲劳，发汗慢；
影响因素：温度、湿度、风速。

> 环境湿度高，汗不易蒸发，体热不易散失，反射性地引起大汗淋漓，虽出汗多，但散发体热效率不高。

汗液成分：H_2O 99%，固体1%：NaCl、KCl、尿素等。汗液属低渗液。
3. 散热的调节
皮肤血流量的调节：影响皮肤温度，从而调节辐射、传导和对流散热。
循环↑→皮温↑→与环境温度差↑→散热↑
发汗的调节：汗液蒸发散热。
热适应（热习服）：机体长时间在热环境中发汗增加，对热环境耐受增强。

三、体温调节

自主性：在中枢神经系统特别是下丘脑的控制下，通过发动与产热和散热有关的生理反应如寒战、发汗、改变皮肤血流量等进行的体温调节。
调节皮肤血流量、发汗、战栗，维持体温恒定。
行为性：在大脑皮层控制下，通过一定的行为来保持体温相对恒定。穿衣、姿势、调温设备等。
温度感受器：
外周感受器：热感受器和冷感受器。分布在皮肤、黏膜、腹腔内脏、肌肉。
中枢感受器：神经元。脊髓、脑干网状结构、下丘脑等。

热感受器：体温升高时兴奋。

冷感受器：体温下降时兴奋。

体温调节中枢：基本中枢位于下丘脑。

PO/AH：体温调节中枢整合机构的中心部位。

体温自动调节原理：调定点学说。

调定点：视前区-下丘脑前部（PO/AH）的中枢性温度敏感神经元，阈值37℃。即设定正常温度为37℃。作用：

（1）感受中枢温度的变化。接受来自中脑、延髓、脊髓、外周的温度信息。

（2）体温调定点。设定正常体温值（37℃）。对致热原、5-HT、NE、肽等物质发生反应，改变体温调定点的值。

体温高于37℃时：热敏神经元活动增强，散热多于产热，体温降回到37℃。

体温低于37℃时：冷敏神经元活动增强，产热多于散热，体温回升到37℃。

> 致热原使PO/AH热敏神经元反应阈值升高、冷敏神经元反应阈值下降，故使体温调定点上移，患者出现寒战，之后出现高热。当经过治疗、致热原清除后，调定点降回到正常（37℃），患者通过出大汗而使体温回降。

（闫长虹）

第八章 肾的排泄

排泄：机体将物质代谢的终产物、过剩的物质、进入内环境的异物（如药物和毒物）经血液循环由相应的途径排出体外的过程。

排泄的途径：
(1) 由呼吸器官排出 CO_2 和少量水分；
(2) 随胆汁排出一些无机盐类和胆色素；
(3) 由皮肤、汗腺排出水分以及 NaCl 和尿素等；
(4) 由肾排出尿。其中排泄物种类多，量也大。

因此，肾是主要的排泄器官。

肾的泌尿功能：(1) 排出机体的大部分代谢尾产物以及进入体内的异物；(2) 调节细胞外液量和血液的渗透压；(3) 保留体液中的重要电解质；(4) 排出过剩的电解质。

肾泌尿功能的意义在于维持电解质平衡、水平衡、渗透压平衡、酸碱平衡，保持内环境稳定。

肾还兼有内分泌功能。可分泌肾素、促红细胞生成素、$1,25(OH)_2$ 维生素 D_3 等。

第一节 肾的结构特点与功能概述

一、肾的结构特点

(一) 肾单位和集合管

肾单位是肾的基本结构和功能单位，与集合管（组织发生上不属于肾单位）共同完成泌尿功能。

集合管在尿浓缩过程中起重要作用，它汇入乳头管。最后形成的尿经肾盏、肾盂、输尿管而入膀胱。

(二) 皮质肾单位和近髓肾单位

	皮质肾单位	近髓肾单位
数量和分布	85%～90%，分布在外、中皮层	分布在内皮层
肾小球体积	小	大
入/出球小动脉管径比	2:1	1:1
髓袢长短	短	长
肾小球毛细血管网压力	高	低
肾小管毛细血管网	有	有
U形直小血管	无	有
球旁器官	有	无
主要功能	滤过和重吸收	尿浓缩和稀释

（三）近球小体（球旁器）

由三种特殊细胞群组成。

(1) 近球细胞（球旁细胞）：分泌肾素。
(2) 球旁系膜细胞：吞噬作用。
(3) 致密斑细胞：感受小管液中 Na^+ 含量的变化，并通过一定途径调节肾素的释放。

二、肾血液循环的特点

（一）血流量大、分布不均

安静时肾血流量 1200ml/min。相当于心输出量的 1/5～1/4。其中约 94% 分布在肾皮质，5～6% 分布在外髓，不到 1% 供应内髓。

（二）经过两套毛细血管网

压力差别大。肾小球毛细血管网压力高，有利于肾小球的滤过作用。肾小管周围毛细血管网压力低，有利于肾小管的重吸收。

（三）肾血流量稳定

血压在 80～180mmHg 范围内变动时，肾血流量保持稳定。
主要调节机制：
自身调节：肌源学说。
肾动脉血压在 80～180mmHg 之间变动时，不依赖神经和体液因素的作用，肾血流量维持相对稳定。对于肾排泄功能的正常进行具有重要意义。

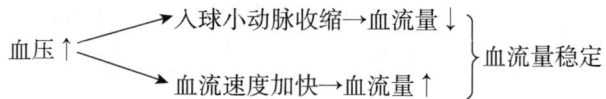

若血压超出 80～180mmHg，肾血流量不再稳定。血压过高，肾血流量增大；血压过低肾血流量减小。

另有神经和体液调节机制存在，相对次要。
神经调节：肾交感神经兴奋：肾血管收缩，肾血流量减少。
体液调节：肾上腺素、血管紧张素、血管升压素：肾血管收缩。
在体位变化或大出血等情况下，全身血液分配将发生变化，此时通过交感神经和肾上腺素的作用，减少肾血流量，以维持心、脑等重要器官的血供。

第二节 肾小球的滤过作用

尿的生成经历三个基本过程：肾小球的滤过；肾小管、集合管的重吸收；肾小管、集合管的分泌。

肾小球的滤过：血液流经肾小球时，血浆中的小分子物质透过滤过膜进入肾小囊形成原尿（又称超滤液）的过程，称为肾小球的滤过作用。

一、滤过膜及其通透性

滤过膜由 2 道屏障构成：

机械屏障：由肾小球毛细血管内皮及基膜、肾小囊内层的足细胞构成。对分子大小具有选择性，阻止血细胞及大分子物质通过。

静电屏障：在滤过膜各层结构上覆盖有带负电荷的涎酸糖蛋白，构成静电屏障，对分子电性具有选择性，限制负电荷分子通过。

通透性：允许物质透过的能力。

分子大小：分子量大于 6.9 万，分子半径大于 3.6nm 的物质难通过。

带电情况：带正电荷和电中性的物质易通过，带负电荷的物质不易通过，主要限制带负电荷的大分子物质（蛋白质）的滤过。

滤过面积：$1.5m^2$。

二、有效滤过压

由滤过的动力和阻力两部分组成，是二者的差值，构成滤过的直接动力。

滤过的动力：肾小球毛细血管血压（45mmHg）。

滤过的阻力：血浆胶体渗透压（25mmHg，随滤过的进行会逐渐升高）。

肾小囊内压（10mmHg）。

肾小球有效滤过压＝肾小球毛细血管血压－（血浆胶体渗透压＋囊内压）

入球小动脉端 ＝45－（25＋10）＝10mmHg

出球小动脉端 ＝45－（35＋10）＝0mmHg

在入球端，有效滤过压为正值，所以可生成超滤液；在出球端有效滤过压为零，不能生成超滤液。

肾小球滤过率：每分钟两肾生成的原尿量。正常成人安静时约 125ml/min。24h 约为 180L。

滤过分数：肾小球滤过率与每分钟肾血浆流量（660ml/min）的百分比。

滤过分数＝肾小球滤过率（125）/肾血浆流量（660）×100％≈19％

表明流经肾的血浆约有 1/5 由肾小球滤入肾小囊形成原尿，另 4/5 经出球小动脉流出。

三、影响肾小球滤过的因素

（一）滤过膜改变

1. 滤过膜的通透性　通透性增大，可出现蛋白尿、血尿。
2. 滤过膜面积　面积减小，滤过量减少。

（二）有效滤过压改变

1. 肾小球毛细血管血压

血压在 80～180mmHg 时，由于自身调节，肾小球滤过率相对稳定。

血压低于 80mmHg 时，滤过率降低，尿量减少（如大失血）。

血压低于 40mmHg，有效滤过压≈0，无原尿生成（如大失血）。

2. 肾小囊内压　囊内压升高，滤过作用减弱。

肾盂或输尿管结石、肿瘤压迫或其他原因引起的输尿管阻塞，有些药物若浓度太高，可在小管液的酸性环境中析出结晶。某些疾病溶血过多，血红蛋白可堵塞肾小管，均可使肾小囊内压升高。

3. 血浆胶体渗透压　血浆胶体渗透压降低，有效滤过压升高，滤过率增大。如低蛋白血症或由静脉输入过量生理盐水。

（三）肾小球的血浆流量改变

增大，则滤过率增大，反之减少。

肾小球血浆流量增加，血浆胶体渗透压上升速度减慢，具有滤过作用的毛细血管段加长，肾小球滤过率增加；相反，肾小球血浆流量减少时，血浆胶体渗透压上升速度加快，从而使具有滤过作用的毛细血管段缩短，肾小球滤过率减少。（如休克、心衰）。

第三节　肾小管和集合管的重吸收和分泌作用

一、肾小管和集合管的重吸收作用

人两肾每昼夜生成的原尿量可达 180L，而终尿量仅有 1.5L。表明有 99% 的水被重吸收，只有 1% 的水被排出体外。

概念：小管液在流经肾小管和集合管时，其中的水和溶质被管壁细胞再吸收回血液的过程。

特点：选择性重吸收。小管液不同成分的重吸收率不同。

如葡萄糖、氨基酸等营养物质可完全重吸收；水、电解质等物质大部分重吸收；尿素部分重吸收；肌酸、肌酐等物质完全不被重吸收。

意义：保留对机体有用的物质，清除对机体有害和过剩的物质，净化内环境。

（一）重吸收方式

1. 被动重吸收　指小管液中的水和溶质，顺电化学梯度通过小管细胞扩散到组织液的过程。

2. 主动重吸收　指小管细胞逆电化学梯度将小管液中的溶质转运到小管外组织液的过程，如葡萄糖、氨基酸、Na^+、K^+ 等物质。

（二）几种主要物质的重吸收

物质	重吸收量	主要部位	机制	特点
NaCl	99%以上	近端小管	主动重吸收	集合管处 NaCl 重吸收是调节性重吸收；其余部分则为必然性重吸收
水	99%以上	近端小管集合管	渗透性重吸收 调节性重吸收	随 NaCl 的重吸收而被动重吸收机体缺水时重吸收多，多水时少
K^+	94%	近端小管	主动重吸收	小管液中的 K^+ 绝大部分被重吸收
HCO_3^-	99%以上	近端小管	Na^+-H^+ 交换	HCO_3^- 是以 CO_2 的形式重吸收的
葡萄糖	100%	近端小管	继发主动重吸收	超过肾糖阈，不能全部重吸收，出现糖尿
肌酐	0			不被重吸收

1. Na^+和Cl^-的重吸收 近球小管重吸收量为滤过量的65%～70%，远曲小管约为10%，其余在髓袢升支细段、升支粗段和集合管重吸收。在近球小管，Na^+的重吸收以"泵漏模式"重吸收。在远曲小管，重吸收量较少，是逆电化学梯度主动重吸收的。在集合管，Na^+也是主动重吸收的。

Cl^-的重吸收大部分伴随Na^+的主动重吸收而被动重吸收回血，但在髓袢升支粗段Cl^-是在一种特殊转运体作用下，与Na^+、K^+协同转运吸收的，其比例为$1Na^+:2Cl^-:1K^+$。袢利尿剂呋塞米（速尿）由于取代Cl^-与转运体结合，干扰了Na^+、Cl^-、K^+协同转运，使小管液渗透压升高，限制水的重吸收，从而使尿量增加，起到利尿的作用。

2. 水的重吸收 肾对水的重吸收量很大，若水的重吸收率减少1%，尿量即增加1倍。肾对水的重吸收，在近球小管是随溶质的吸收而被吸收的，占65%～70%，其余10%在髓袢、10%在远曲小管、10%～20%在集合管被动重吸收。其中在远曲小管和集合管的重吸收量是随体内水出入情况而变化的。即水重吸收包括两种类型：

（1）依赖型重吸收：主要在近球小管。重吸收水的量依赖于溶质的重吸收，而与机体是否缺水无关。

（2）调节型重吸收：主要在远曲小管和集合管。重吸收的量与机体是否缺水密切相关。是调节尿量的主要方式。机体缺水时，血浆晶体渗透压升高，刺激ADH分泌，促进远曲小管和集合管对水的重吸收，使尿量减少；反之，机体大量饮水后，ADH分泌减少，远曲小管和集合管重吸收水减少，尿量增加。

3. HCO_3^-的重吸收 HCO_3^-的80%～85%在近球小管重吸收。HCO_3^-是以$NaHCO_3$形式存在的，$NaHCO_3$可解离成Na^+和HCO_3^-，Na^+经与肾小管分泌的H^+交换进入细胞内，HCO_3^-与分泌的H^+结合生成H_2CO_3，再分解为CO_2和H_2O，CO_2是高度脂溶性物质，能通过管腔膜进入细胞，在碳酸酐酶催化下又生成H_2CO_3，而后再解离为HCO_3^-和H^+，这时细胞内的HCO_3^-和Na^+被转运回血，H^+又被分泌到小管液中。故HCO_3^-是以CO_2形式被重吸收的。

4. K^+的重吸收 绝大部分的K^+在近球小管是逆电化学梯度主动重吸收回血的。尿中的离子主要来自远曲小管和集合管的分泌。

5. 葡萄糖的重吸收 以继发性主动重吸收方式全部在近球小管（主要在近曲小管）主动重吸收。近球小管对葡萄糖的重吸收有一定限度，即肾糖阈。

肾糖阈：开始出现尿糖的最低血糖浓度。或不出现尿糖的最高血糖浓度。通常为160mg～180mg/100ml。尿中出现葡萄糖，称糖尿。

若血糖浓度继续增高，尿糖也随之增高，当增高到肾小球葡萄糖滤过量与尿中排出量之差不变时，表示近球小管吸收葡萄糖已达最高限度，称葡萄糖吸收极限量，此极限量与载体蛋白含量有限有关。

6. 其他物质的重吸收 氨基酸的重吸收机制与葡萄糖的相同。

影响重吸收的因素：

小管液中溶质的含量：溶质含量增多→不能完全重吸收→尿中排出→尿成分改变

↓

小管液渗透压升高→水重吸收减少→尿量增多
（如糖尿病、甘露醇）

渗透性利尿：小管液中的溶质含量增多，渗透压增高，限制了对水的重吸收，使尿量增多的现象。

肾小球滤过率：肾小球滤过与近端小管的重吸收之间存在球-管平衡，使尿量不致因肾小球滤过率的增减而发生大幅度的变化。

球-管平衡：近端小管的重吸收量始终占肾小球滤过量的 65%～70%。当发生渗透性利尿时，球-管平衡会打乱。如静滴甘露醇等。

二、肾小管和集合管的分泌作用

概念：肾小管上皮细胞将血液中某些物质排入小管液的过程称肾小管的排泄；肾小管上皮细胞将自身代谢产生的物质排入小管液的过程称分泌。现将二者统称为分泌。

（一）H^+ 的分泌

肾小管各段和集合管上皮细胞都能分泌 H^+。80% 的分泌发生在近球小管。H^+ 的分泌和 HCO_3^- 的重吸收是同一反应过程的两个方面。其意义在于排酸保碱、调节酸碱平衡。在远曲小管和集合管，既有 H^+-Na^+ 交换，又有 K^+-Na^+ 交换，二者呈竞争性抑制，对维持血 K^+ 稳定和酸碱平衡具有重要意义。

（二）NH_3 的分泌

主要发生在远曲小管和集合管。酸中毒时，近球小管也能分泌。NH_3 产生于小管上皮细胞内氨基酸（主要是谷氨酰胺）脱氨基反应。意义在于加强排酸保碱，调节酸碱平衡。

（三）K^+ 的分泌

滤液中的 K^+ 基本上在近球小管全部被吸收，而尿中排出的 K^+ 主要是远曲小管和集合管分泌的。在远曲小管和集合管，存在着 H^+-Na^+ 交换和 K^+-Na^+ 交换的竞争性抑制，对维持血 K^+ 稳定和酸碱平衡具有重要意义。

（1）酸中毒时：H^+-Na^+ 交换增强而 K^+-Na^+ 交换减弱，失代偿时可出现酸中毒性高钾血症；

（2）高钾血症时：K^+-Na^+ 交换增强而 H^+-Na^+ 交换减弱，失代偿时可出现高钾血症酸中毒；

（3）低钾血症时：K^+-Na^+ 交换减弱而 H^+-Na^+ 交换相对增强，失代偿时可出现低钾血症碱中毒。

（四）其他物质的排泄

肌酐和对氨基马尿酸，既能从肾小球滤过，又能由肾小管分泌。其他如青霉素、酚红等，则主要通过近球小管主动分泌。

第四节 尿液的浓缩和稀释

一、概念

终尿的渗透压与血浆渗透压相比较：

高于血浆渗透压，则为高渗尿，尿被浓缩；

低于血浆渗透压，则为低渗透尿，尿被稀释；
等于血浆渗透压，则为等渗尿。既不浓缩又不稀释。
血浆的渗透压为 300mOsm/L，较恒定；终尿的渗透压变动范围较大，从 30mOsm/L 到 1400mOsm/L。若终尿长期为等渗尿，提示肾小管功能有障碍。

二、尿液的浓缩和稀释机制

（一）尿浓缩和稀释的基础

肾髓质组织液存在高渗透压梯度。
1. 作用　使远曲小管和集合管内的水有向外扩散的趋势。（即产生了渗透势能）。
2. 形成
内髓质层：髓袢升支细段 NaCl 的重吸收。
　　　　　集合管的内髓质层段尿素的重吸收以及尿素循环。
外髓质层：髓袢升支粗段 NaCl 的重吸收。
3. 保持　近髓肾单位 U 形直小血管。使已经形成的髓质高渗透压梯度得以保持。

（二）尿浓缩和稀释的条件

ADH（抗利尿激素）的分泌。
ADH：增大远曲小管和集合管对水的通透性，促进对水的重吸收。
若 ADH 分泌增加，则尿浓缩、尿量减少；若 ADH 分泌减少，则尿被稀释、尿量增加。

三、影响尿浓缩和稀释的因素

（一）髓袢的功能

慢性肾盂肾炎致肾髓质纤维化，尿浓缩能力降低；呋塞米（速尿）、利尿酸等药物抑制髓袢升支粗段对 Na^+、K^+、Cl^- 的转运，使小管中的 NaCl 含量增加，同时使外髓部的高渗透梯度降低，即使有 ADH 存在，对水的重吸收亦减少，故尿量增加。

（二）直小血管血流速度

过快：NaCl、尿素随血流带走增多；过慢：水不能及时从组织液带走。均使髓质渗透压降低，不利于尿的浓缩。

（三）尿素的含量

营养不良，蛋白质代谢减弱，尿素生成减少，影响髓质渗透压。

第五节　尿生成的调节

一、体液调节

（一）ADH（抗利尿激素）

来源：ADH 大部分在视上核、小部分在室旁核神经元内合成，经下丘脑-神经垂体束运输到神经垂体贮存，需要时释放入血。

作用：提高远曲小管、集合管对水的通透性，从而增加水的重吸收，使尿浓缩、尿量减少。

此外，ADH 也能增强集合管对尿素的通透性，并减少肾髓质血流量。

分泌调节：

（1）血浆晶体渗透压：血浆晶体渗透压升高，刺激下丘脑的视上核或其周围区域的渗透压感受器，使 ADH 释放增多，尿量减少。反之，尿量增多。

出大汗后、严重腹泻、摄盐过多等，可使血浆晶体渗透压升高，尿量减少。糖尿病或静注高渗葡萄糖不影响 ADH 的分泌和释放。

水利尿：一次性大量饮清水，反射性地使 ADH 分泌减少，使尿量明显增加的现象。

一次性饮同量的生理盐水，因不改变血浆晶体渗透压，故尿量无明显增加。

（2）循环血量：循环血量增多，ADH 分泌减少。

循环血量增多，兴奋左心房和胸腔大静脉容量感受器，反射性地抑制下丘脑，使 ADH 分泌和释放减少，尿量增多，使循环血量回降。反之，则 ADH 释放增多，尿量减少，有利于体液的保持。

若快速静滴生理盐水过多，可因循环血量增多而使尿量增加。

（3）其他因素：疼痛、情绪紧张可使 ADH 释放增多；寒冷等可使 ADH 释放减少。

$$\left.\begin{array}{l}\text{血浆晶体渗透压升高}\\\text{循环血量减少}\\\text{动脉血压降低}\end{array}\right\} \text{ADH 分泌增多} \to \text{水重吸收增加} \to \text{尿量减少}$$

尿崩症：下丘脑病变累及视上核、室旁核或下丘脑-垂体束时，ADH 合成和释放严重障碍、体内 ADH 水平低下，出现尿量显著增多的现象（每天尿量可达 10L）。

（二）醛固酮

来源：肾上腺皮质球状带。

作用：能加强远曲小管和集合管上皮钠泵的活动，从而促进 Na^+-K^+ 交换，同时有水随同 Na^+ 一同重吸收。故有保钠排钾留水的作用，可增加细胞外液量。

分泌调节：

（1）肾素-血管紧张素-醛固酮系统（RAAS）（见下图）。

（2）血 K^+ 和血 Na^+ 浓度：血 K^+ 浓度升高，醛固酮分泌增加。作用较迅速。

血 Na^+ 浓度大幅度降低，醛固酮分泌增加。

（三）甲状旁腺激素的作用

促进远球小管和集合管重吸收 Ca^{2+}，减少尿 Ca^{2+} 排出，抑制近球小管重吸收磷酸盐，促进尿磷排放。

（四）心房钠尿肽（ANP）

来源：心房工作肌细胞合成和释放。

作用：促进 NaCl 和水的排出。利钠利尿舒张血管。

二、神经调节

肾交感神经兴奋 { 入球小动脉收缩，有效滤过压降低，肾小球滤过率减少
促进近端小管和髓袢上皮细胞对 Na^+、HCO_3^-、Cl^- 和水的重吸收
肾素释放和醛固酮生成增多

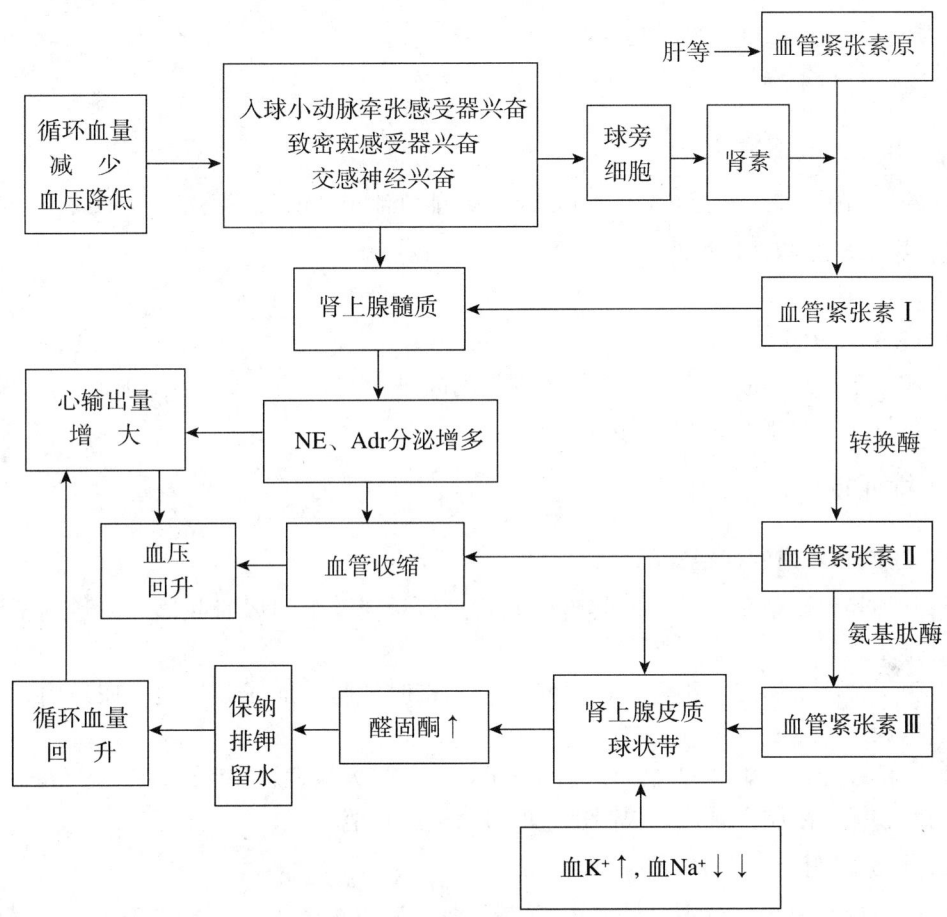

第六节 肾血浆清除率

血浆清除率（C）：肾在单位时间（分钟）内能将多少毫升血浆中某物质完全清除出去，这个被完全清除了的该物质的血浆毫升数，称为该物质的血浆清除率（ml/min）。

P：血浆浓度（mg/100ml）；U：尿中浓度（mg/100ml）；V：尿量（ml/min）

$$CP = UV$$

$$则\ C = UV/P$$

意义：测定肾小球滤过率、肾血浆流量，了解肾小管的功能状态。

第七节 尿的排放

一、尿液

(一) 尿量

正常尿量：1.0～2.0L/d，平均为1.5L/d。
多尿：尿量长期保持在2.5L/d以上。
少尿：0.1～0.5L/d。
无尿：少于0.1L/d。
35g/24h；7g/100ml；至少需500ml/天，才能排泄出35g代谢终产物。

(二) 尿的成分和理化性质

比重：1.015～1.025；
pH：4.5～8.0。

肾生成尿是连续不断的过程，而排尿则是间断进行的。尿生成后经输尿管运送到膀胱，储存达一定量后引起排尿反射，排出尿液。

二、排尿反射

(一) 膀胱和尿道的神经支配

(1) 盆神经：属副交感神经。起自骶髓，兴奋时使膀胱逼尿肌收缩、尿道内括约肌舒张，促进排尿。

(2) 腹下神经：属交感神经。起自腰髓，兴奋时使膀胱逼尿肌松弛、尿道内括约肌收缩，抑制排尿。

(3) 阴部神经：属躯体神经。由骶髓发出，直接受大脑意志和反射控制，兴奋时可使尿道外括约肌收缩，限制排尿。是限制排尿的最后一个环节。

(二) 排尿反射

膀胱内尿量在400～500ml以下时，尿量增加，膀胱内压力增大不显著，当膀胱内尿量增加到400～500ml时，尿量增加，膀胱内压迅速升高。超过10cmH$_2$O，引起膀胱壁牵张感受器兴奋，冲动沿盆神经传入，到达骶髓初级排尿中枢，同时，冲动也到达脑干和大脑皮质的高级排尿中枢，产生排尿欲。如果条件许可，即可产生排尿。尿液进入后尿道时，刺激后尿道的感受器，冲动沿盆神经再次传到骶髓排尿中枢，进一步加强其活动，并反射性抑制阴部神经，使尿道外括约肌松弛，尿液排出。如果环境不适宜排尿，此时排尿欲可受大脑意识控制，从而抑制低位排尿中枢。当膀胱内压达到70cmH$_2$O以上时，便出现膀胱痛感以致不得不排尿。如下图。

膀胱尿液(400～500ml)↑→膀胱内压升高→膀胱壁上牵张感受器兴奋→盆神经的传入纤维

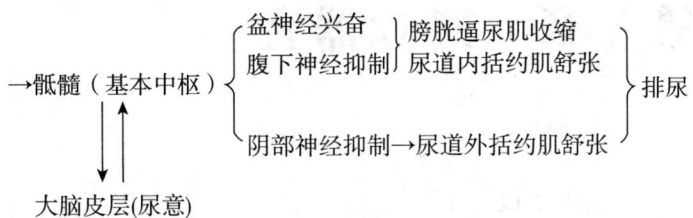

尿潴留：排尿反射的反射弧受损，尿不能排出。

尿失禁：排尿反射基本中枢和高级中枢的联系障碍，大脑皮质不能控制排尿反射。

（刘慧霞）

第九章 感觉器官

第一节 概 述

感觉是由感受器或感觉器官、传入通路和感觉中枢三部分共同活动的结果,是客观事物在人脑中的主观反映。

一、感受器、感觉器官的概念和分类

感受器:是指分布在体表或各种组织内部专门感受机体内外环境变化的特殊结构或装置。

感觉器官:是由一些结构和功能都高度分化的感受细胞和它们的附属结构组成,一般把视、听、嗅、味和平衡觉的感觉器官视为特殊感官。

分类:感受器可根据其分布部位、适宜刺激的性质等分类,如外感受器、内感受器、机械感受器、化学感受器等。

二、感受器的一般生理特性

感受器的适宜刺激:不同感受器通常只对某种特定形式的刺激最为敏感,感受阈值最低,将这种特定形式的刺激称为该感受器的适宜刺激。

感受器的换能作用:感受器具有转换能量形式的作用,能把感受到的刺激能量转换为生物电形式的电能。

感受器的编码作用:感受器能把刺激信号中所包含的各种信息编排成神经冲动的不同序列,这种现象称为感受器的编码作用。

感受器的适应现象:当某一恒定强度的刺激作用于感受器时,长时间持续作用于感受器,感受器的反应阈值逐渐升高,其感觉传入神经纤维上的脉冲频率随刺激作用时间的延长而下降,这一现象称为感受器的适应现象。

适应现象分为快适应和慢适应,适应不是疲劳。触觉和嗅觉适应快;颈动脉窦、主动脉弓压力感受器适应慢。

第二节 视觉器官

一、眼的折光功能

折光系统:四种折光介质:角膜、房水、晶状体和玻璃体。
四个折光面:角膜前面和后面;晶状体的前面和后面。
折射率和曲率半径各不相同。
简化眼:是一种假想的真实眼等效光学模型。假定眼由均匀介质构成,折光率与水相同

（为 1.33）；眼球前后径为 20mm，折光界面只有一个即角膜，曲率半径为 5mm，该球面的中心为节点，节点至视网膜的距离为 15mm。利用简化眼可大致计算不同远近的物体在视网膜上成像大小。

计算公式：物像大小＝实物大小×像距/物距

(一) 眼的调节

视近物（6m 以内）时，眼的调节主要包括三个方面：

1. 晶状体的调节　看近物时晶状体变凸，曲率增加。

视近物：视网膜上模糊物像→视区皮层→中脑正中核→动眼神经副交感核团→睫状神经→睫状肌的环形肌收缩→悬韧带松弛→晶状体因自身弹性变凸→折光能力增大，辐散光线聚焦在视网膜上→物象清晰

近点：晶状体的调节能力可用近点来表示。近点是指眼作充分调节后，能看清物体的最近距离。近点越近表示晶状体的弹性越好。

老视（老花眼）：年龄增大，晶状体弹性下降。近点变远。

矫正的办法：看近物时戴凸透镜。

远点：眼不作调节，看清物体的最远距离。

2. 瞳孔的调节

瞳孔近反射：视近物时，瞳孔缩小。

意义：减少进入眼内的光线量和减小球面像差和色像差。

该反射是通过动眼神经中的副交感神经纤维兴奋引起瞳孔括约肌收缩完成的。

瞳孔对光反射：瞳孔随光照强弱改变大小。强光下瞳孔缩小；弱光下瞳孔开大。

意义：避免强光对视网膜的损伤，同时又尽可能地保障在弱光下的视物。

分为直接对光反射和间接对光反射。反射中枢在中脑。

眼球会聚：又称辐辏反射。双眼看近物时，两眼视轴同时向鼻侧聚拢，成像仍落在两眼视网膜的对应点上，避免复视。

(二) 眼的折光异常

1. 近视　由于眼球前后径过长或折光能力过强，看远处物体时光线成像在视网膜之前，视物模糊，需戴凹透镜矫正。近视眼看近物时眼不需调节或只作较小的调节即可，近点小于正视眼。

2. 远视　由于眼球前后径过短，远物的平行光线聚焦在视网膜上之后，成像模糊。看近物需作更大的调节，近点大于正视眼，需戴凸透镜矫正。

3. 散光　某折光面（多为角膜）失去正球面形，光线不能在视网膜上聚焦。矫正需配戴圆柱镜。多数由于角膜不呈正球面所致。眼球在不同方位折光力不一致。

二、眼的感光功能

(一) 视网膜的结构特点

视网膜的结构按主要的细胞层次分为四层。视网膜存在两种光感受器细胞：视杆细胞和视锥细胞。二者的区别：

视锥系统：感光细胞是视锥细胞，分布在视网膜中央部，中央凹几乎全是视锥细胞。视锥细胞与双极细胞、神经节细胞联系为 1∶1∶1。构成明视觉。

特点：对光敏感性差、感受强光、分辨颜色、对微细结构分辨率高。
视杆系统：感光细胞是视杆细胞，分布在视网膜周边部。构成暗视觉。
特点：对光敏感度高，感受弱光，只辨别明暗，不能分辨颜色。对微细结构分辨率低。

（二）感光原理

视杆细胞的感光原理：视紫红质的光化学反应。

> 视杆细胞的感受器电位是一种超极化型的电位变化，视杆细胞受光照刺激，部分 Na^+ 通道关闭，Na^+ 的外向转运，引起超极化型的电位变化。

感光物质是视紫红质，合成需维生素 A，缺乏引起夜盲症。
视锥细胞的感光原理与色觉：三种感光色素，三种视锥细胞。
三原色学说：不同波长的光线，使三种视锥细胞以一定的比例兴奋，产生不同颜色感觉。
色觉障碍：色盲：对全部颜色或某些颜色缺乏分辨能力，大多数由遗传因素引起。
　　　　　色弱：对某些颜色的识别能力较正常人稍差，常由后天因素引起。
生理盲点：视神经乳头处没有感光细胞，故无感光功能。
视网膜中的信息传递：感光细胞、双极细胞、水平细胞均不能产生动作电位，神经节细胞可产生动作电位。

三、与视觉有关的几种生理现象

1. 视力　眼对物体细微结构的分辨能力，又称视力。即分辨物体上两点间最小距离的能力。用视角的大小作为衡量标准。视角是光线进入眼球后，在节点相交形成的夹角，正常视力的视角为 1 分角。

2. 视野　单眼固定注视前方一点时，该眼所能看到的范围。
鼻侧视野较小，颞侧视野大；
不同颜色的视野大小不同：白＞黄＞蓝＞红＞绿。

3. 暗适应　从明处进入暗处时，起初看不清暗处物体，经过一定时间后才看清暗处物体的现象。是视紫红质的再生过程，约需 30min。

4. 明适应　从暗处进入明处时，起初看不清明处物体，经过一定时间后才看清明处物体的现象。是视紫红质分解的过程，约需 1min。

5. 双眼视觉　两眼观看同一物体所产生的感觉为双眼视觉。可以弥补单眼视物的生理盲点，扩大视野，并可产生立体感。

第三节　听觉器官

一、外耳和中耳的传音功能

耳廓：有利于收集声波，外耳道有传音和共鸣腔作用。
中耳：是声波传入内耳的途径，经听骨链的杠杆作用和鼓膜与卵圆窗的面积之比总增压效应 22.4 倍。

鼓膜：频率响应好，不失真。
听骨链：使振动的振幅减小，压强增大。
咽鼓管：调节鼓室内空气的压力，与外界大气压保持平衡。
声波传入内耳的途径：
气导：（1）鼓膜→听骨链→卵圆窗→前庭阶外淋巴→基底膜振动。
　　　（2）鼓膜→中耳鼓室→圆窗→鼓阶外淋巴→基底膜振动。
骨导：声波直接引起颅骨的振动，引起耳蜗内淋巴的振动。

二、内耳（耳蜗）的感音功能

（一）基底膜的振动与行波学说

基底膜近耳蜗底部较窄，朝向顶部方向逐渐加宽，底部感受高频音，顶部感受低频音。基底膜振动以行波的方式进行，高频声波最大振幅发生在耳蜗底部，低频声波最大振幅发生在耳蜗顶部。

原理：基底膜振动→螺旋器毛细胞的听毛变形→微音器电位→蜗神经动作电位

基底膜振动时，盖膜与基底膜上下移动，使听毛弯曲，引起毛细胞兴奋，将机械能转变为生物电变化。

（二）耳蜗及蜗神经的生物电现象

未受声波刺激时存在静息电位，受到声波刺激时产生微音器电位，在微音器电位的基础上引发电动作电位。

微音器电位属感受器电位，可以总和。

特点：微音器电位的波形和极性总和所受声波的波形和极性相一致。

三、听阈和听域

听阈：对每种频率的声波来说，刚能引起听觉的最小强度。

听域：指听域图中不同振动频率的听阈曲线和它们的最大可听阈曲线之间所包含的区域。

人类能听到的频率范围为 16～20000Hz。

第四节　前庭器官

一、前庭器官的感受细胞

前庭器官包括椭圆囊、球囊和三个半规管。它们的感受器都称为毛细胞，能感受人体自身的运动状态和头部在空间的位置，以维持身体的平衡。

二、椭圆囊和球囊的功能

感受变速直线运动和头的空间位置。
椭圆囊的适宜刺激是水平方向变速直线运动。
球囊的适宜刺激是垂直方向的变速直线运动。

三、半规管的功能

壶腹嵴：适宜刺激是旋转变速运动。

四、前庭反应

包括姿势反射、内脏反应和眼震颤。

眼震颤与变速旋转运动的关系，以变速左旋为例：

加速左旋：　　　　　　　　减速左旋：

$$\text{左} \underset{\text{快动相}}{\overset{\text{慢动相}}{\longleftrightarrow}} \text{右} \qquad \text{右} \underset{\text{快动相}}{\overset{\text{慢动相}}{\longleftrightarrow}} \text{左}$$

（王　晶）

第十章 神经系统

神经系统是人体起主导作用的调节系统。通过神经系统的调节，机体各器官成为统一的整体。使机体适应内外环境的变化，使机体与环境变化协调统一。神经系统作用的方式主要是反射。包括非条件反射和条件反射。神经系统的作用主要表现在四个方面：感觉功能、躯体运动调节功能、内脏活动调节功能、脑的高级功能。

第一节 神经元及反射活动的一般规律

一、神经元和神经纤维

（一）神经元（神经细胞）
是神经系统的基本结构和功能单位。
基本结构：胞体和突起：树突和轴突，轴突始段和突触小体。
基本功能：感受刺激，分析、整合、贮存刺激信号，传出整合后的信息。
神经胶质细胞的功能：支持、营养神经元，参与神经元的修复与再生。
绝缘和屏障作用。
稳定神经细胞内外的离子浓度（K^+）。
参与神经递质的代谢。
神经元的四个功能分段：
（1）受体部位：在树突或胞体膜上，能够结合某些化学物质，发生等级性电位变化。
（2）动作电位的起始部位：动作电位起始于轴突的始段即轴丘。
（3）传导神经冲动的部位：轴突可将神经冲动传向胞体和末梢。
（4）递质释放部位：神经末梢之突触小体。

（二）神经纤维
基本功能：传导神经冲动。
营养性作用：神经末梢经常释放某些物质，持久维持所支配组织的正常代谢和形态。
神经纤维传导兴奋的特征：
（1）生理完整性：结构完整、功能正常。
（2）绝缘性：不同神经纤维上传导神经冲动互不干扰，保证神经调节的精确性。
（3）双向传导性：离体：动作电位从受刺激部位向两侧传导。
　　　　　　　　体内：顺向，定向（按反射弧和传导道的规律传）。
（4）相对不疲劳性：能长时间、高频率传导兴奋。
神经纤维的分类及传导速度
（1）分类：按电生理学特性分为 A、B、C 三类，多用于传出纤维；
　　　　　按神经纤维的来源和直径分为 Ⅰ、Ⅱ、Ⅲ、Ⅳ 四类，多用于传入纤维。

(2) 传导速度（m/s）：≈直径（μ）×6。

直径粗传导快，直径细传导慢。

有髓鞘传导快，无髓鞘传导慢。

低温慢（低温麻醉）。

轴浆运输：指借助轴浆流动在胞体与轴突末梢之间运输物质的现象。分为顺向与逆向运输；快速与慢速运输。

意义：维持神经元的正常结构和功能。

双向性：顺向：胞体→轴突末梢。

　　　　　　快速：约410mm/d，运送递质囊泡、线粒体、分泌颗粒。

　　　　　　慢速：1～12mm/d，运送微管、微丝。

　　　　逆向：轴突末梢→胞体，约205mm/d，运送神经生长因子。感染狂犬病病毒、破伤风毒素也可经此方式运输。

二、突触生理

（一）突触的概念和分类

突触的概念：神经元与神经元之间发生功能性接触的结构称为突触。

突触的分类：

按接触部位：轴突—胞体式、轴突—树突式、轴突—轴突式。

按作用：兴奋性突触、抑制性突触。

按作用方式：化学突触、电突触。

（二）突触的基本结构

经典的化学突触：由突触前膜、突触间隙和突触后膜三部分构成。

突触小体：神经末梢分支顶端膨大部分，内有突触小泡。

突触小泡：20～80nm，含神经递质。

突触前膜：释放递质。

突触间隙：20～40nm。

突触后膜：有相应受体。

（三）突触传递

突触前神经元的信息传达到突触后神经元的过程。

是电—化学—电的传递过程。突触前轴突末梢的动作电位→突触前膜去极化→突触前膜对 Ca^{2+} 的通透性↑→Ca^{2+} 内流→前膜释放化学递质进入间隙→递质扩散过间隙作用于后膜受体或化学门控通道→后膜离子通道通透性改变→局部电位变化，即突触后电位。

(1) 兴奋性突触后电位（EPSP）：突触后膜的膜电位在兴奋性递质作用下发生去极化改变，使该突触后神经元对其他刺激的兴奋性升高，这种电位变化称为兴奋性突触后电位，主要是突触后膜对 Na^+ 通透性提高，Na^+ 内流产生的。

(2) 抑制性突触后电位（IPSP）：突触后膜的膜电位在抑制性递质作用下发生超极化改变，使该突触后神经元对其他刺激的兴奋性降低，这种电位变化称为抑制性突触后电位，主要是突触后膜对 Cl^- 的通透性增加，Cl^- 内流产生的。

突触传递过程	
EPSP产生的机制	IPSP产生的机制
动作电位传至轴突末梢 ↓ 突触前膜去极化 ↓ Ca^{2+}内流入突触小体 ↓ 兴奋性递质释放入突触间隙 ↓ 递质与突触后膜相应受体结合 ↓ 化学依从性通道开放 ↓ 突触后膜对Na^+、K^+通透性增加 ↓ Na^+内流大于K^+外流 ↓ 突触后膜去极化产生EPSP ↓总和 突触后膜去极化达阈电位 ↓ 突触后神经元产生AP	动作电位传至轴突末梢 ↓ 突触前膜去极化 ↓ Ca^{2+}内流入突触小体 ↓ 抑制性递质释放入突触间隙 ↓ 递质与突触后膜相应受体结合 ↓ 化学依从性通道开放 ↓ 突触后膜对K^+、Cl^-通透性增加 ↓ K^+外流和Cl^-内流 ↓ 突触后膜超极化产生IPSP ↓总和 突触后膜兴奋性降低 ↓ 突触后神经元不能产生AP

（四）其他信息联系方式

非突触性化学传递：轴突末梢分支上的曲张体释放递质与效应器细胞膜上的受体结合，实现细胞间的信息传递（如肾上腺素能神经元）。

曲张体：末梢分支上串珠状膨大的结构，有突触小泡，含有递质。

特点：有递质和受体参与，无经典的突触前膜、后膜结构。

一个曲张体能支配较多的效应细胞。

电突触传递：通过缝隙连接以局部电流直接传递信息。

特点：传递速度快（几乎无潜伏期）、双向性。

意义：使许多神经元同步化活动。

三、神经递质

递质：在神经元之间或神经元与效应器之间传递信息的化学物质称为递质。

神经调质：调节信息传递效率的物质称为调质。

递质共存：一个神经元内可以存在两种或两种以上的递质（或调质），称之为递质共存。

中枢神经递质：乙酰胆碱、胺类、氨基酸类、肽类。

乙酰胆碱：主要起兴奋性作用。

胺类：多巴胺、去甲肾上腺素、肾上腺素、5-羟色胺（5-HT）、组胺。

主要起抑制性作用。

氨基酸类：谷氨酸、门冬氨酸，兴奋性递质。

γ氨基丁酸（GABA）、甘氨酸，抑制性递质。

神经肽：包括脑-肠肽、阿片肽等。
阿片肽：脑啡肽、强啡肽、β内啡肽。
嘌呤类：如ATP。

递质的合成、释放和清除：小分子递质如乙酰胆碱、胺类，在胞质内合成，贮存在囊泡，经出胞作用而释放，与受体发生效应后被酶水解、重吸收回血液或被末梢再摄取而失活。

四、反射中枢

（一）中枢神经元的联系方式

1. 辐散式　一个神经元与多个神经元建立突触联系，使多个神经元同时兴奋或抑制，是扩散的结构基础，感觉传导途径上多见。

2. 聚合式　多个神经元与同一个神经元建立突触联系，多个神经元的作用集中到同一神经元，是总和的结构基础，运动传出途径上多见。

3. 环式　神经元的轴突侧支与中间神经元建立突触联系，中间神经元反过来再与该神经元发生突触联系，构成闭合环路；若中间神经元是兴奋性神经元，产生正反馈效应，是后放的结构基础；若中间神经元是抑制性神经元，则产生负反馈效应。

4. 链锁式　神经元的侧支与其他神经元建立突触联系，在空间上使作用范围扩大。

（二）中枢兴奋传布的特征

与化学性突触传递有关。

1. 单向传递　兴奋只能由突触前神经元传向突触后神经元，单方向进行。
原因：突触前膜释放递质与后膜受体结合。

2. 突触延搁　兴奋通过突触传递需时较长（与动作电位传导相比）。
原因：突触传递过程复杂，耗时较长。

3. 中枢延搁　兴奋通过中枢扩布所需时间较长。
反射时：多突触反射长、单突触反射短。

4. 总和　时间总和、空间总和。

5. 兴奋节律的改变　反射活动中，传入神经和传出神经上的动作电位频率不同的现象。与总和效应及传出神经元自身功能状态有关。

6. 对内环境变化敏感和易疲劳　突触部位易受内环境理化因素的影响，是反射弧中最易发生疲劳的环节。

（三）中枢抑制

1. 突触后抑制　抑制性中间神经元，释放抑制性递质，突触后膜产生IPSP，突触后神经元受到抑制。
原理：抑制性突触传递。

（1）传入侧支性抑制：神经元的侧支兴奋抑制性中间神经元，进而使另一个中枢神经元抑制（曾被称为交互抑制）。
存在部位：脊髓、脑。
作用：使中枢间的活动协调，如屈肌收缩时伸肌舒张。

（2）返回性抑制：某一中枢神经元发出传出冲动沿轴突外传的同时，还经轴突的侧支兴奋抑制性中间神经元，抑制性神经元轴突末梢释放抑制性递质，反过来抑制原先发动兴奋的神经元及其同一中枢的其他神经元。

如：脊髓前角运动神经元→兴奋闰绍（Renshaw）细胞→释放甘氨酸（抑制性递质）→抑制脊髓前角运动神经元。

士的宁（甘氨酸受体阻断剂）引起强烈肌痉挛。

结构基础：环式联系、负反馈联系。

存在部位：脊髓、海马、丘脑。

作用：防止神经元过度、过久兴奋，使同一中枢的神经元活动相互制约、协调一致。

2. 突触前抑制　通过改变突触前膜活动，使突触后神经元产生抑制的现象。

结构基础：轴突-轴突突触。

机制：突触前末梢的动作电位幅度变小，释放的兴奋性递质减少，使突触后神经元的兴奋性突触后电位幅度降低。达不到阈电位。

存在部位：感觉传入途径中多见。

作用：调节感觉传入的活动。

特点：抑制首先发生在突触前膜（递质释放减少），突触后电位为去极化（幅度减小），潜伏期长，持续时间长。

第二节　神经系统的感觉功能

感觉：客观事物在大脑的主观反映。

产生过程：刺激→感受器→传入通路→大脑皮质

一、脊髓的感觉传导功能

脊髓丘脑侧束和前束：传导痛觉、温度觉、轻触觉等浅感觉。
　　　　　　　　　　神经纤维先交叉后上传。

脊髓后索：传导本体感觉、深压觉等深感觉以及精细触觉（辨别两点间距离和物体表面
　　　　　性状及纹理等的触觉）。
　　　　　神经纤维先上传后交叉。

二、丘脑及其感觉投射系统

（一）丘脑的核团与感觉功能

丘脑：感觉传入的总换元站（嗅觉除外），对感觉进行粗略的分析与综合。

1. 感觉接替核　主要有腹后核的内侧部分与外侧部分、外侧膝状体、内侧膝状体。

接受第二级感觉投射（特异性感觉纤维）→换元→大脑皮质感觉区

躯干、四肢感觉 $\begin{cases} 脊髓丘脑束（浅感觉） \\ 内侧丘系（深感觉） \end{cases}$ 后外侧腹核

头面部感觉→三叉丘系→后内侧腹核

听觉→内侧膝状体

视觉→外侧膝状体

2. 联络核　主要有丘脑前核、腹外侧核、丘脑枕等，参与各种感觉在丘脑到大脑皮质

的联系与协调。

3. 髓板内核群（中线核群）　维持大脑皮层觉醒状态；与痛觉有关。

中央中核、束旁核、中央外侧核→多次换元→广泛而弥散地投射到整个大脑皮质，维持和改变大脑皮质兴奋状态。

束旁核：与痛觉有关（刺激→痛加重；损毁→疼痛缓解）。

（二）丘脑感觉投射系统

1. 特异性投射系统　经典的特殊感觉传导道（如皮肤浅感觉、深感觉、听觉、视觉、味觉的传导道）经脊髓或脑干上传到丘脑感觉接替核，换神经元后经丘脑特异性投射纤维投射到大脑皮质特定感觉区。

特点：点对点投射（特定感受器、特定传入途径、经丘脑特异性投射纤维、投射到大脑皮层特定部位、引起特定感觉）。

功能：引起特定的感觉，激发大脑皮质发出神经冲动。

2. 非特异性投射系统　经典感觉传导道的第二级感觉纤维经过脑干时，发出许多侧支，与脑干网状结构内的神经元发生突触联系，经多次换元，抵达丘脑的第三类核群（髓板内核群），再经丘脑非特异性投射纤维弥散地投射到大脑皮质的广泛区域。

特点：失去特异性，非点对点的关系，是不同感觉信号的共同上行通路。

功能：维持和改变大脑皮质的兴奋状态。使机体保持醒觉和警觉。脑干网状结构内存在脑干网状结构上行激动系统（ARAS），起上行唤醒作用。

> 巴比妥类催眠药可阻断该系统的传导、降低觉醒状态产生睡眠。

正常感觉功能依赖于特异性投射系统和非特异性投射系统相互协调、配合，才能完成。

特异性投射系统和非特异性投射系统的比较

	特异性投射系统	非特异性投射系统
组成	经典的各种特殊感觉传导道	特异性投射系统侧支——脑干网状结构
丘脑核团	丘脑接替核群，联络核群	丘脑髓板内核群
终止皮质	大脑皮质第四层细胞	大脑皮质各区
投射特点	点对点投射	广泛而弥散投射
功能	引起清晰而明确的特定感觉；激发大脑皮质发出神经冲动	维持和改变大脑皮质兴奋状态；保持醒觉和警觉
两者关系	依赖非特异性投射系统的功能	起源于特异性投射系统

三、大脑皮质的感觉分析功能

大脑皮质：感觉的最高级中枢，有不同的感觉功能代表区。

（一）体表感觉区

1. 第一感觉区　中央后回。感觉定性清晰，定位明确。

投射规律：①左右交叉投射。（面部双侧投射）

②投射空间倒置排列。（头面部正立）
③投射区域大小与感觉灵敏度正相关。感觉灵敏度高的部位，皮质代表区大（感受器多，神经元多）。

意义：利于精细感觉分析。

2. 第二感觉区　中央前回与岛叶之间。

投射特点：双侧、正立、定位性差。

(二) 本体感觉区

中央前回。

本体感觉：肌肉、关节等的位置觉、运动觉和震动觉。

(三) 内脏感觉区

混杂于体表感觉区、运动辅助区和边缘系统等部位。

特点：定性模糊。定位不准确。

(四) 视觉区

枕叶距状裂的上下缘。视神经纤维鼻侧纤维交叉颞侧不交叉。

左眼颞侧、右眼鼻侧视网膜→左侧枕叶皮质

右眼颞侧、左眼鼻侧视网膜→右侧枕叶皮质

上半部视网膜→距状裂上缘

下半部视网膜→距状裂下缘

视网膜中央的黄斑区→距状裂后部

视网膜周边区→距状裂前部

(五) 听觉区

颞叶之颞横回和颞上回，双侧性投射，不同音频有一定的分野。

(六) 嗅觉区和味觉区

嗅觉区边缘叶的前底部（梨状区前部、杏仁核的一部分）。

味觉区：中央后回头面部感觉区的下侧。

四、痛觉

痛觉：人体受到伤害性刺激产生的不愉快感觉，常伴有躯体防卫反应、情绪反应和内脏活动反应。

意义：报警、保护，疼痛的部位、性质、时间协助疾病诊断。

痛觉感觉器：游离的神经末梢、化学感受器。

伤害性刺激：引起组织细胞损伤的刺激。

致痛物质：引起疼痛的化学物质（缓激肽、组胺、5-羟色胺、K^+、H^+、P物质等）。

1. 皮肤痛觉　伤害性刺激作用于皮肤引起的痛觉。对针刺、切割、烧灼、化学、炎症、温度等敏感。

	快痛	慢痛
时相	0.1s 内产生	0.5~1s 后发生
刺激终止后	立即消失	持续几秒钟
性质	尖锐定位清楚的刺痛	定位不明显烧灼痛
传入纤维	A_δ 类	C 类
部位	浅表组织	深部组织

2. 内脏痛 内脏器官受到伤害性刺激产生的疼痛（临床常见症状、诊断的依据）。
特点：对牵拉、扩张、痉挛、缺血、化学、炎症、温度刺激敏感；对针刺、切割、烧灼不敏感；
疼痛发起缓慢、持续时间较长；
定位不准确、定性不清晰。
情绪反应强烈。
可引起牵涉痛。

常见疾病牵涉痛部位

患病器官	牵涉痛部位
心	心前区、左上臂尺侧
胃、胰	左上腹、肩胛区
肝、胆囊	右肩胛区
肾	腹股沟
阑尾	脐周、上腹部

3. 牵涉痛 某些内脏疾患可引起远隔的体表部位产生疼痛或痛觉过敏的现象。
牵涉痛机制：①会聚学说。②易化学说。

第三节 神经系统对躯体运动的调节

一、脊髓对躯体运动的调节

（一）脊髓的运动神经元和运动单位
两类运动神经元：

	α 运动神经元	γ 运动神经元
胞体	大	小
递质	乙酰胆碱	乙酰胆碱
效应器	梭外肌	梭内肌
功能	运动反射的最后公路	调节肌梭敏感性

运动单位：指一个α运动神经元及其所支配的全部肌纤维组成的功能单位。完成精细运动的运动单位小，完成粗大运动的运动单位大。

（二）牵张反射

有神经支配的骨骼肌受外力牵拉时收缩的反射活动。

1. 牵张反射的类型

（1）腱反射：快速牵拉肌肉时，肌肉出现迅速而明显地缩短，属于单突触反射。

膝反射
跟腱反射
肱二头肌反射
肱三头肌反射
}临床常用检查项目，协助诊断。

意义：了解反射弧是否完整，确定病变部位。

了解高级中枢的功能状况：上位神经元损伤，腱反射亢进。

（2）肌紧张：缓慢持续牵拉肌肉引起受牵拉的肌肉轻度而持续地收缩，不引起躯体明显的位移，又称为紧张性牵张反射，肌纤维轮流收缩，不易疲劳。

意义：是维持躯体姿势的最基本反射活动，也是其他姿势反射的基础，是多突触反射。

	腱反射	肌紧张
定义	快速牵拉肌腱发生的牵张反射	缓慢持续牵拉肌腱时发生的牵张反射
效应器	快肌纤维	慢肌纤维
突触接替	单突触反射	多突触反射
效应特点	有明显动作；肌肉收缩并缩短	无明显动作；肌肉收缩但不缩短
意义	腱反射减弱：反射弧失完整 腱反射亢进：高级中枢病变	维持躯体姿势

2. 牵张反射的反射弧

牵拉肌肉→肌梭兴奋→Ⅰₐ、Ⅱ类纤维传入→脊髓前角α运动神经元兴奋→α纤维传出→梭外肌收缩

特点：感受器、效应器在同一块肌肉中。

肌梭：感受肌肉长度变化或感受牵拉刺激的梭形感受装置，是长度感受器，属于本体感受器，肌梭附着于肌腱或梭外肌纤维上，与梭外肌纤维平行排列呈并联关系。

γ运动神经元：兴奋时使梭内肌从两端收缩，肌梭的感受装置敏感性增高。

腱器官：感受肌张力的变化（张力感受器），与梭外肌纤维呈串联关系。

梭外肌收缩，张力增大→腱器官兴奋→传入冲动增加→脊髓（抑制性中间神经元）→抑制α运动神经元→梭外肌抑制（牵张反射减弱）

作用：避免被牵拉肌肉过度收缩而受损。又称反转的牵张反射。

> γ运动神经元兴奋引起梭内肌收缩以调节肌梭的敏感性。腱器官是张力感受器，对α运动神经元起抑制作用。肌梭是长度感受器，感受肌长度的变化。

(三) 屈反射与交叉伸肌反射

(1) 屈反射：当肢体皮肤受到伤害性刺激时，可反射性引起受刺激一侧肢体的屈肌收缩，肢体屈曲，称为屈反射。

意义：避开伤害性刺激，保护作用。

(2) 交叉伸肌反射：刺激强时，本侧肢体屈曲的同时，出现对侧肢体伸展的反射活动。

意义：维持姿势，是姿势反射。

(四) 脊休克

概念：当脊髓与高位中枢突然离断后，断面以下的脊髓暂时丧失反射活动能力，进入无反应状态。

主要表现：断面以下脊髓所有反射均暂时消失，发汗、排尿、排便反射不能进行，肌紧张降低，血管紧张性降低，血压下降。以脊髓为基本中枢的反射暂时丧失，知觉和随意运动永久丧失。

产生原因：是由于脊髓突然失去高位中枢的调控，出现无反应的休克状态，并不是脊髓损伤本身的直接作用。

恢复：最先恢复的是比较简单和原始的屈反射和腱反射，而后是较复杂的交叉伸肌反射以及一定程度的排便、排尿反射。越低等动物恢复越快，高等动物恢复慢；人恢复最慢：数周～数月。

脊休克的主要表现（损伤以下部位）

表现	休克期	恢复期
随意运动	消失	消失
感觉	消失	消失
屈反射	消失	亢进
腱反射	消失	亢进
肌张力	减弱	亢进
血压（高位离断时）	下降	回升
发汗反射	消失	亢进
大小便	贮留	失禁
病理反射	（＋）	（－）

二、脑干对肌紧张的调节

抑制区：使肌紧张减弱。位于延髓网状结构的腹内侧区。另外大脑皮质、纹状体和小脑前叶蚓部对肌紧张也有抑制作用。抑制 α 和 γ 运动神经元。

易化区：使肌紧张增强。位于延髓网状结构的背外侧区。另外小脑前叶两侧部和前庭核对肌紧张也有易化作用。兴奋 α 和 γ 运动神经元。

脑干网状结构易化区和抑制区比较

分区	易化区	抑制区
部位	延髓网状结构背外侧部 脑桥的被盖 中脑中央灰质及被盖 下丘脑、丘脑中线核群	延髓网状结构的腹内侧部分
下传途径	网状脊髓束 兴奋α运动神经元 兴奋γ运动神经元	网状脊髓束 抑制α运动神经元 抑制γ运动神经元
作用	增强肌紧张	降低肌紧张
特点	有内源性活动	需大脑皮层运动区、纹状体、小脑前叶蚓部的始动作用

去大脑僵直：在中脑上、下丘之间横断脑干，动物立即出现伸肌紧张亢进，四肢伸直，头尾昂起，脊柱挺硬的现象。

本质：增强的牵张反射。

原因：抑制区失去始动作用后活动明显减弱，易化区活动相对增强。

三、小脑对躯体运动的调节

小脑分区：依据与小脑联系的传入和传出纤维情况分为三个主要功能部分：
　　　　前庭小脑（主要由绒球小结叶构成）（古小脑）；
　　　　脊髓小脑（包括小脑前叶和后叶的中间带区）（旧小脑）；
　　　　皮质小脑（小脑后叶的外侧部）（新小脑）。

小脑对躯体运动的调节功能：

维持身体平衡：前庭小脑的功能，损伤后平衡失调；

调节肌紧张：脊髓小脑，双重作用、易化为主，损伤后肌紧张降低；

协调随意运动：脊髓小脑、皮质小脑的功能，损伤后小脑性共济失调。

四、基底核对躯体运动的调节

基底核：指大脑基底部的一些核团。包括纹状体、丘脑底核和中脑的黑质、红核。主要功能调节肌紧张，协调和稳定随意运动。

纹状体的组成：豆状核（壳核＋苍白球）＋尾状核

{ 尾状核、壳核（新纹状体）
{ 苍白球（旧纹状体）：纤维联系的中心

联系：与丘脑底核、红核、黑质在结构、功能上联系密切。

纹状体与黑质有交互抑制的作用。纹状体含有的两类神经元，胆碱能神经元释放乙酰胆碱增强肌紧张；γ-氨基丁酸能神经元释放γ-氨基丁酸（GABA）抑制黑质多巴胺（DA）能神经元，减少DA的释放；而黑质的多巴胺能神经元释放DA，又可抑制纹状体胆碱能神经元，减少ACh的释放。

作用：稳定、协调随意运动，调节肌紧张。

黑质-纹状体系统损伤的临床症状：

帕金森病（震颤麻痹）：运动过少，肌紧张亢进，常伴有静止性震颤，面部表情呆板。

机制：病变在中脑黑质。多巴胺能神经元功能减退。黑质多巴胺（DA）递质系统功能受损，纹状体乙酰胆碱递质系统功能亢进。

治疗：左旋多巴补充DA，增强对纹状体的抑制作用。

舞蹈病：运动过多，肌紧张降低。不自主的上肢和头面部舞蹈样动作，伴肌紧张低下。

机制：纹状体内胆碱能神经元和GABA能神经元功能减退，黑质多巴胺能神经元功能相对亢进。

治疗：利血平耗竭DA。

五、大脑皮质对躯体运动的调节

大脑皮质：调节躯体运动的最高级中枢。其信息经下行通路最后抵达位于脊髓前角和脑干的运动神经元来控制躯体运动。

（一）大脑皮质的运动区

1. 中央前回

作用：管理机体的随意运动。

特点：交叉支配（头面部多为双侧支配，眼裂以下表情肌、舌肌对侧支配）。

定位精细，呈倒置（头面部内部正立）。

运动愈精细、愈复杂的部位，在皮层运动区内所占的范围愈大。

2. 运动辅助区　大脑半球内侧面，双侧支配。

（二）运动信号下行通路

1. 皮质脊髓束　大脑皮质发出经内囊、脑干下行到达脊髓前角运动神经元的传导束。

（1）皮质脊髓侧束（80%）：在延髓锥体交叉，控制四肢远端肌肉，与精细的、技巧性的运动有关，受损出现巴宾斯基征阳性（原始的屈反射）。

（2）皮质脊髓前束（20%）：在脊髓内交叉或不交叉，控制躯干、四肢近端肌肉，与姿势的维持和粗大运动有关。

（3）皮质核束：皮质→囊→脑干运动神经核（脑神经运动神经元），管理头面部肌肉。

2. 其他运动信号下行通路

（1）顶盖脊髓束、网状脊髓束、前庭脊髓束：功能似皮质脊髓前束。

（2）红核脊髓束：功能似皮质脊髓侧束。

> 皮质脊髓束和皮质核束统称锥体系。顶盖脊髓束、网状脊髓束、前庭脊髓束、红核脊髓束又称锥体外系。锥体系与锥体外系由于皮层起源重叠和下行纤维交叉，不易严格区分。锥体系的主要功能是执行大脑皮质运动区的指令，管理随意运动；锥体外系基本功能是调节肌紧张，协调肌群的运动，使运动更加协调和稳定。

第四节　神经系统对内脏活动的调节

一、自主神经系统的结构和功能特征

自主神经：亦称内脏神经（过去曾称植物神经）。主要功能是调节内脏活动。不受大脑

意识控制。包括传入神经、传出神经。通常指其传出部分。包括交感神经和副交感神经。

(一) 起源

1. 交感神经　胸（T1）～腰（L3）脊髓灰质侧角→神经节→效应器
2. 副交感神经
中脑：动眼神经副核→睫状神经节→瞳孔括约肌、睫状肌
延髓：面神经副交感核→翼（蝶）腭神经节→泪腺
　　　　　　　　　　→颌下神经节→舌下腺、颌下腺
舌咽神经副交感核→耳神经节→腮腺
迷走神经副交感核→神经节→胸腔器官：心、呼吸道平滑肌和腺体
　　　　　　　　　　　腹腔器官：肝、胆、胰；
　　　　　　　　　　　　　横结肠右2/3及其以上平滑肌和消化道腺体
骶髓：盆神经副交感核→神经节→盆腔器官；
　　　　　　　　　　　横结肠左1/3及其以下平滑肌和消化腺

(二) 特征

1. 有神经节，换神经元，节前神经元、节后神经元，节前纤维、节后纤维。
交感神经：节前纤维短、节后纤维长。
副交感神经：节前纤维长、节后纤维短。
神经节内突触数目不同：交感神经多，影响范围广。
　　　　　　　　　　　副交感神经少，影响范围局限。
2. 双重支配：体内多数器官接受交感和副交感神经双重支配。
肾上腺髓质、汗腺、竖毛肌、皮肤和骨骼肌血管只受交感神经支配。
肾上腺髓质受交感节前纤维支配。
3. 交感、副交感神经功能多为相互拮抗，也有协同如对唾液腺。
4. 具有紧张性作用。
5. 作用与效应器功能状态有关。

二、自主神经的主要功能

交感神经：主要作用是促使机体适应环境的急骤变化，即应急反应。

应激反应：人体遭遇紧急情况（剧痛、失血、窒息、恐惧等）引起交感神经广泛兴奋，表现出一系列交感-肾上腺髓质系统功能亢进的现象。

副交感神经：促进消化和吸收、积蓄能量、加强排泄和生殖功能。其意义在于促进机体的调整恢复，休养生息。

自主神经的主要功能

器官	交感神经	副交感神经
循环系统	心搏加快加强，心内传导加快，皮肤及内脏血管收缩，血压升高 外生殖器、唾液腺的血管收缩，骨骼肌血管（肾上腺素能）收缩 骨骼肌血管（胆碱能）舒张	心搏减慢减弱，心内传导减慢；少数血管舒张，如外生殖器血管、软脑膜血管舒张

续表

器官	交感神经	副交感神经
呼吸系统	呼吸道平滑肌舒张	呼吸道平滑肌收缩 呼吸道黏膜腺体分泌增加
消化系统	胃肠平滑肌的活动减弱 括约肌收缩	胃肠平滑肌的活动加强 括约肌舒张
泌尿生殖器官	尿道内括约肌收缩,逼尿肌舒张;未孕子宫舒张;已孕子宫收缩	膀胱逼尿肌收缩,尿道内括约肌舒张
眼	瞳孔开大肌收缩,瞳孔开大	瞳孔括约肌收缩,瞳孔缩小 睫状肌收缩,晶状体变凸 泪腺分泌增加
皮肤	汗腺分泌增加;竖毛肌收缩	不受副交感神经支配
代谢、内分泌	肝糖原分解增加;肾上腺髓质分泌激素增加	胰岛素分泌增加

三、自主神经的递质及其受体

(一) 自主神经递质

乙酰胆碱(ACh):释放ACh的神经纤维皆可称为胆碱能纤维,包括全部交感和副神经的节前纤维,大多数副交感神经的节后纤维和少数交感神经节后纤维。

去甲肾上腺素(NE):释放NE的神经纤维称为肾上腺素能纤维。大部分交感节后纤维都属于肾上腺素能纤维。

自主神经释放的神经递质

	节前纤维	节后纤维
副交感神经	ACh	ACh
交感神经	ACh	NE(大部分) ACh(支配汗腺的、支配骨骼肌血管的舒血管纤维)

(二) 受体

	分布部位及主要作用	阻断剂
胆碱能受体		
M受体	副交感神经节后纤维支配的效应器产生副交感神经兴奋的效应,胆碱能交感神经支配的效应器如汗腺分泌增多、骨骼肌血管舒张	阿托品
N受体		
N_1受体	自主神经节神经元兴奋	咪芬、筒箭毒碱
N_2受体	骨骼肌终板膜兴奋	筒箭毒碱
肾上腺素能受体		
α受体	大多数内脏平滑肌腺体兴奋	酚妥拉明
$β_1$受体	心肌兴奋	阿替洛尔
$β_2$受体	平滑肌抑制	丁氧胺

自主神经的主要作用及其与受体的关系

效应器官		交感神经			副交感神经		
		递质	受体	作用	递质	受体	作用
眼	瞳孔开大肌	NE	α	瞳孔开大	ACh	M	
	瞳孔括约肌				ACh	M	瞳孔缩小
	睫状肌				ACh	M	睫状肌收缩
循环器官	窦房结	NE	$β_1$	心率加快	ACh	M	减弱减慢
	房室传导系统	NE	$β_1$	传导加快	ACh	M	传导减慢
	心肌	NE	$β_1$	收缩加强	ACh	M	收缩减弱
	脑血管	NE	α	轻度收缩			
	冠状血管	NE	α	收缩			
		NE	$β_2$	舒张(为主)			
	皮肤、黏膜血管	NE	α	收缩			
	胃肠道血管	NE	α	收缩(为主)			
	骨骼肌血管	NE	$β_2$	舒张			
	外生殖器血管	NE	α	收缩	ACh	M	舒张
		NE	$β_2$	舒张			
		ACh	M	舒张			
		NE	α	收缩			
呼吸器官	支气管平滑肌	NE	$β_2$	舒张	ACh	M	收缩
	支气管腺体				ACh	M	分泌增多
消化器官	胃平滑肌	NE	$β_2$	舒张	ACh	M	收缩
	小肠平滑肌	NE	α	舒张	ACh	M	收缩
	括约肌	NE	α	收缩	ACh	M	舒张
	唾液腺	NE	α	分泌增多(黏稠)	ACh	M	分泌增多(稀薄)
	胃腺				ACh	M	分泌增多
泌尿生殖器官	膀胱逼尿肌	NE	$β_2$	舒张	ACh	M	收缩
	尿道内括约肌	NE	α	收缩	ACh	M	舒张
	妊娠子宫	NE	α	收缩			
	未孕子宫	NE	$β_2$	舒张			
皮肤	竖毛肌	NE	α	收缩(竖毛)			
	汗腺	ACh	M	分泌			
代谢	胰岛 B 细胞	NE	α	胰岛素分泌减少	ACh	M	胰岛素分泌增多
	糖酵解代谢	NE	$β_2$	增加			
	脂肪分解代谢	NE	$β_1$	增加			

四、各级中枢对内脏活动的调节

(一) 脊髓

内脏活动的初级中枢(血管运动、排尿、排便、发汗和勃起反射等)。

（二）脑干

有许多重要的内脏活动中枢。

延髓（生命中枢）：心血管运动中枢、呼吸中枢等。

脑桥：呼吸调整中枢、角膜反射中枢。

中脑：瞳孔对光反射中枢。

（三）下丘脑

调节内脏活动的较高级中枢。

1. 摄食调节

摄食中枢（饿中枢）：下丘脑外侧区。

摄食抑制中枢（饱中枢）：下丘脑腹内侧核。

此二中枢交互抑制，并受胃容纳扩张程度的影响。

2. 水平衡调节　控制饮水：下丘脑外侧部。又称饮水中枢，与摄食中枢有部分重叠。

控制排水：下丘脑视上核、室旁核分泌 ADH 调节肾对水的排泄量。

3. 体温调节　下丘脑是体温调节的基本中枢（见体温节）。AO/PH。

4. 情绪反应调节　防御反应区主要位于下丘脑腹内侧区。间脑水平以上切除大脑的猫，出现"假怒"现象。

5. 内分泌活动调节（见内分泌章）　分泌 9 种调节性多肽。

6. 生物节律控制　视交叉上核是日节律的控制中心。

生物节律：生物体内的各种功能活动按一定时间顺序呈现周期性变化的节律（日节律、月节律、年节律等，日节律表现尤为突出）。

大脑皮质：调节内脏活动的最高级中枢。

新皮质：刺激新皮质能引起内脏活动的改变。

边缘系统：调节内脏活动（呼吸、胃肠、瞳孔、膀胱等）的重要中枢，与情绪、食欲、性欲、生殖和防御等活动有密切关系。

第五节　脑的高级功能与脑电活动

一、条件反射

非条件刺激：自然存在的各种形式的刺激，能直接作用于机体的感受器，从而产生相应的神经反射，出现相应的生理活动改变。

非条件反射：由非条件刺激引起的反射。是先天具有的，不需要后天学习。

无关刺激：不同于非条件刺激的刺激，亦即不能产生某种特定非条件反射的刺激。或与产生非条件反射无关的刺激。

强化：无关刺激和非条件刺激在时间上多次结合的过程。

条件刺激：经过强化，无关刺激转化为条件刺激。

条件反射：由条件刺激引起的反射称为条件反射。

引起条件反射的条件：强化。

操作式条件反射：动物完成某种动作或操作才能强化建立的条件反射。

条件反射的泛化：建立条件反射的初期对与条件刺激近似的刺激也产生反射效应。

条件反射的分化：只对条件刺激产生阳性反应，对与条件刺激近似的刺激产生阴性反应。

条件反射的消退：条件反射建立后反复用无关刺激而不给非条件刺激强化，使条件反射的效应逐渐减弱，甚至消失。发展了脑内突触联系的抑制过程。

条件反射的生物学意义：提高机体对环境变化的适应能力，增强活动的预见性、灵活性、精确性。

人类条件反射的特点：第一信号系统是人和动物共有的。第二信号系统是人类所特有，是人类区别于动物的主要特征。

第一信号：具体的信号（灯光、铃声、食物、气味等）。

第二信号：抽象的信号（语言、文字）。

第一信号系统：对第一信号产生反应的大脑皮层功能系统。

第二信号系统：对第二信号产生反应的大脑皮层功能系统。

条件反射与非条件反射的对比

非条件反射	条件反射
先天遗传，种族共有	后天获得，有个体差异
数量有限	数量无限
反射弧比较固定，不变或少变	反射弧易变，可新建、消退、分化、改造
皮质下各级中枢可完成	须大脑皮质参与
非条件刺激引起	条件刺激引起
是形成条件反射的基础	能控制非条件反射
适应性有限	具有精确而完善的高度适应性

二、学习与记忆

（一）学习

学习是人或动物接受外界信息获得新的行为习惯（即经验）的神经活动过程。

分类：按学习的形式分为非联合型学习和联合型学习。

（1）非联合型学习：不需要在刺激与反应之间形成某种明确联系。包括习惯化与敏感化。

（2）联合型学习：两种不同的刺激在时间上很接近地重复发生，刺激与机体产生反应要建立某种确定联系。包括经典的条件反射和操作式条件反射。

（二）记忆的分类及其机制

记忆：将学习中获得的信息在脑内贮存和提取的神经活动过程。信息的储存和再现。

分类：

（1）感觉性记忆：感觉系统获得的信息在脑感觉区贮存的阶段，时间<1s。

（2）第一级记忆：由感觉记忆信息经加工处理而成，平均12s。

（3）第二级记忆：通过反复学习运用，信息在第一级记忆中循环而转入，持续数分钟至数年不等。

(4) 第三级记忆：常年累月运用的信息不易遗忘。

前两个阶段属于短时性记忆，后两个阶段属于长时性记忆。

> 有关学习和记忆的产生机制尚未清楚，可能与神经元活动的后作用、神经元之间的环路联系、突触传递与递质释放、脑内有关蛋白质的合成及新的突触联系的建立有关。

遗忘：部分或全部丧失回忆和再认识的能力。并不是记忆痕迹的完全消失。生理性遗忘具有适应性保护作用。

三、大脑皮质的语言中枢

皮质的语言功能（听、说、读、写）具有一定的分区，损伤后可引起语言功能障碍。

大脑皮质的语言中枢及其损伤后的表现

语言中枢	部位	损伤后的语言功能障碍
语言运动区	中央前回底部的前方 Broca 区	运动性失语症 能读、能听、能写、不能说
语言书写区	额中回后部，靠近中央前回手部代表区	失写症 能听、能说、能看、不能写字
语言听觉区	颞上回后部	感觉性失语 能说、能看、能写、听不懂话
语言视觉区	角回	失读症 能听、能说、能写、不能读

大脑皮质语言功能的一侧优势：

一侧优势（优势现象）：两侧半球功能上不对等。

左侧半球：语言功能占优势。

右侧半球：非语词性认识功能占优势（空间辨认、形象、色彩、深度觉、触觉、音乐感觉、创造性）。

优势半球：语言中枢集中的一侧大脑半球。右利手者在左侧半球（左侧优势）；左利手者多数在右侧半球，也有少数在左侧半球。

四、大脑皮质的电活动

自发脑电活动：无明显外来刺激的情况下大脑皮质自发产生的节律性电位变化。

皮质电图：打开颅骨，直接在大脑皮质表面记录的脑电变化。

脑电图：在头皮表面安放记录电极，用脑电图机记录的自发脑电活动。

（一）正常脑电图波形

按频率快慢将脑电图分为四种波形：β 波＞α 波＞θ 波＞δ 波。这四种波形分别在不同状态下出现。

正常脑电图的四种基本波形

	频率（次/s）	波幅（μV）	出现时的状态
α波	8～13	20～100	安静闭目清醒，枕叶明显
β波	14～30	5～20	睁眼、紧张时，额、顶叶明显
θ波	4～7	100～150	疲倦
δ波	0.5～3	20～200	睡眠

α梭形：α波波幅由小变大，再由大变小，反复出现。

α阻断：睁眼或受到其他刺激时α波消失转为β波（快波）。

同步化：当有许多皮质神经元的电活动趋于一致时，就出现低频率高振幅的波形。

去同步化：当神经元的电活动不一致时，就出现高频率低振幅的波形。

一般认为，脑电波由高振幅的慢波转化为低振幅的快波时，表示兴奋过程的加强；反之，由低振幅的快波转化为高振幅的慢波时，表示抑制过程的加深。

（二）脑电图形成机制

脑电波形成的机制：大脑皮质浅层大量胞体与树突的突触后电位总和形成。其节律受丘脑上传的非特异投射的节律性兴奋影响。

（三）皮质诱发电位

概念：刺激感觉传入系统时，在皮质某一区域引出的形式较为固定的电位变化，称为皮质诱发电位。

波形：（1）主反应：出现在一定潜伏期后先正后负的电位变化。是大锥体细胞电活动的综合表现。

（2）后发放：主反应后的一系列正相的周期性电位变化，是皮层与丘脑接替核之间环路活动的结果。

五、觉醒与睡眠

觉醒：在觉醒状态下，机体能迅速适应环境变化，从事各种体力和脑力劳动。

（1）脑电觉醒：脑电图呈现去同步化快波，而行为不一定呈觉醒状态。与蓝斑上部NA递质和上行活动系统ACh递质有关。

（2）行为觉醒：动物出现觉醒时的各种行为表现。与多巴胺递质有关。

睡眠：睡眠时机体的意识暂时丧失，失去对环境的精确适应能力，表现为感觉功能减退，骨骼肌反射和肌紧张减弱，并伴有一系列自主神经功能的改变。如心率减慢、血压下降、呼吸减慢、瞳孔缩小、尿量减少、代谢降低、体温下降、发汗功能加强等。

睡眠的主要功能是促进精力和体力的恢复。

睡眠机制：主动的抑制过程。

睡眠的时相及其转换：

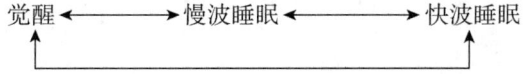

觉醒 ←——→ 慢波睡眠 ←——→ 快波睡眠

成人睡眠时，先进入正相睡眠，持续80～120min后转入异相睡眠，20～30min，又转入正相睡眠。在整个睡眠期间，如此反复转化 4~5 次。越接近睡眠后期，异相睡眠时间越长。

两种睡眠时相的比较

时相	慢波睡眠（正相睡眠）	快波睡眠（异相睡眠）
脑电图	同步化慢波	去同步化快波
表现	感觉功能减退	感觉功能进一步减退
	肌张力降低	肌张力进一步降低、肢体抽动
	瞳孔缩小	快速眼球运动
	心率减慢、血压下降	心率加快、血压波动（易诱发心绞痛）
	呼吸变慢	呼吸加快且不规则
	尿量减少、体温降低	多梦
	唾液减少、代谢降低	蛋白质合成增多
	胃液增多、发汗增强	
	生长素分泌明显增多	
作用	促进生长	建立新的突触联系促进学习、记忆
	恢复体力	促进精力恢复
参与递质	5-羟色胺系统	5-羟色胺系统和去甲肾上腺素系统

（张　量）

第十一章　内分泌系统

内分泌：指细胞分泌的物质直接进入血液或其他体液的过程。

内分泌系统：由内分泌腺或散在分布的内分泌细胞及其分泌物——激素构成的机体功能调节系统。参与人体各种生理过程的调节，特别是新陈代谢、生殖、生长发育、内环境稳态、学习、记忆等过程都与内分泌系统有关。

激素：由内分泌腺或散在分布的内分泌细胞分泌的具有高效生物效能的、起信息传递作用的物质。

靶细胞/靶组织/靶器官/靶腺：能被某种激素作用的细胞/组织/器官/腺体，叫做这种激素的靶细胞/靶组织/靶器官/靶腺。

主要内分泌腺：

全身主要内分泌腺及其分泌的激素

内分泌腺		激素	化学本质
下丘脑：9种激素		促甲状腺激素释放激素（TRH）	3肽
		促性腺激素释放激素（GnRH）	10肽
		生长素释放激素（GHRH）	44肽
		生长素释放抑制激素（GHRIH）（生长抑素，GIH）	14肽
		促肾上腺皮质激素释放激素（CRH）	41肽
		催乳素释放因子（PRF）	未定
		催乳素释放抑制因子（PIF）	未定
		促黑激素释放因子（MRF）	未定
		促黑激素释放抑制因子（MIF）	未定
腺垂体：7种激素		促甲状腺激素（TSH）	糖蛋白
		促肾上腺皮质激素（ACTH）	39肽
		促卵泡激素（FSH）	糖蛋白
		黄体生成素（LH）	糖蛋白
		促黑激素（β-MSH）	18肽
		生长素（GH）	蛋白质
		催乳素（PRL）	蛋白质
下丘脑-神经垂体		抗利尿激素（ADH）（血管升压素，VP）	9肽
		缩宫素（催产素，OXT）	9肽
甲状腺	腺泡细胞	三碘甲状腺原氨酸（T_3）	胺类
		四碘甲状腺原氨酸（甲状腺素，T_4）	胺类
	C细胞	降钙素（CT）	32肽

续表

内分泌腺		激素	化学本质
甲状旁腺		甲状旁腺素（PTH）	蛋白质
胸腺		胸腺素	肽类
心脏		心房钠尿肽（ANP）	28肽
胰岛	A细胞	胰高血糖素	29肽
	B细胞	胰岛素	51肽
	D细胞	生长抑素（SS）	肽类
	D1细胞	血管活性肠肽（VIP）	肽类
	PP细胞	胰多肽	肽类
肾上腺皮质		糖皮质激素（皮质醇）	类固醇
		盐皮质激素（醛固酮）	类固醇
		性激素（雄性激素，雌激素E_2）	类固醇
肾上腺髓质		肾上腺素（E, Adr）	儿茶酚胺
		去甲肾上腺素（NE, NA）	儿茶酚胺
肾		促红细胞生成素（EPO）	糖蛋白
		肾素	蛋白水解酶
		1,25(OH)$_2$维生素D_3，[1,25(OH)$_2$胆钙化醇]	类固醇
睾丸	间质细胞	雄性激素（睾酮）	类固醇
	支持细胞	抑制素	糖蛋白
		雌二醇（E_2）	类固醇
卵巢		雌激素（雌二醇，E_2）	类固醇
		雌激素（雌三醇，E_3）	类固醇
		孕激素（孕酮，P）	类固醇
胎盘		雌三醇（E_3）	类固醇
		人绒毛膜促性腺激素（HCG）	糖蛋白
		人绒毛膜生长素（HCS）	蛋白质
		孕激素	类固醇
胃肠道	G细胞	促胃液素（胃泌素）	肽类
	S细胞	促胰液素	肽类
	I细胞	胆囊收缩素（-促胰酶素）（缩胆囊素，CCK）	肽类
	K细胞	抑胃肽	肽类
	Mo细胞	促胃动素	肽类
其他			

第一节 激素的概况

一、激素的信息传递方式及分类

激素的信息传递方式：

远距分泌：激素借助血液的运输到达远距离的靶细胞而发挥作用。

旁分泌：激素通过细胞间液弥散到邻近的靶细胞发挥作用。

自分泌：激素在局部弥散又返回作用于该内分泌细胞而发挥反馈作用的方式。

神经分泌：神经细胞分泌的神经激素通过轴浆运输至末梢释放，再经血液的运输作用于靶细胞的方式。

激素的分类：按分子结构和化学性质分两大类：

含氮激素：蛋白质类、肽类、胺类激素。易被消化液分解，口服无效。

类固醇（甾体）激素：肾上腺皮质激素、性激素等。不被消化液破坏，可口服。

此外，前列腺素属于脂肪酸衍生物，胆钙化醇属于固醇类。

二、激素的作用机制

激素的作用机制

含氮类激素：第二信使学说。

类固醇激素：基因表达学说。

（一）第二信使学说

（1）激素与细胞膜上相应受体发生特异性结合，通过G蛋白的介导激活膜上腺苷酸环化酶；

（2）腺苷酸环化酶在Mg^{2+}参与下，分解ATP成为cAMP；

（3）cAMP激活蛋白激酶；

（4）蛋白激酶激活磷酸化酶；

（5）磷酸化酶发挥其作用，产生相应的生理效应。

其中cAMP发挥第二信使作用，接受激素传来的信息，并把信息传递给细胞，激活酶促反应。

可以作为第二信使的物质不仅有cAMP，还有其他物质，如cGMP、Ca^{2+}、DG、IP_3等（DG：二酰甘油；IP_3：三磷酸肌醇）。

G蛋白有兴奋性和抑制性两种，分别能激活或抑制腺苷酸环化酶，从而实现对胞内酶促反应的促进和抑制。

（二）基因表达学说（基因调节学说）

（1）类固醇类激素分子小，有良好的脂溶性，可透过胞膜进入胞内。

（2）激素与胞内受体结合，生成激素-胞内受体复合物，使受体变构，同时获得穿过核膜的能力；

（3）激素进入核内与核内受体结合，形成激素-核内受体复合物；

（4）该激素-核内受体复合物与染色体非组蛋白的特异位点结合，启动或抑制该部位

DNA 的转录，促进或抑制 mRNA 的形成，诱导或减少某种蛋白质（主要是酶）的合成，引起相应的生理效应。

> 甲状腺激素虽是含氮类激素，但其作用机制是基因表达学说。

三、激素作用的一般特征

1. **特异性** 激素能有选择性地作用于某些器官、组织及细胞的特性，称为激素作用的特异性。激素作用的特异性与其靶细胞上特异性受体有关。
2. **生物信息传递作用** 将信息以化学方式传递给靶细胞，改变靶细胞的活动。
3. **微量而高效性** 含量少，作用显著。
4. **激素间的相互作用** 多种激素共同参与调节某一生理过程时，这些激素之间存在多种相互作用。协同作用、拮抗作用、允许作用。

（1）协同作用：多种激素对同一生理过程的调节，表现出作用的同一性。如胰高血糖素与肾上腺素都有升高血糖的作用。

（2）拮抗作用：两种激素调节同一生理过程，可产生相反的生理效应。如胰岛素能降低血糖，而胰高血糖素等则升高血糖，作用相对抗的结果能维持血糖于正常浓度。

（3）允许作用：有的激素本身并不能直接对某些器官、组织、细胞产生生理效应，但是它的存在，可使另一种激素作用明显增强，即为另一种激素的调节起支持作用。这种现象称为允许作用。如糖皮质激素对血管平滑肌无收缩作用，但是有它的存在，儿茶酚胺才能发挥缩血管的生理效应。即糖皮质激素对儿茶酚胺有允许作用。

> 一种激素的存在，是另一种激素发挥作用的条件，这种条件化的协同作用叫做这种激素对另一种激素的允许作用。

第二节 下丘脑与垂体

一、下丘脑与垂体的结构机能联系

下丘脑-腺垂体系统：

促垂体区→（正中隆起、弓状核、视交叉上核、腹内侧核、室周核）→下丘脑调节肽（9种）→垂体门脉系统→腺垂体

下丘脑-神经垂体系统：

视上核、室旁核（ADH、OXT）→下丘脑-垂体束→神经垂体贮存、释放

二、腺垂体

人体内最重要的内分泌腺，现知分泌7种激素。

生长素、催乳素、促黑（素细胞）激素；

促甲状腺激素	各有各的靶腺	下丘脑-腺垂体-甲状腺轴
促肾上腺皮质激素		下丘脑-腺垂体-肾上腺皮质轴
促卵泡激素、黄体生成素		下丘脑-腺垂体-性腺轴

(一) 生长素 (GH)

蛋白质类激素，含191个氨基酸残基；化学结构与免疫特性具有显著的种属特异性，除猴等灵长类GH外，其他动物的GH对人无效，是为种属特异性。

1. 生理作用

(1) 促进生长：促进全身各种组织（脑组织除外）的生长、促进蛋白质合成增加。特别对骨骼、肌肉及内脏器官的生长的影响更明显。

> GH通过诱导肝及其他组织产生生长素介质 (SM) 发挥作用。SM化学结构和功能与胰岛素相似，又称胰岛素样生长因子 (insulin-like growth factor, IGF)。SM促进钙、磷、钠、钾、硫及氨基酸等物质进入软骨细胞，加强RNA、DNA及蛋白质合成，促进软骨细胞分裂增殖及骨化，使长骨增长，身体长高。SM对脑组织发育无直接影响。

	GH分泌不足	GH分泌过多
幼年时期	侏儒症 生长发育迟缓，甚至停滞，身材矮小、基本匀称，但智力发育不受影响，身高一般不超过1.2m	巨人症 生长发育过度，内脏增大；身材高大，身高一般在2.3m以上，多伴有高血糖和尿糖（垂体性糖尿）
成年后		肢端肥大症 骨与骨骺钙化融合，长骨不再生长，肢端骨和面骨边缘变厚及其软组织异常增生，以致形成手指、足趾粗大，鼻大、唇厚，下颌突出

(2) 对代谢的作用：GH通过SM介导，对三大营养物质代谢产生影响。

①对蛋白质代谢：促进蛋白质合成，抑制分解。利于组织修复与生长。

②对糖代谢：

小剂量：降血糖。刺激胰岛素分泌，促进组织对糖的利用。

大剂量：升血糖。抑制糖的氧化和利用，血糖升高。

若GH分泌过多，可出现尿糖，称为垂体性糖尿病。

③对脂肪代谢：促进脂肪分解，加速脂肪酸氧化，为机体提供能量。

游离脂肪酸可抑制组织对糖的利用，由脂肪酸优先供能。节约糖。

GH过多时血中脂肪酸和酮体增多。

2. 分泌调节

(1) 下丘脑对GH分泌的调节：腺垂体GH的分泌受下丘脑GHRH与GHRIH的双重调节。正常生理状态下，GHRH起主要作用。

GHRH分泌较多，促进GH的释放，而GHRIH则抑制GH分泌。

> GH与GHRH分泌同步，呈脉冲式波动。GHRH对GH的分泌起经常性调节作用，而GHRIH仅在机体受到应激刺激、GH分泌过多时，才对GH分泌有显著抑制作用。

（2）反馈调节：GH 对下丘脑 GHRH 分泌与释放有反馈抑制作用，GHRH 对其自身分泌也有反馈调节作用。

（3）睡眠：慢波睡眠时相，GH 分泌量明显增多。转入快波睡眠时相，GH 分泌减少。

（4）代谢因素：低血糖、高氨基酸刺激 GH 分泌。高游离脂肪酸抑制 GH 分泌。

（5）激素的作用：甲状腺激素、雌激素、睾酮及应激刺激均可刺激 GH 分泌。

（二）催乳素（PRL）

PRL 是含有 199 个氨基酸残基并含有三个双硫键的蛋白质激素。

1. 生理作用

（1）对乳腺和泌乳的作用：促进乳腺生长发育；启动和维持乳腺泌乳。

①青春期：主要是雌激素、孕激素、生长素、甲状腺激素及 PRL 等共同作用促进乳腺的生长发育。

②妊娠期：血中 PRL 与雌激素和孕激素水平均较高，多种激素互相配合使乳腺进一步生长发育成熟，具备泌乳能力。但过多的雌激素、孕激素与 PRL 竞争受体而对 PRL 的泌乳作用有抑制效应，故无乳汁分泌。

③分娩后：雌激素与孕激素水平迅速下降，PRL 得以发挥启动与维持泌乳的作用，使乳汁产生和分泌，并能长期维持。

（2）对性腺的作用：PRL 与黄体生成素（LH）共同作用促进黄体形成，并维持黄体分泌孕激素。PRL 在此处对 LH 起允许作用。大剂量 PRL 又抑制卵巢雌激素与孕激素的合成。

2. 分泌调节

（1）PRL 分泌受下丘脑的双重调节：PRF 促进其分泌，PIF 则抑制其分泌。

（2）泌乳反射：授乳时，婴儿吸吮乳头产生机械性刺激，传入冲动上传到下丘脑，进而促使 PRF 释放增多，腺垂体分泌 PRL 增加，从而使乳汁产生和分泌增多。属神经内分泌反射。

（三）促激素

促甲状腺激素（TSH）、促肾上腺皮质激素（ACTH）、促卵泡激素（FSH）、黄体生成素（LH）、促黑激素（MSH）均有对其靶腺或靶细胞促进的作用，统称为促激素。

激素	主要作用
促甲状腺激素（TSH）	促进甲状腺激素的合成和释放；促进甲状腺组织增生
促肾上腺皮质激素（ACTH）	促进肾上腺皮质激素的合成和释放；促进肾上腺皮质组织增生
促卵泡激素（FSH）	促进原始卵泡向成熟卵泡发育
黄体生成素（LH）	LH 高峰激发成熟卵泡排卵；维持黄体机能
促黑激素（MSH）	促进黑色素细胞中的酪氨酸酶的合成和激活，催化酪氨酸转变为黑色素，使皮肤、毛发、虹膜等部位颜色加深；受下丘脑促黑激素释放因子、促黑激素释放抑制因子（优势）双重调节

三、神经垂体

下丘脑视上核与室旁核-神经垂体分泌的抗利尿激素（ADH）和缩宫素（催产素，OXT）

(一) 抗利尿激素（ADH）

主要由视上核分泌。

1. 生理作用

（1）抗利尿作用：生理水平下，增强远曲小管和集合管对水的通透性，从而促进对水的重吸收，减少尿量，使尿液浓缩。

（2）血管加压作用：大剂量下，收缩血管，升高血压。

2. 分泌调节　见第八章"肾的排泄"。

(二) 缩宫素（催产素，OXT）

主要由室旁核分泌。

1. 生理作用　促进排乳及刺激子宫收缩。

（1）对乳腺的作用：促进乳汁排出。

哺乳期乳汁贮存于腺泡中，OXT 促进乳腺腺泡和导管周围肌上皮样细胞收缩，腺泡内压升高，将乳汁由输乳管排出。

（2）对子宫的作用：促进子宫平滑肌收缩。

OXT 对非孕子宫作用较弱，妊娠末期子宫平滑肌对 OXT 较敏感。

雌激素可提高子宫对 OXT 敏感性，而孕激素的作用则相反。

2. 分泌调节

（1）射（排）乳反射：婴儿吸吮乳头产生机械性刺激，传入冲动上传到下丘脑，促使 OXT 释放增多，加强乳腺腺泡和导管周围肌上皮样细胞收缩，从而促进乳汁排出。易形成条件反射。

（2）"分娩反射"：分娩过程中，胎儿的下降对产道产生牵拉和压迫等刺激，反射性引起 OXT 分泌增多，OXT 又进一步加强子宫收缩，促进胎儿下降，胎儿的下降又促进 OXT 分泌，如此进行正反馈调节，直至分娩完成。（注："分娩反射"学界尚无定名，作者自拟，暂称之。）

第三节　甲状腺

甲状腺是人体最大的内分泌腺，重 20～25g。甲状腺的实质由大量腺泡构成。腺泡是甲状腺的分泌单位。腺泡上皮细胞具有较强的从血液中摄取碘和酪氨酸的能力，是甲状腺激素合成与释放的部位。腺泡腔内充满胶状物，主要成分为甲状腺球蛋白，是甲状腺激素的贮存库。

在腺泡上皮细胞之间和腺泡间结缔组织内还有少量散在的腺泡旁细胞，又称 C 细胞，分泌降钙素。

一、甲状腺激素的合成、贮存、释放、运输和灭活

甲状腺激素包括：

四碘甲状腺原氨酸（T_4）（甲状腺素）：分泌量多、作用弱、作用时间长。

三碘甲状腺原氨酸（T_3）：分泌量少、作用强、作用时间短。

> 两者都是酪氨酸碘化物。甲状腺也可合成极少量的逆-T_3（rT_3），它不具有甲状腺激素的生物活性。T_4 占 90%，T_3 占 10%；T_3 的活性是 T_4 的 5 倍。

（一）甲状腺激素的合成

原料：甲状腺球蛋白和碘。

甲状腺球蛋白（TG）是一种糖蛋白，它在腺泡上皮细胞内合成，贮存于腺泡腔中。每个 TG 分子上有许多酪氨酸残基。血液中碘需要不断由食物提供。

合成步骤：

（1）聚碘：血中 I^- 逆电位梯度和逆浓度梯度被碘泵转移入甲状腺上皮细胞内的过程。腺垂体 TSH 可加强碘泵（Na^+-I^- 同向转运体）的聚碘作用。胞内 I^- 浓度可达胞外的 25 倍。

（2）碘的活化：I^- 经细胞内过氧化酶（TPO）催化，迅速氧化为活化碘。

（3）酪氨酸碘化：活化的碘能与甲状腺球蛋白分子中某些酪氨酸残基上第 3、5 位和第 3'、5' 位的 H 置换，生成 MIT 和 DIT。

（4）耦联：在一个 TG 分子上一个 MIT 和一个 DIT 两两缩合发生耦联，生成三碘甲状腺原氨酸（T_3），一个 DIT 与另一个 DIT 两两缩合发生耦联，生成四碘甲状腺原氨酸（T_4）。

碘的活化、酪氨酸的碘化和耦联过程，都是在甲状腺球蛋白分子上经过同一过氧化酶的催化完成的，因此，甲状腺腺泡上皮细胞内过氧化酶在甲状腺激素合成过程中起关键作用。此酶活性受腺垂体促甲状腺激素（TSH）的调控，也可被硫氧嘧啶类药物抑制，使甲状腺激素合成减少，以治疗甲状腺功能亢进。

（二）T_3 与 T_4 的贮存、释放、运输与代谢途径

贮存：已合成的甲状腺激素以胶质状态贮存于甲状腺腺泡腔内。在胞外贮存量非常大，可供利用 2～3 个月。

释放：甲状腺受到 TSH 的刺激时，腺上皮细胞将腺泡腔中的甲状腺球蛋白吞饮入腺细胞，在溶酶体的蛋白水解酶作用下，甲状腺球蛋白水解，分离出来的 T_3 与 T_4 透过毛细血管进入血液循环。

运输：释放入血液的 T_3 和 T_4，约 99% 与血浆蛋白结合，成为结合型甲状腺激素，暂时失去活性。与甲状腺激素结合的蛋白质有三种：甲状腺激素结合球蛋白（TBG）、甲状腺激素结合前白蛋白、白蛋白。其中以 TBG 最多，占 60%。

游离状态的甲状腺激素不足 1%，具有活性。结合型和游离型二者可互相转化，在血液中维持动态平衡。

> 大量结合型的存在有重要的意义：游离型可被肾小球滤过、经尿排出而浪费；结合型是大分子不能被肾小球滤过，得到保护。甲状腺激素对代谢的促进作用强大，故有活性的甲状腺激素水平不宜太高。

T_3 与血浆蛋白亲合力小，主要以游离状态存在，活性约是 T_4 的 5 倍。T_4 往往脱掉一个 I 转化为 T_3，能更有效地发挥作用。

灭活：脱碘：甲状腺激素在脱碘酶的作用下脱去碘的过程。是甲状腺激素降解的主要途径。80% T_4 与 T_3 在组织中脱碘酶的作用下脱碘，T_4 脱碘生成 T_3 与 rT_3，血液中 75% 的 T_3 来自于 T_4。T_3 再经脱碘而被灭活。

降解：20% T_4 与 T_3 在肝细胞，与葡萄糖醛酸或硫酸结合后，随胆汁入肠道，由粪便排出。

> 甲基硫氧嘧啶等药物能抑制外周组织脱碘生成 T_3 的过程。妊娠、饥饿及代谢紊乱等应激情况，均促进 T_4 转化为 rT_3 或 T_3。脱碘后可形成二碘、一碘或不含碘的甲状腺原氨酸。脱下的碘可被再利用，作为合成甲状腺激素的原料，但大部分随尿液排出。

二、甲状腺激素的生理作用

甲状腺激素的主要作用是促进新陈代谢，促进和维持机体生长与发育过程。

(一) 对代谢的影响

1. 促进能量代谢　产热效应。

甲状腺激素能加速体内物质氧化过程，增加体内大多数组织细胞的耗 O_2 量和产热量，提高机体基础代谢率，对维持体温的恒定具有重要意义。（脑、肺、性腺、脾、淋巴结、皮肤等器官不受其影响。）

甲状腺功能亢进患者，产热量增加，BMR 较正常值高 50%～100%，怕热多汗，体温偏高。

甲状腺功能减退患者，产热量减少，BMR 较正常值低 30%～45%，喜热恶寒，体温偏低。

> 甲状腺激素的产热作用与 Na^+-K^+-ATP 酶活性有关，在促进 Na^+、K^+ 主动转运时，增加耗 O_2 量及产热量。

2. 促进物质代谢

(1) 对糖代谢：

促进糖吸收 ┐
加速糖原分解 ├ 血糖升高（为主）
促进糖异生 ┘

加速组织对糖的利用 → 血糖降低

(2) 对蛋白质代谢：

生理剂量：促进蛋白质合成。

大剂量：既促进合成，又促进分解，分解大于合成。

甲状腺功能减退：黏蛋白增多，水钠潴留 → 黏液性水肿。

> 甲状腺激素作用于肌肉、骨骼、肝、肾等组织细胞的核受体，刺激 DNA 转录过程，促进 mRNA 形成，加强蛋白质及各种酶的合成，利于幼年时期机体生长与发育。
>
> 甲状腺激素分泌过多，则蛋白质分解加速，骨骼肌蛋白大量分解，消瘦乏力。骨骼蛋白分解，导致血钙升高和骨质疏松。
>
> 甲状腺激素分泌不足时，蛋白质合成减少，但组织间隙的黏蛋白增多，黏蛋白是多价负离子，可结合大量正离子和水分子，引起皮下组织水潴留，产生黏液性水肿。非凹陷性水肿，常见于面部、肾周、性腺周围。

（3）对脂肪代谢：既促进合成，又促进分解，分解大于合成。

> 甲状腺功能亢进时，血浆胆固醇降低，脂肪分解增强，产生过多热量。
> 功能减退时，血浆胆固醇明显升高，易患动脉粥样硬化。

（二）促进生长发育

主要促进脑和长骨的生长发育。幼年甲低→呆小症（克汀病）。

与生长素有协同作用，促进长骨的生长。

甲状腺激素能促进神经元树突和轴突的形成，髓鞘及胶质细胞的生长、脑血流量增加、使蛋白质、磷脂、酶及递质的合成增多，促进脑组织发育。

胎儿期至出生后1.5岁是脑发育的突发期，也是易损期。

呆小症（克汀病）：胚胎期缺碘造成甲状腺激素合成不足，或出生后甲状腺功能低下，出现明显的脑组织发育障碍，致使智力迟钝，长骨生长停滞，身材矮小为特征的疾病。眼距宽、舌大、唇厚、流涎、身材矮小、智力低下。

（三）其他作用

1. 兴奋中枢神经系统　甲状腺激素主要表现为兴奋中枢神经系统。

甲状腺功能亢进患者，易激动、注意力不易集中、烦燥不安、多语、失眠、肢体纤维性震颤。

甲状腺功能减退患者，则出现记忆力减退，行动迟缓，表情淡漠，嗜睡等中枢神经系统兴奋性降低的表现。

2. 增强心血管系统的活动　心率加快，心缩力增强，心输出量增加，收缩压升高，舒张压降低，脉压增大。

3. 其他作用。

三、甲状腺激素的分泌调节

甲状腺激素分泌活动主要受下丘脑-腺垂体-甲状腺机能调节轴的调节。

（一）下丘脑-腺垂体-甲状腺机能调节轴

1. 促甲状腺激素（TSH）　由腺垂体分泌。

作用：促进甲状腺激素的合成和释放，促进甲状腺腺泡组织增生。

释放：呈脉冲式释放，每2～4h出现一次波动，在此基础上呈日周期变化。血中TSH浓度清晨高、午后低。

甲状腺功能亢进患者血中的T_3与T_4明显增多，但TSH未增多，原因在于血中存在一种人类刺激甲状腺免疫球蛋白（HTSI），其化学结构与功能和TSH相似，能与TSH竞争甲状腺细胞膜上的受体，使T_3与T_4合成与释放增加，腺体细胞增生肥大。

2. 促甲状腺激素释放激素（TRH）　由下丘脑合成和释放。

作用：促进TSH的合成与释放。

下丘脑TRH神经元接受大脑及其他部位神经元的传入信息的调控，如寒冷、紧张、缺氧等刺激可通过中枢神经系统刺激下丘脑，引起TRH分泌。

3. 负反馈调节

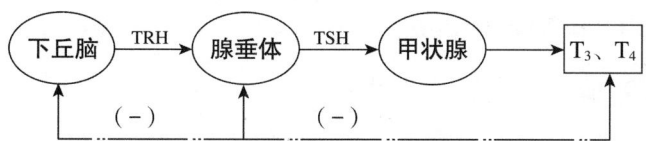

血液中游离的 T_3 和 T_4 浓度升高，诱导腺垂体促甲状腺激素细胞合成抑制性蛋白质，它使 TSH 合成与释放减少，同时还可降低腺垂体对 TRH 的反应性。T_3 与 T_4 对腺垂体 TSH 分泌活动的负反馈作用，是一个经常持续的调节因素。

> 地方性甲状腺肿，主要是由于食物及饮水中缺碘，甲状腺激素的合成与分泌减少，对腺垂体的负反馈作用减弱，在 TRH 作用下腺垂体分泌 TSH 增加，致使甲状腺代偿性增生和肿大。

(二) 甲状腺自身调节

血浆 [I^-] 降低，甲状腺加强 I^- 的摄取，有利于 T_3、T_4 合成和分泌。

血浆 [I^-] 增大，甲状腺抑制 [I^-] 的摄取，T_3、T_4 合成和分泌减少。

甲状腺具有适应碘供应的变化，调节腺体本身对碘摄取、T_3 与 T_4 合成、释放的能力，这种调节完全不受 TSH 浓度和神经调节的影响，称为甲状腺的自身调节。它是一个有限度的缓慢调节系统。

过量的碘产生的抗甲状腺效应称 wolff-ckaikoff 效应。临床上常利用大剂量碘产生抗甲状腺效应，作为甲状腺手术前常规用药。Woiff-chaikoff 效应是一个暂时的现象，当继续增加外源性碘的供应时（24～46h 后）则抗甲状腺效应消失，T_3、T_4 合成再次增加，出现对高碘的适应。

(三) 自主神经系统对甲状腺活动的调节

交感神经使甲状腺激素合成与释放增加，副交感神经使甲状腺激素合成与释放减少。

T_3、T_4 虽属含氮激素，但其以基因表达学说为机制发挥作用。

第四节 肾上腺

肾上腺位于肾的上极，由中央部的髓质和外周部的皮质组成。两者组织来源、结构与功能均不同，实际为两个独立的内分泌腺。

肾上腺	皮质	球状带	盐皮质激素：醛固酮
		束状带	糖皮质激素：皮质醇
		网状带	性激素：少量雄激素（脱氢表雄酮）、微量雌激素（雌二醇）
	髓质		嗜铬细胞：肾上腺素和去甲肾上腺素（4:1）

皮质是腺垂体的靶腺，髓质接受交感神经节前纤维支配。

一、糖皮质激素的生理作用

（一）对物质代谢的作用

1. 对糖代谢　升糖效应。

既增加糖的来源又减少糖的去路，促使血糖升高。

"开源"：加强糖异生作用，使肝糖原增加。

促进蛋白质分解，生成的大量氨基酸进入肝，同时还能提高肝内有关糖异生酶的活性，使氨基酸转变为糖。

"节流"：减少外周组织细胞对葡萄糖的利用，使血糖升高。

抗胰岛素作用，降低外周组织细胞对胰岛素反应性，减少外周组织细胞对葡萄糖的利用，使血糖升高。

肾上腺皮质功能亢进者，如库欣病，由于皮质醇大量分泌，或长期大量应用糖皮质激素治疗，患者血糖升高，甚至出现糖尿。

而肾上腺皮质功能低下患者，如艾迪生病，因皮质醇分泌减少，可出现低血糖。

2. 对蛋白质代谢　促进分解，抑制合成。

主要促进肝外组织特别是肌组织蛋白质分解，使氨基酸在血中含量增加，增强糖异生。

3. 对脂肪代谢　促进分解。

由脂肪分解而来的大量脂肪酸进入肝内氧化，增加糖异生。

糖皮质激素分泌过多时，还可使体内脂肪重新分布，出现"向心性肥胖"，表现为：满月脸、水牛背、球状腹、四肢瘦。不同部位脂肪对糖皮质激素的敏感性不同，因而分解程度不同。四肢部位脂肪对糖皮质激素敏感，分解氧化增强而脂肪减少；面、颈、肩、胸、腹、躯干部位脂肪对糖皮质激素不敏感，且对促进合成的激素——胰岛素敏感，故这些部位脂肪分解少而合成多。

4. 水盐代谢

小剂量：有排水作用。可促进胞内水排出胞外。用于"水中毒"的排水。

大剂量：有弱的醛固酮作用。只有醛固酮的 1/400。即促进远曲小管和集合管保 Na^+ 保水排 K^+ 作用。

（二）在应激反应中的作用

应激刺激：突发的伤害性刺激。如创伤、感染、中毒、疼痛、缺氧、手术、麻醉、寒冷、恐惧等伤害刺激。

应激反应：当机体受到应激刺激时，血中 ACTH、糖皮质激素及其他激素浓度急剧升高并产生一系列非特异性反应，这一现象称为应激反应。

在应激反应状态下，体内 ACTH 及糖皮质激素等激素释放增多，可使机体增强对伤害性刺激的抵抗力和耐受力。

应激激素还有：生长素、催乳素、醛固酮等。

肾上腺皮质机能障碍患者或长期应用糖皮质激素治疗导致肾上腺皮质萎缩。若患者骤然停药，不能耐受应激刺激，可危及生命。

（三）其他作用

1. 对血细胞的作用　可使血中红细胞、血小板、中性粒细胞增多；使淋巴细胞、嗜酸性粒细胞减少。

糖皮质激素能增强骨髓造血功能，使血中红细胞、血小板增多。

糖皮质激素可动员附着于小血管壁边缘的中性粒细胞入血液，以增加其在血液中的数量。

糖皮质激素可抑制胸腺与淋巴组织细胞分裂，使淋巴细胞 DNA 合成过程减弱，血中淋巴细胞减少。

糖皮质激素可促进淋巴细胞与嗜酸性粒细胞的破坏。

2. 对心血管系统的作用　对儿茶酚胺具有允许作用，加强血管的紧张性和收缩。

糖皮质激素能提高血管壁平滑肌对儿茶酚胺的敏感性，这种作用称为激素的允许作用，有利于维持血管正常的紧张性。

降低毛细血管壁的通透性，减少血浆中的成分滤出，维持血容量。糖皮质激素分泌不足时，毛细血管扩张，通透性增大，导致循环血量减少。

3. 长期大剂量应用糖皮质激素可诱发或加重溃疡病，因此，溃疡病患者应慎用糖皮质激素。

二、糖皮质激素的分泌调节

糖皮质激素的分泌受腺垂体 ACTH 调控。

（一）"闭环调节"

即下丘脑-腺垂体-肾上腺皮质机能调节轴的调节。

下丘脑分泌的 CRH：促进腺垂体 ACTH 的合成与释放。

腺垂体分泌的 ACTH：促进肾上腺皮质组织增生；促进肾上腺皮质激素合成和分泌。

ACTH 和糖皮质激素的分泌都有昼夜节律性，觉醒起床前进入分泌高峰，随后逐渐降低，白天维持在较低水平，入睡后逐渐降低，午夜最低，周而复始。

调节轴的负反馈调节作用：

长反馈：血液中糖皮质激素浓度升高，可反馈性抑制下丘脑释放 CRH 及腺垂体合成与释放 ACTH。这种负反馈抑制有利于维持血液中糖皮质激素的水平相对稳定。

短反馈：ACTH 水平升高可抑制 CRH 神经元活动。

超短反馈：CRH 水平升高也可抑制 CRH 神经元自身活动。

意义：这种负反馈抑制有利于维持血液中糖皮质激素的水平相对稳定。

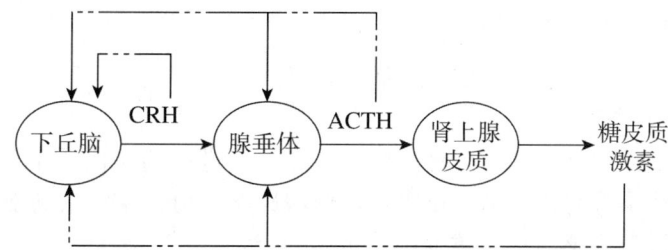

（二）"开环调节"

即正反馈调节：在应激反应状态下，通过中枢神经系统使下丘脑 CRH 神经元分泌 CRH 增多，促使腺垂体分泌 ACTH 增加，大幅度提高血中糖皮质激素的浓度，高浓度的糖皮质激素进一步促进 CRH 和 ACTH 的释放，有助于机体增强对伤害性刺激的抵抗力和耐受力。

由于糖皮质激素的负反馈作用,在医疗中长期大剂量应用糖皮质激素时,可抑制下丘脑 CRH 神经元和腺垂体,使 CRH 与 ACTH 分泌长期减少,而致患者肾上腺皮质渐趋萎缩,分泌功能减退或停止。若突然停用糖皮质激素,则可出现患者本身肾上腺皮质功能不足,以致体内糖皮质激素突然减少而引起严重后果。因此,停药时要逐渐减量,治疗中最好间断补充 ACTH 以促进肾上腺皮质功能的恢复,防止其萎缩。

第五节 甲状旁腺激素、降钙素、1,25(OH)$_2$ 维生素 D$_3$

甲状旁腺激素、降钙素、1,25(OH)$_2$ 维生素 D$_3$ 共同调节体内钙、磷代谢,维持钙、磷于正常水平,且作用于共同的器官:骨、肾、肠。

一、甲状旁腺激素(PTH)

由甲状旁腺主细胞分泌。

生理作用:升血钙、降血磷。

1. 对骨 动员骨钙入血。

(1)快速效应:PTH 作用数分钟即可使血钙开始升高,2~3h 血钙浓度达高峰。

机制:PTH 加强骨细胞膜上钙泵的活动,使骨液中游离的 Ca^{2+} 入血。

意义:满足机体对钙的急需。

(2)延缓效应:PTH 作用 12~14h,血钙开始升高,几天~几周后血钙达高峰。

机制:PTH 加强破骨细胞溶骨作用。破骨细胞可释放有机酸和无机酸,溶解骨质中的有机质和钙盐,使骨钙入血。

意义:满足机体对钙的长期需要。

2. 对肾

作用:抑制肾小管重吸收磷→尿磷↑、血磷↓

促进肾小管重吸收钙→尿钙↓、血钙↑

激活 1α-羟化酶,促进 1,25(OH)$_2$ 维生素 D$_3$ 的生成。

3. 对肠 通过激活 1α-羟化酶和促进 1,25(OH)$_2$ 维生素 D$_3$ 的生成,促进小肠对钙的吸收,使血钙升高。

二、降钙素(CT)

由甲状腺腺泡旁细胞(即甲状腺 C 细胞)分泌。

作用:降血钙、降血磷。

1. 对骨 加强成骨细胞、抑制破骨细胞的作用,促进血钙向骨质的沉积,使骨钙增多。

2. 对肾 抑制肾小管对钙、磷的重吸收,使尿磷↑、血磷↓;尿钙↑、血钙↓。

3. 对肠 抑制胃酸分泌,从而减少小肠对钙的吸收。

三、1,25(OH)$_2$ 维生素 D$_3$

产生:皮肤的 7-脱氢胆固醇在日光紫外线作用下生成无活性的维生素 D$_3$(胆钙化醇),入肝后在 25-羟化酶作用下,生成无活性的 25-OH 维生素 D$_3$,再经由肾产生的 1-羟化酶的作用，生成有活性的 $1,25(OH)_2$ 维生素 D_3。

作用：促进小肠对钙的吸收，使血钙升高。

PTH、CT 的分泌调节：主要受血钙水平的影响。

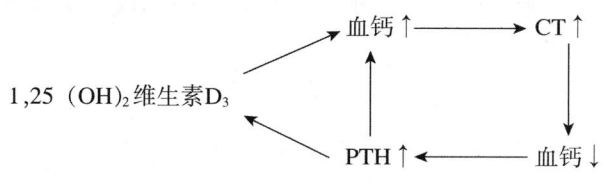

第六节 胰 岛

人胰岛细胞主要有 A 细胞分泌胰高血糖素，B 细胞分泌胰岛素，D 细胞分泌生长抑制素，PP 细胞分泌胰多肽。

一、胰岛素

(一) 胰岛素的生理作用

促进三大营养物质合成，抑制其分解，降低血糖。

1. 对糖代谢　促进糖原合成；促进组织对糖的利用，降低血糖。

使各种组织（特别是肝、肌肉和脂肪组织）加速摄取、贮存和利用葡萄糖，使血糖下降；在肝内，促进肝糖原合成与贮存，促进葡萄糖转变成脂肪酸，抑制糖异生作用；在肌肉，促进肌糖原合成。

2. 对脂肪代谢　促进脂肪合成，抑制分解。

促进肝合成脂肪酸并贮存，也能使脂肪细胞合成少量脂肪酸。促进葡萄糖进入脂肪细胞，合成脂肪酸与三酰甘油（甘油三酯）。同时还抑制脂解酶活性，转而抑制脂肪分解。胰岛素缺乏可造成血脂升高，引起动脉硬化，常导致心血管和脑血管系统的疾病。

3. 对蛋白质代谢　促进蛋白质合成和贮存，抑制分解。

(1) 促进氨基酸进入细胞。

(2) 作用于核糖体，促进蛋白质合成。

(3) 使细胞核内转录和复制加速，增加 RNA 和 DNA 的生成。

(4) 抑制蛋白分解，特别是使肌细胞释放入血的氨基酸减少。

(5) 抑制肝的糖异生使氨基酸转用于合成蛋白质。

(二) 胰岛素分泌的调节

1. 血糖的调节作用　血糖浓度是调节胰岛素分泌的最重要因素。血糖升高，胰岛素分泌明显增加；血糖下降，胰岛素分泌减少。过量氨基酸使高血糖引起的胰岛素加倍增多。

2. 激素的调节作用

(1) 促胃液素、促胰液素、胆囊收缩素和抑胃肽等都有刺激胰岛素分泌的作用。

(2) 胰高血糖素可通过对 B 细胞的直接作用与升高血糖的间接作用刺激胰岛素分泌。

(3) 生长素、糖皮质激素，孕酮和雌激素也能促进胰岛素分泌。

(4) 肾上腺素与 B 细胞膜上的 α 受体结合，抑制胰岛素的释放。

3. 神经调节

(1) 迷走神经可直接刺激胰岛素的分泌，也可通过刺激胃肠道激素的释放而间接促进胰岛素的分泌。

(2) 交感神经抑制胰岛素的分泌。下丘脑可能存在调节胰岛素分泌的中枢。

二、胰高血糖素

(一) 主要作用

升高血糖。

强烈促进肝糖原分解和糖异生，使血糖明显升高。促进脂肪分解，使酮体生成增多。使氨基酸加速进入肝细胞，脱去氨基，为糖异生作用提供原料。

(二) 胰高血糖素分泌的调节

1. 血糖浓度　是最重要的调节因素。血糖降低，胰高血糖素分泌增加，血糖升高时，胰高血糖素分泌抑制。氨基酸促进胰高血糖素分泌增加。

2. 激素的调节作用　胰岛素通过降低血糖而间接刺激胰高血糖素分泌，胰岛素也可直接通过旁分泌抑制A细胞分泌胰高血糖素。

3. 神经系统　迷走神经抑制胰高血糖素分泌，交感神经促进胰高血糖素分泌。

第七节　其他激素

一、松果体激素

褪黑激素的作用：抑制下丘脑-腺垂体-性腺轴和下丘脑-腺垂体-甲状腺轴的活动。

褪黑激素的分泌：有明显的昼夜节律，白天分泌减少，夜晚分泌增加。

二、胸腺激素

胸腺素作用：使淋巴干细胞转变为T淋巴细胞，参与机体的细胞免疫。

胸腺素的分泌：儿童期活跃，青春期分泌增多，随性腺活动后开始退化。

三、前列腺素

前列腺素的作用：广泛而复杂，几乎对人体各个系统的功能均有影响。

（梁秀艳　孙德英）

第十二章 生 殖

生殖：生物体发育成熟后一定阶段，产生与自身相似的子代个体的生理过程。

第一节 男性生殖

主性器官：睾丸。
附性器官：附睾、输精管、前列腺、精囊、尿道球腺和阴茎等。
睾丸具有双重功能：生成精子和内分泌功能。

一、睾丸的生精作用

1. 生精 进入青春期后，原始生精细胞开始向精子方向发育，分别经历：精原细胞→初级精母细胞→次级精母细胞→精细胞→精子。
历时2个半月。
生精的适宜温度：阴囊内比腹腔温度低1~8℃。
精液：由精囊腺、前列腺、尿道球腺的分泌物组成。
精子的正常密度：每ml精液含有精子2千万至4亿个，少于2千万不易使卵子受精。
2. 支持细胞 起营养和支持作用。
血睾屏障：睾丸间质毛细血管和曲细精管之间的屏障。使血液中大分子物质难以进入曲细精管。

二、睾丸的内分泌作用

睾丸的间质细胞合成和分泌雄激素——睾（丸）酮，属C-19类固醇激素；支持细胞分泌抑制素。

1. 睾酮的合成与代谢
男子4~9mg/d，女子卵巢也有少量分泌。
睾酮主要在肝灭活，并以17-氧类固醇结合型经尿排出。
2. 睾酮的生理作用
刺激男性特征出现，使附属性器官发育并维持其成熟状态。
促进生精过程。
促进蛋白质的合成。
维持性欲。

三、睾丸功能的调节

下丘脑-腺垂体的调节：下丘脑→GnRH→腺垂体→FSH和LH→调节睾丸的功能。
神经及其他部位传来的信息经单胺类递质作用于下丘脑使释放GnRH（促性腺激素释放激素）；GnRH再经垂体门脉系统作用于腺垂体，促进腺垂体FSH（促卵泡激素）和LH

（黄体生成素）的合成和释放；FSH 和 LH 作用于睾丸，促进生精和内分泌过程。

GnRH：促进 FSH 和 LH 的合成和释放。

FSH：主要作用于曲细精管，促进生精过程。还作用于支持细胞使分泌抑制素，对腺垂体分泌 FSH 有负反馈作用。

LH：主要作用于间质细胞，促进雄激素的分泌，并通过雄激素间接地促进生精过程。

负反馈：FSH 和 LH 对下丘脑和腺垂体具有负反馈调节作用。

抑制素：由曲细精管支持细胞分泌，属非甾体激素，对 FSH 的分泌有极强的负反馈抑制作用，而对 LH 的分泌仅有轻微抑制作用。

生精功能的调节：FSH 对生精过程有始动作用。

LH→促进间质细胞分泌睾酮→睾酮维持生精功能。

内分泌功能的调节：LH 促进间质细胞分泌睾酮。血液中睾酮浓度达一定水平后，可作用于下丘脑和腺垂体，通过负反馈机制抑制 GnRH 和 LH 分泌。

第二节　女性生殖

女性主性器官：卵巢。

附性器官：输卵管、子宫、阴道、外生殖器等。

卵巢具有双重功能：生成卵子和内分泌功能。

一、卵巢的生卵作用

1. 生殖细胞　由胚胎期的卵原细胞分化而来的初级卵母细胞和包围它的单层卵泡细胞构成原始卵泡。

随着卵泡的发育，卵母细胞逐渐增大，卵泡细胞不断增殖，由单层变为多层的颗粒细胞层，出现卵泡腔和卵泡液。

初级卵母细胞在排卵前完成第一次成熟分裂。

原始卵泡→初级卵泡→次级卵泡→成熟卵泡→排卵。

由原始卵泡发育而成，每个月经周期中通常只有 1 个卵泡发育成熟。

2. 排卵与卵巢周期

排卵：成熟卵泡壁发生破裂，卵细胞、透明带与放射冠随同卵泡液冲出卵泡，称为排卵。

血体：排卵后卵巢破裂口被纤维蛋白封闭，卵泡壁内陷，血液填充卵泡腔并凝固而形成。存在时间短暂。

黄体：排卵后塌陷的卵泡内的颗粒细胞与内膜细胞转变为黄体细胞而形成黄体。血管丰富，外观呈黄色。

若排出卵子未受精，则黄体维持 2 周即退缩，称为月经黄体；若卵子受精，黄体继续长大，称为妊娠黄体。

白体：若排出的卵未受精，黄体在排卵后第 9～10 天开始退化，最后黄体细胞被结缔组织所代替，组织纤维化，外观呈白色，称为白体。不再分泌激素。

卵巢周期：育龄女性卵泡的生长发育、排卵、黄体的形成与退化，每月一次，周而复始，称为卵巢周期。

月经：子宫内膜发生周期性剥落、出血现象，称为月经。
月经周期：女性的生殖周期亦称为月经周期。

二、卵巢的内分泌功能

卵巢分泌的激素：主要有雌激素（E）、孕激素（P）和少量雄激素。

（一）雌激素［主要为雌二醇（E_2）］的主要作用

1. 对生殖器官的作用
(1) 雌激素协同FSH促进卵泡发育，诱导排卵前LH高峰的出现，从而促进排卵。
(2) 促进输卵管上皮细胞增生，增强输卵管的分泌与运动。
(3) 促进子宫发育，子宫内膜发生周期性变化。
(4) 使子宫颈分泌大量清亮、稀薄的黏液，有利于精子穿行。
(5) 使阴道上皮细胞增生，表浅细胞角化，糖原含量增加，并加速分解，使阴道分泌物呈酸性（pH4～5），有利于阴道内乳酸杆菌的生长，从而排斥其他微生物的繁殖，增强阴道的抵抗力。

2. 对乳腺和副性征的作用　刺激乳腺导管和结缔组织增生，促进乳腺发育；使全身脂肪和毛发分布具有女性特征。

3. 对代谢的作用
(1) 促进蛋白质合成。
(2) 刺激成骨细胞的活动，抑制破骨细胞的活动，加速骨的生长，并促进骨骺软骨的愈合。
(3) 促进肾对水、钠的重吸收，增加细胞外液量。
(4) 促进肌蛋白的合成。

（二）孕激素［主要为孕酮（P）］的主要作用

(1) 对子宫的作用：促使在雌激素作用下增生的子宫内膜进一步增厚，并发生分泌期变化，有利于孕卵着床以及着床后的生长发育。
孕酮使子宫颈黏液减少且黏稠，使精子难以通过。
(2) 对乳腺的作用：在雌激素作用的基础上，孕激素主要促进乳腺腺泡发育，并在妊娠后为泌乳作好准备。
(3) 产热作用：女子基础体温在排卵前先出现短暂降低而在排卵后升高0.5℃左右，并在黄体期一直维持在此水平上。临床上常将这一基础体温的双相变化，作为判定排卵的标志之一。
(4) 免疫抑制作用：抑制母体对胚胎的免疫排斥反应。

三、卵巢周期性活动的调节

下丘脑-垂体调控卵巢的周期性活动，而卵巢分泌激素的周期性变化又调控子宫内膜的周期性变化，同时对下丘脑-垂体进行反馈调节。

GnRH：下丘脑分泌。至青春期后，GnRH神经元发育成熟并分泌GnRH，作用于腺垂体，使释放促性腺激素（FSH和LH）。

FSH：促进卵泡发育成熟。通常在一个生殖周期内，在FSH作用下，有新的一批卵泡约 20 个同时发育；FSH 与雌二醇一起诱发初级卵泡颗粒细胞和内膜细胞上的 LH 受体增加。

LH：维持黄体机能；LH 高峰激发成熟卵泡排卵。

（一）月经周期

女性从青春期开始，在整个生育期内（除妊娠和哺乳期外），生殖系统活动呈规律性的月周期变化现象，称为生殖周期。因伴随月经的发生，故又称月经周期。

月经的周期性与体液中 GnRH、FSH、LH 及卵巢激素浓度变化有密切联系。

按卵巢的周期性变化，将月经周期分为卵泡期（排卵前期）与黄体期（排卵后期）两大阶段。

按子宫内膜的周期性变化，将月经周期分为增殖期、分泌期和月经期。

（二）月经周期的调节

新的月经周期开始时，由于卵泡刺激素分泌增加，促使卵泡发育成熟。在与黄体生成素的共同作用下，发育中的卵泡分泌雌激素。子宫内膜在雌激素的作用下呈现增殖期变化。当卵泡发育成熟时，所分泌的雌激素形成一个排卵前的高峰，雌激素高峰触发垂体分泌大量的黄体生成素出现高峰，引起成熟卵泡破裂、排卵。排卵后，黄体生成，黄体分泌大量的雌激素和孕激素，共同作用于子宫内膜，呈现分泌期的变化，另一方面，高浓度的雌、孕激素又负反馈作用于下丘脑和腺垂体、抑制卵泡刺激素和黄体生成素分泌，使黄体退化萎缩，血中雌激素和孕激素的水平迅速下降，子宫内膜退化、缺血坏死、脱落，进入月经期。这时负反馈作用解除，卵泡刺激素又增高，促进新的一批卵泡发育进入下一周期。

月经周期形成的原理及卵巢和子宫内膜的变化

	增殖期	分泌期	月经期
时间	第 6~14 天	第 15~28 天	第 1~4 天
腺垂体	分泌 FSH	分泌 LH	分泌 FSH、LH 减少
卵巢	卵泡生长、发育、成熟 分泌雌激素	排卵后的卵泡生成黄体 分泌雌激素、孕激素	黄体萎缩变为白体 分泌雌激素、孕激素减少
子宫内膜	呈增殖型 增生增厚 血管增多增长 子宫腺增多增长 腺体不分泌	呈分泌型 继续增厚 血管继续增长子宫腺继续增多增长 腺体分泌	脱落、出血

第三节　妊娠与避孕

一、妊娠

妊娠：在母体内胚胎的形成及胎儿的生长发育过程。卵子受精是妊娠的开始，胎儿及其附属物从母体排出是妊娠的终止。妊娠全过程平均约38周。

受精：精子穿入卵子并相互融合的过程，精子与卵子相融合后称为受精卵。

着床：胚泡与子宫内膜相互作用而种植于子宫内膜的过程，也称为植入。

胎盘的功能：

(1) 实现母体与胎儿之间的物质交换，起屏障作用。

(2) 分泌维持妊娠所必需的一些激素，主要有人绒毛膜促性腺激素（HCG）、雌激素、孕激素、人绒毛膜生长素（HCS）等。

HCG：在受精后8~10天即有绒毛膜促性腺素分泌，至妊娠60天左右达到高峰，然后逐步下降，于妊娠90天左右降到最低水平，并维持到分娩。其主要作用是在妊娠早期维持黄体继续发育、分泌孕激素，使子宫内膜变为蜕膜，为妊娠提供良好条件。血、尿中HCG的测定有助于早期妊娠的诊断。

HCS：人绒毛膜生长素或人胎盘催乳素。可促进乳腺生长，为泌乳做好准备。

雌激素和孕激素：雌激素主要是雌三醇（E_3）。活性较E_2低。妊娠3个月后胎盘能合成大量雌激素、孕激素，因而可完全代替黄体机能。

二、避孕

避孕：采用一定方法使女性暂不受孕。

控制环节：

(1) 抑制精子或卵子的生成；

(2) 阻止精子与卵子相遇；

(3) 使女性生殖道内的环境不利于精子的生存和活动；

(4) 使子宫内的环境不适于胚泡的着床与生长等。

（王　平）

第二部分 习题与答案

> 学而时习,强化反射;
> 由学而习,由习而学。
> 举一反三,禅悟待变。
> 何需锥股,已握胜券。

第一章 绪 论

习 题

一、名词解释

1. 兴奋性
2. 刺激
3. 反应
4. 兴奋
5. 阈刺激
6. 阈值
7. 绝对不应期
8. 内环境
9. 反射
10. 负反馈

二、填空题

1. 通常生理学的研究方法分为三个水平，即_____、_____和_____。
2. 机体对刺激产生反应的形式有两种，即_____和_____。
3. 刺激要引起机体产生反应，必须具备三个条件，即_____、_____和_____。
4. 阈值的大小与组织兴奋性的高低呈_____关系，阈值愈大表明组织兴奋性愈_____。
5. 人体的可兴奋组织有三种，即_____、_____和_____。
6. 组织在接受刺激而兴奋时，其本身的兴奋性发生规律性的变化，一般需要经历_____、_____、_____和_____四个阶段。
7. 人体细胞直接生活的环境称为_____，即_____。
8. 人体功能的调节方式概括起来有三种，即_____、_____和_____。
9. 一个完整的反射弧包括_____、_____、_____、_____和_____五部分。
10. 神经调节的基本方式是_____，完成它的结构基础是_____。

三、选择题

（一）A型题

1. 机体对内、外环境变化发生反应的能力称为
   A. 反射
   B. 反应
   C. 抑制
   D. 兴奋性
   E. 兴奋

2. 生理学研究中，最常用的刺激方法是
   A. 钳夹
   B. 声音
   C. 温度
   D. 电
   E. 光

3. 要检查坐骨神经-腓肠肌标本是否有兴奋性，用哪种刺激方法最好
   A. 食盐
   B. 火柴
   C. 锌铜弓
   D. 镊子
   E. 光照

4. 刚能引起组织发生反应的最小刺激强度称为
   A. 有效刺激
   B. 阈刺激
   C. 阈上刺激
   D. 阈下刺激
   E. 阈值

5. 刚能引起组织发生反应的最小刺激称为
   A. 有效刺激
   B. 阈刺激
   C. 阈上刺激
   D. 阈下刺激
   E. 阈值

6. 可兴奋细胞包括
   A. 神经细胞、肌细胞
   B. 神经细胞、腺细胞
   C. 神经细胞、肌细胞、腺细胞
   D. 神经细胞、骨细胞、腺细胞
   E. 神经细胞、肌细胞、骨细胞

7. 可兴奋细胞兴奋时，共有的特征是产生
   A. 收缩
   B. 分泌
   C. 神经冲动
   D. 反射
   E. 电位变化

8. 欲了解肌肉兴奋性的高低，最适合的指标是
   A. 肌肉收缩的强弱
   B. 肌肉收缩速度的快慢
   C. 引起肌肉收缩的刺激阈值的高低
   D. 肌肉动作电位幅度的大小
   E. 动作电位传导的速度

9. 判断组织兴奋性高低常用的简便指标是
   A. 阈电位
   B. 动作电位
   C. 阈强度
   D. 强度-时间变化率
   E. 刺激频率

10. 神经细胞在接受一次阈上刺激后，兴奋性的周期性变化是
    A. 相对不应期-绝对不应期-超常期-低常期
    B. 绝对不应期-相对不应期-低常期-超常期
    C. 绝对不应期-低常期-相对不应期-超常期
    D. 绝对不应期-相对不应期-超常期-低常期
    E. 绝对不应期-超常期-低常期-相对不应期

11. 组织兴奋后处于绝对不应期时，其兴奋性
    A. 基本消失
    B. 无限大
    C. 高于正常
    D. 稍微低于正常
    E. 等于正常

12. 神经调节的基本方式是
    A. 反应
    B. 适应
    C. 反射
    D. 正反馈
    E. 负反馈

13. 维持机体稳态的重要调节过程是

A. 神经调节
B. 体液调节
C. 自身调节
D. 正反馈调节
E. 负反馈调节

14. 在相对不应期给蛙坐骨神经一个较强的刺激使它再次兴奋，它的兴奋将如何变化
   A. 超常期-低常期
   B. 绝对不应期-相对不应期-超常期-低常期
   C. 超常期-低常期-绝对不应期-相对不应期
   D. 相对不应期-超常期-低常期
   E. 超常期-低常期-绝对不应期

(二) X型题

1. 可兴奋细胞，共有的特征包括
   A. 有收缩功能
   B. 反应迅速、明显
   C. 出现的反应可用眼睛直接观察到
   D. 有分泌功能
   E. 伴有电位变化

2. 体液调节与神经调节相比较，其主要特点是
   A. 作用产生较慢
   B. 作用范围局限
   C. 作用产生快
   D. 作用时间较长
   E. 作用精确

3. 下列关于非条件反射的描述，**错误**的是
   A. 反射弧比较固定
   B. 必须有大脑皮质的参与
   C. 是后天形成的
   D. 可随环境改变而很快建立
   E. 数量有限

4. 关于非条件反射和条件反射的说明，**错误**的是
   A. 非条件反射是先天遗传的
   B. 非条件反射的反射弧是固定的
   C. 条件反射是后天获得的
   D. 条件反射的建立与非条件反射没有关系
   E. "望梅止渴"是非条件反射

5. 生理学研究中常用电刺激器，是因为它
   A. 使用方便
   B. 强度容易控制
   C. 不易损伤组织
   D. 可重复使用
   E. 刺激时间容易控制

6. 关于反射的描述正确的是
   A. 反射是指在中枢神经系统参与下，机体对刺激产生的规律性反应
   B. 机体的一切活动都是反射活动
   C. 有中枢神经系统存在，反射就一定能实现
   D. 刺激蟾蜍的坐骨神经引起腓肠肌收缩也是一种反射活动
   E. 去大脑动物也可发生反射活动

7. 下列各项活动中，属于反射的是
   A. 砂粒入眼引起眨眼
   B. 咀嚼食物引起唾液分泌
   C. 用硫酸刺激青蛙脚趾引起屈腿
   D. 用电刺激神经肌肉标本引起肌肉收缩
   E. 夹闭颈总动脉引起血压升高

8. 有关自身调节的论述中，正确的是
   A. 自身调节不依靠神经系统的作用
   B. 自身调节也不依赖体液的传送
   C. 它是组织细胞自身对刺激产生的适应性反应
   D. 所有的细胞和组织都存在自身调节的形式
   E. 它的反应范围比较广泛

9. 自身调节的特点是
   A. 调节幅度较小
   B. 调节的范围比较大
   C. 需要激素的参与
   D. 调节的灵敏度不高

E. 以反射的形式进行
10. 下列生理过程中，属于负反馈调节的是
   A. 排便反射
   B. 排尿反射
   C. 肺牵张反射
   D. 分娩
   E. 减压反射
11. 下列关于体液调节的表述，正确的是

A. 组织代谢产物增加引起局部血管舒张，属于体液调节
B. 体液调节从属于神经调节，不能独立发挥作用
C. 体液调节调节代谢、生殖等，但不影响生长发育
D. 体液调节主要通过内分泌细胞分泌的各种激素来完成
E. 体液调节作用迅速，但不持久

四、是非判断题

1. 电刺激从机体分离出来的神经、肌肉和腺体等组织的反应是反射。
2. 神经或肌肉等可兴奋组织受到刺激后产生生物电反应的过程及表现称为反应。
3. 可兴奋组织受到刺激后产生兴奋的能力称为兴奋性。
4. 组织生活的液体环境是细胞内液。
5. 人和动物体内围绕新陈代谢进行的消化、吸收、呼吸、循环和泌尿等总称为植物性功能。
6. 人类对环境的适应能力远远超过一切其他生物是由于高度发达的植物性机能。
7. 反射弧是由感受器、传入神经、反射中枢、传出神经和效应器五部分组成。因此在实际的反射进程中，神经调节是通过一种开放回路来完成。
8. 正反馈是不可逆的和不断增强的过程。
9. 不少内分泌腺直接或间接接受中枢神经系统的调节，因此体液调节相当于反射弧传出神经的一个延长部分。

五、问答题

1. 试举例说明何谓刺激、反应与兴奋性，并分析它们之间的关系。
2. 给你两个坐骨神经-腓肠肌标本，你如何证明它们是活的组织标本？如何鉴别哪个标本的兴奋性高？
3. 当组织受刺激而兴奋时，其兴奋性会发生哪些规律性的变化？

参考答案

一、名词解释

1. 兴奋性是指机体感受刺激发生反应的能力或特性。
2. 刺激是指能引起机体发生反应的内外环境变化。
3. 反应是指由刺激引起的机体功能活动的改变。
4. 兴奋是指机体接受刺激后由相对静止变为活动，或者活动由弱变强过程。
5. 阈刺激是指刚能引起组织发生反应的刺激。
6. 阈值是指刚能引起组织发生反应的最小的刺激强度。

7. 绝对不应期指组织兴奋后兴奋性暂时消失，对任何强大的刺激都不起反应的时期。
8. 内环境是指体内细胞直接生存的环境，即细胞外液。
9. 反射是指在中枢神经系统参与下人体对刺激产生的规律性反应。
10. 负反馈是指反馈作用与原效应作用相反，维持人体的功能相对稳定。

二、填空题

1. 整体水平　器官和系统水平　细胞和分子水平
2. 兴奋　抑制
3. 刺激的强度　刺激的时间　刺激的时间-强度变化率
4. 反变　低
5. 神经　肌肉　腺体
6. 绝对不应期　相对不应期　超常期　低常期
7. 内环境　细胞外液
8. 神经调节　体液调节　自身调节
9. 感受器　传入神经　反射中枢　传出神经　效应器
10. 反射　反射弧

三、选择题

（一）A 型题

1. D　2. D　3. C　4. E　5. B　6. C　7. E　8. C　9. C
10. D　11. A　12. C　13. E　14. B

（二）X 型题

1. BE　2. AD　3. BCD　4. DE　5. ABCDE　6. AE
7. ABCE　8. ABC　9. AD　10. CE　11. AD

四、是非判断题

1. 错　2. 错　3. 对　4. 错　5. 错　6. 错　7. 错　8. 对　9. 对

五、问答题

1. 能引起机体产生反应的环境变化称为刺激。

机体感受刺激产生反应的能力或特性称为兴奋性。

机体接受刺激后，功能活动的改变称为反应。

反应有两种形式：兴奋和抑制。

机体受刺激后，由安静状态转入活动状态或活动状态的加强称为兴奋；由活动变为相对静止，或者活动由强变弱称为抑制。

刺激是引起机体产生反应的条件，但是要引起机体产生反应，刺激的强度必须达到或大于阈值。

反应是刺激作用的结果。

兴奋性是生命的基本特征。例如针刺手指皮肤，会立即产生反射性缩手动作。在这里，针刺是刺激，缩手动作是反应，屈肌由舒张变为收缩，为兴奋。此现象说明机体能接受刺激产生反应，故具有兴奋性。

2.（1）证明坐骨神经-腓肠肌标本是否活的组织。用锌铜弓（相当于干电池）的两个尖端（脚）同时接触坐骨神经，给予电刺激，观察腓肠肌是否出现收缩，如果腓肠肌出现收缩，说明标本有兴奋性，是活的；如果腓肠肌不出现收缩，则说明标本没有兴奋性，已经失去了生命，死掉了。

（2）比较两个坐骨神经-腓肠肌标本兴奋性的大小。用电刺激器分别测定两个坐骨神经-腓肠肌标本的反应阈值，阈值大的兴奋性低，阈值小的兴奋性高。用刺激器通过电极刺激坐骨神经，观察腓肠肌是否出现收缩，刺激强度由小到大，逐渐增大，观察到刚能引起肌肉出现收缩的刺激强度即为阈值。

3. 组织接受刺激兴奋时，其兴奋性发生一系列的规律性变化，依次为：

（1）绝对不应期：对任何强大的刺激都不产生反应。此时期组织的兴奋性等于零。

（2）相对不应期：对较强的阈上刺激才能产生反应。此时期组织的兴奋性渐趋恢复，仍低于正常；

（3）超常期：对阈下刺激就可产生反应。此时期组织的兴奋性稍高于正常。

（4）低常期：对阈上刺激才能产生反应。此时期组织的兴奋性又回落到正常水平以下。

组织的兴奋性经过绝对不应期、相对不应期、超常期和低常期后回归到静息时的正常水平。

（陈宝琅）

第二章 细胞的基本功能

习 题

一、名词解释

1. 单纯扩散
2. 易化扩散
3. 通道转运
4. 载体转运
5. 被动转运
6. 主动转运
7. 受体
8. 静息电位
9. 极化
10. 去极化
11. 超极化
12. 复极化
13. 动作电位
14. 局部电位
15. 阈电位
16. 传导
17. 神经冲动
18. 传递
19. 神经递质
20. 终板电位
21. 兴奋收缩耦联
22. 单收缩
23. 强直收缩
24. 前负荷
25. 后负荷

二、填空题

1. 细胞膜转运物质的形式多种多样，常见的转运形式有_____、_____、_____和_____。
2. 易化扩散分为两种方式，即和_____和_____。
3. 根据引起通道开或闭的原因不同，可将通道分为_____门控通道、_____

门控通道和_____门控通道。

4. 载体转运的特点有_____、_____、_____。
5. 被动转运包括_____和_____。
6. 主动转运分为两种，即_____和_____。一般所说的主动转运是指_____。
7. 继发性主动转运分为两种形式，即_____和_____。
8. 入胞可分为两种方式，即_____和_____。
9. 以单纯扩散进出细胞的物质是_____，主要有_____和_____。通道转运的物质主要是_____。载体转运的物质主要是_____，入胞和出胞转运的是物质_____。
10. 细胞的信号转导方式主要有_____、_____、_____和_____。
11. 神经-骨骼肌接头的传递是_____介导的信号转导。类固醇激素是通过_____介导的信号转导。含氮激素多是通过_____介导的信号转导。
12. 跨膜电位（膜电位）包括_____和_____。
13. 离子流学说的要点有二，一是_____，二是_____。
14. 动作电位的特点有_____、_____和_____。
15. 局部电位的特点有_____、_____和_____。
16. 锋电位由_____和_____组成。
17. 动作电位的波形由_____和_____组成，而以_____为主要成分。
18. 后电位包括_____和_____。
19. _____能阻断 Na^+ 通道，_____能阻断 K^+ 通道。
20. 神经-骨骼肌接头处的结构由_____、_____和_____组成。
21. 神经-骨骼肌接头处传递的特点有_____、_____和_____。
22. 组成细肌丝的三种蛋白质是_____、_____和_____。
23. 单收缩可分为三个时期，即_____、_____和_____。
24. 肌肉收缩时只有张力的增加而无长度的缩短称为_____，有缩短而无肌张力的变化称为_____。
25. 影响骨骼肌收缩的主要因素是_____、_____和_____。

三、选择题

（一）A 型题

1. 单纯扩散和易化扩散的共同点是
   A. 借助于通道蛋白的帮助
   B. 顺浓度差转运
   C. 需要 ATP 供能
   D. 通过"生物泵"的活动
   E. 借助于载体蛋白的帮助
2. 一些小分子物质，由膜的低浓度一侧转运至高浓度一侧，主要是靠
   A. 单纯扩散
   B. 易化扩散
   C. 膜的生物泵主动转运
   D. 出胞或入胞作用
   E. 膜两侧浓度差的动力
3. 在一定范围内，随着浓度梯度的增加，易化扩散的速度
   A. 一定加快
   B. 一定减慢
   C. 可能不变
   D. 可能减慢

E. 可能加快

4. 易化扩散不同于单纯扩散的是
   A. 顺浓度差转运
   B. 逆浓度差转运
   C. 消耗能量
   D. 需要通道蛋白和载体蛋白
   E. 需要 ATP 酶

5. 单纯扩散、易化扩散和主动转运的共同点是
   A. 耗氧、耗能
   B. 顺浓度差进行
   C. 借助于通道蛋白
   D. 物质从细胞膜的间隙通过
   E. 转运的物质是小分子或离子

6. 细胞膜内外正常的 Na^+ 浓度差和 K^+ 浓度差的形成与维持是由于
   A. 膜在安静时对 K^+ 通透性大
   B. 膜在兴奋时对 Na^+ 通透性增加
   C. Na^+、K^+ 易化扩散的结果
   D. 膜上钠钾泵的作用
   E. 膜上 ATP 的作用

7. 静息电位是指细胞在安静状态时，存在于
   A. 细胞膜外的电位差
   B. 细胞内的电位差
   C. 细胞膜两侧内负外正的电位差
   D. 细胞膜两侧内正外负的电位差
   E. 细胞与细胞之间的电位差

8. 骨骼肌细胞的静息电位为 $-70mV$，当变为 $-80mV$ 时称为
   A. 极化
   B. 去极化
   C. 复极化
   D. 反极化
   E. 超极化

9. 细胞静息状态下，细胞膜对下列哪种离子通透性最大
   A. K^+
   B. Na^+
   C. Cl^-
   D. Ca^{2+}
   E. Mg^{2+}

10. 人工地增加离体神经纤维浸浴液中的 K^+ 浓度，静息电位的绝对值将
    A. 不变
    B. 增大
    C. 减小
    D. 先增大后减小
    E. 先减小后增大

11. 神经纤维中相邻两个锋电位的时间间隔至少应大于其
    A. 相对不应期
    B. 绝对不应期
    C. 超常期
    D. 低常期
    E. 绝对不应期加相对不应期

12. 下列关于"钠泵"的叙述中，**错误**的是
    A. 钠泵是一种镶嵌在膜脂质双层中的特殊蛋白质
    B. 钠泵是一种主动转运 Na^+、K^+ 出入细胞的特殊蛋白质
    C. 钠泵能转运 K^+ 入细胞，转运 Na^+ 出细胞
    D. 钠泵只能转运 Na^+
    E. 钠泵又称钠-钾依赖式 ATP 酶

13. 受体的化学本质是
    A. 脂质
    B. 蛋白质
    C. 糖类
    D. 核酸
    E. 胺类

14. 细胞膜去极化达到什么水平时，膜的钠通道大量开放
    A. 动作电位水平
    B. 静息电位水平
    C. 阈电位水平
    D. 0 电位水平
    E. 锋电位水平

15. 细胞的静息电位由正常的 $-90mV$

改变为 $-95mV$ 时，其兴奋性
A. 升高
B. 降低
C. 不变
D. 先升高后降低
E. 先降低后升高

16. 人工地降低细胞外液的钠离子浓度时，动作电位的幅度
A. 增大
B. 减小
C. 不变
D. 先增大后减小
E. 先减小后增大

17. 当可兴奋细胞受到电刺激要产生兴奋时，首先引起的变化是
A. 钠通道大量开放
B. 膜发生超极化
C. 钾离子向膜外扩散
D. 产生动作电位
E. 膜发生局部电位

18. 降低细胞外液 Na^+ 浓度时，发生的变化是
A. 静息电位增大，动作电位幅值不变
B. 静息电位增大，动作电位幅值增高
C. 静息电位不变，动作电位幅值降低
D. 静息电位不变，动作电位幅值增高
E. 静息电位减小，动作电位幅值增高

19. 下列有关兴奋在同一细胞传导叙述，哪项是**错误**的
A. 动作电位可沿细胞膜传导到整个细胞
B. 传导方式是通过产生局部电流刺激未兴奋部位，使之也出现动作电位
C. 在有髓纤维是跳跃式传导
D. 有髓纤维传导动作电位比无髓纤维快
E. 动作电位的幅度随传导距离增加而减小

20. 下列有关神经-骨骼肌接头的论述中，**错误**的是
A. 神经-骨骼肌接头的结构类似于突触
B. 接头间隙中的液体是细胞内液
C. 接头前膜是轴突末梢的膜
D. 接头后膜是肌细胞膜
E. 接头后膜产生的电位称为终板电位

21. 关于终板电位的论述，**错误**的是
A. 具有"全或无"的性质
B. 无不应期
C. 其大小与神经末梢释放乙酰胆碱量成正比
D. 可总和
E. 可以电紧张的形式向周围传播

22. 兴奋收缩耦联是由
A. 神经兴奋的电位变化导致肌肉兴奋的电位变化的过程
B. 肌肉兴奋的电位变化导致神经兴奋的电位变化的过程
C. 神经兴奋的电位变化导致肌肉收缩的机械变化的过程
D. 肌肉兴奋的电位变化导致肌肉收缩的机械变化的过程
E. 肌肉收缩的机械变化导致神经兴奋的电位变化

23. 骨骼肌的完全强直收缩是由于
A. 各个动作电位的融合而引起
B. 新的刺激落在前一次收缩的舒张期
C. 各个收缩波的部分融合
D. 新的刺激都落在绝对不应期内
E. 各个收缩波的完全融合

24. 正常体内骨骼肌收缩绝大多数属于
A. 不完全强直收缩

B. 完全强直收缩
C. 一连串单收缩
D. 一次单收缩
E. 以上都是

25. 神经-骨骼肌接头处传递的化学递质是
    A. 肾上腺素
    B. 去甲肾上腺素
    C. γ-氨基丁酸
    D. 乙酰胆碱
    E. 5-羟色胺

(二) X 型题

1. 蛋白质从细胞外液进到细胞内的转运属于
   A. 单纯扩散
   B. 易化扩散
   C. 主动转运
   D. 被动转运
   E. 入胞作用

2. 一些水溶性小分子物质通过细胞膜，由浓度高处向低处转运，要靠
   A. 单纯扩散
   B. 载体蛋白或通道蛋白的帮助
   C. 膜内生物泵的活动
   D. 膜两侧的浓度差为动力
   E. 消耗能量

3. 下列有关细胞膜对物质主动转运的叙述，正确的是
   A. 逆电化学梯度进行
   B. 顺电化学梯度进行
   C. 转运过程中要消耗能量
   D. 转运中必须借助载体蛋白的帮助
   E. 通过细胞膜上生物泵的作用

4. 下列有关入胞和出胞的论述中，正确的是
   A. 腺细胞的分泌属于出胞
   B. 通过细胞膜本身复杂的活动进行
   C. 它们也属于主动转运
   D. 细菌进入细胞称为吞噬
   E. 神经末梢释放递质属于出胞

5. 载体蛋白帮助的易化扩散
   A. 与所转运的物质之间没有严格的结构特异性
   B. 依赖 ATP 酶，易化扩散才能进行
   C. 易化扩散也有限度，有饱和现象
   D. 有竞争性抑制现象
   E. 载体蛋白在运输中被消耗

6. 下列关于离子通过细胞膜扩散的论述中，正确的是
   A. 离子的扩散量取决于膜两侧离子的浓度梯度
   B. 与该离子所受的电场力无关
   C. 与膜对离子的通透性有重要关系
   D. 不同的离子有不同的通道
   E. 顺浓度梯度扩散时细胞不消耗能量

7. 以下关于受体的论述，正确的是
   A. 受体不只存在于细胞膜上
   B. 受体的作用无特异性
   C. 受体的作用是参与信号转导
   D. 受体是第二信使
   E. 受体是第一信使

8. 有关细胞安静状态下 K^+ 从细胞内向细胞外移动的论述，正确的是
   A. 单纯扩散
   B. 易化扩散
   C. 主动转运
   D. 需通道蛋白
   E. 需载体蛋白

9. 与神经纤维兴奋具有同样意义的是
   A. 阈电位
   B. 神经冲动
   C. 动作电位
   D. 终板电位
   E. 锋电位

10. 下列有关单根神经纤维动作电位幅度的论述，正确的是
    A. 刺激强度越大，动作电位的幅度越大
    B. 可随细胞外液钠离子浓度变化而

改变

C. 可随细胞种类不同而变化

D. 与细胞外液钾离子浓度变化关系较小

E. 随传导距离而改变

11. 下列有关运动终板处电位变化的论述，正确的是

A. 终板膜上的离子通道是化学门控通道

B. 终板电位即是肌细胞膜的动作电位

C. 终板电位与局部电位无共同之处

D. 终板膜本身不能产生动作电位

E. 一次神经冲动产生的终板电位一般都大于使肌细胞兴奋的阈电位

12. 兴奋在神经肌接头处传递的特点是

A. 双向传递

B. 电化学电传递

C. 有时间延搁

D. 易受环境因素的影响

E. 有不应期

13. 终板电位的特点有

A. 有"全或无"现象

B. 有不应期

C. 呈电紧张性扩布

D. 可以总和

E. 其大小与接头前膜释放的递质量呈正变关系

14. 前负荷对肌肉收缩的影响为

A. 在一定范围内，前负荷加大时，肌肉张力随之加大

B. 当超过最适前负荷时，肌肉张力随之减小

C. 最适前负荷使肌肉收缩效果最好

D. 最适前负荷使肌肉处于最适初长度

E. 动脉血压是心肌收缩的前负荷

15. 改变后负荷对肌肉收缩的影响是

A. 后负荷增大，可使肌肉收缩张力变小，缩短速度加快

B. 后负荷加大到一定程度，可使肌肉出现等长收缩

C. 后负荷减小到零时，肌肉收缩时缩短速度也降至最小值

D. 只要有后负荷，总是缩短出现在前，张力产生在后

E. 后负荷减小，肌肉缩短速度虽增加，但肌张力反而下降

16. 能提高肌肉收缩能力的因素有

A. 钙离子

B. 缺氧

C. 肾上腺素

D. ATP 酶活性增强

E. 酸中毒

17. 神经冲动由神经末梢向骨骼肌细胞传递时可发生

A. 电压门控式 Ca^{2+} 通道开放

B. 释放乙酰胆碱

C. 乙酰胆碱与神经末梢的受体结合

D. 终板电位在肌膜上传播

E. 终板电位很容易引起肌细胞爆发动作电位

18. 下列关于神经-骨骼肌接头的叙述中，**错误**的是

A. 神经轴突末梢有化学门控式钙通道

B. 接头前膜释放的递质是去甲肾上腺素

C. 递质的释放是量子释放

D. 一般运动神经末梢的动作电位与肌膜上的动作电位是1:1的

E. 终板膜上的受体也属于电压门控通道

19. 下列关于肌管系统的论述，**错误**的是

A. 肌管系统分为横管与纵管

B. 横管与肌原纤维的走向呈平行排列

C. 横管是肌膜向内凹陷而成，其中的液体是细胞内液

D. 纵管与肌原纤维走向是垂直排

列，且互相交通成网状
E. 纵管在横管附近膨大，成为终池
20. 肌肉收缩滑行学说的依据是
A. 收缩时肌节长度缩短
B. 暗带长度不变
C. 明带和 H 带缩短
D. 暗带长度缩短

E. 明带和 H 带不变
21. 组成细肌丝的蛋白质分子有
A. 肌动蛋白
B. 肌凝蛋白
C. 原肌凝蛋白
D. G 蛋白
E. 肌钙蛋白

四、是非判断题

1. 细胞膜的胆固醇和不饱和脂肪酸越多，其流动性越大。
2. 细胞膜的双分子层模型中双嗜性分子——磷脂分子由磷酸和碱基构成的一端朝向双分子层的外表面，而由脂肪烃链所构成的一端则朝向双分子层的内部。
3. 氧气、二氧化碳和类固醇激素均为脂溶性物质，它们可借单纯扩散的方式进出于细胞。
4. 葡萄糖在小肠黏膜的吸收和在肾小管上皮细胞的重吸收与钠泵活动有关。
5. 在强度-时间变化率不变的情况下，如用较强的刺激必须作用较长的时间才能引起组织中细胞兴奋。
6. 用电刺激可兴奋组织时，一般是用的刺激越强，则引起组织兴奋所需的时间也越短。因此当刺激强度无限增大时，无论刺激时间多么短，这种刺激都是有效的。
7. 神经纤维的负后电位实际上是膜内为正，膜外为负。
8. 只要是阈下刺激就不能引起组织细胞的兴奋。
9. 可兴奋组织或细胞接受刺激即可产生动作电位。
10. 在静息状态下 K^+ 和 Na^+ 都较容易通过细胞膜。
11. 有髓神经纤维的动作电位传导是跳跃传导。
12. 终板膜的离子通道既可因化学性信号而开放，又可因电信号而开放。
13. 终板电位不能传导，但可总和而增大。
14. 神经元之间的兴奋传递与神经-肌肉接头处的兴奋传递相同，都是 1 对 1 的。
15. 肌肉的收缩是耗能过程，而舒张则是不耗能过程。
16. 化学性突触是神经元之间信息传递的唯一途径。
17. 骨骼肌的张力-速度关系曲线表明，在不同程度的等张收缩时，肌肉收缩产生的张力和它开始收缩时的缩短初速度呈正变关系。

五、问答题

1. 何谓静息电位？试简述其产生机制。
2. 何谓动作电位？试简述其产生机制。
3. 试比较局部电位与动作电位有何不同？
4. 试述运动神经是如何引起骨骼肌兴奋的？
5. 试以肌丝滑行的理论，分析肌肉的收缩与舒张过程。
6. 当给蛙坐骨神经一个阈上电刺激时，与之相连的腓肠肌产生了收缩。试分析从刺激开始到肌肉收缩产生了哪些主要生理变化过程？

参考答案

一、名词解释

1. 单纯扩散是指脂溶性小分子物质从高浓度一侧向低浓度一侧（顺浓度差）跨细胞膜转运的过程，它是一种物理现象。
2. 易化扩散是指一些非脂溶性或脂溶性很小的物质，在膜蛋白帮助下，顺浓度差的跨膜转运。
3. 通道转运是指在镶嵌于细胞膜上的通道蛋白的帮助下，物质顺电-化学梯度的转运，转运的物质多为各种带电离子。
4. 载体转运是指某些小分子亲水物质（如葡萄糖、氨基酸）通过载体蛋白构型的变化将其从细胞膜高浓度一侧向低浓度一侧的转运。
5. 被动转运是指小分子物质顺电化学梯度，不需细胞代谢供能进出细胞的过程，单纯扩散和易化扩散都属于被动转运。
6. 主动转运是指物质逆电化学梯度的跨膜转运，需要生物泵的帮助和代谢供能。
7. 受体是指位于细胞膜上或细胞内能与信号分子（如激素等）特异结合而发挥信号转导作用的蛋白质。
8. 静息电位是指细胞静息状态时细胞膜两侧存在的电位差。
9. 极化是指细胞安静状态下膜外带正电，膜内带负电的状态。
10. 去极化指膜内外电位差减小、极化状态减弱以至消失。
11. 超极化指膜内外电位差增大、极化状态加强。
12. 复极化是指细胞兴奋时在膜电位去极化和反极化之后，向极化状态恢复的过程。
13. 动作电位是指细胞受刺激兴奋时在静息电位基础上产生的可传布的电位变化，它是细胞处于兴奋状态的标志。
14. 局部电位是指细胞受到阈下刺激时细胞膜局部产生的较小的去极化，未达到阈电位水平。
15. 阈电位指触发动作电位的膜电位临界值。
16. 传导指动作电位在一个细胞上传播。
17. 神经冲动指在神经纤维上传导的动作电位。
18. 传递指兴奋从一个细胞传给另一个细胞。
19. 神经递质指传递过程中神经末梢释放的传递信息的化学物质。
20. 终板电位是指神经-肌接头处的终板膜产生的去极化电位。
21. 兴奋收缩耦联指肌膜兴奋的电变化导致肌肉收缩的机械变化的过程。
22. 单收缩是指肌肉受到一次刺激，爆发一次动作电位，引起一次收缩。
23. 强直收缩是指在连续刺激下，肌肉处于持续的收缩状态，产生单收缩的复合。
24. 前负荷指肌肉收缩前所承受的负荷。
25. 后负荷指肌肉收缩过程中承受的负荷。

二、填空题

1. 单纯扩散　易化扩散　主动转运　入胞和出胞
2. 通道转运　载体转运
3. 电压　化学　机械
4. 特异性　饱和现象　竞争性抑制
5. 单纯扩散　易化扩散
6. 原发性主动转运　继发性主动转运　原发性主动转运
7. 同向转运　逆向转运
8. 吞噬　吞饮
9. 脂溶性小分子物质、O_2　CO_2　各种离子　小分子亲水性物质　大分子或团块状
10. 离子通道耦联受体介导的信号转导　G蛋白耦联受体介导的信号转导　酶耦联受体介导的信号转导　细胞内受体介导的信号转导
11. 离子通道耦联受体　G蛋白耦联受体　细胞内受体
12. 静息电位　动作电位
13. 细胞内外各种离子的浓度分布不均　即存在浓度差　在不同状态下细胞膜对各种离子的通透性不同
14. "全或无"现象　不衰减性传导　脉冲式
15. 幅度小呈衰减性传导　非"全或无"式　可总和（时间、空间）
16. 上升支　下降支
17. 锋电位　后电位　锋电位
18. 负后电位　正后电位
19. 河豚毒素　四乙胺
20. 接头前膜　接头间隙　接头后膜（终板膜）
21. 单向性传递　时间延搁　易受环境因素影响
22. 肌动蛋白　原肌凝蛋白　肌钙蛋白
23. 潜伏期　缩短期　舒张期
24. 等长收缩　等张收缩
25. 前负荷　后负荷　肌肉收缩能力

三、选择题

（一）A型题

1. B	2. C	3. A	4. D	5. E	6. D	7. C	8. E	9. A
10. C	11. B	12. D	13. B	14. C	15. B	16. B	17. E	18. C
19. E	20. B	21. A	22. D	23. E	24. B	25. D		

（二）X型题

1. CE	2. BD	3. ACE	4. ABCDE	5. CD	6. ACDE
7. AC	8. BD	9. BCE	10. BCD	11. ADE	12. BCD
13. CDE	14. ABCD	15. BE	16. ACD	17. ABE	18. ABE
19. BCD	20. ABC	21. ACE			

四、是非判断题

1. 错　　2. 对　　3. 错　　4. 对　　5. 错　　6. 错　　7. 错　　8. 错　　9. 错
10. 错　　11. 对　　12. 错　　13. 对　　14. 错　　15. 错　　16. 错　　17. 错

五、问答题

1. 静息电位是指细胞在静息状态时（即未受刺激时），存在于细胞膜两侧稳定的电位差。

静息电位产生的原理

（1）细胞内外各种离子的分布不均衡，膜外 Na^+、Cl^- 浓度高，膜内 K^+ 和有机负离子浓度高。

（2）细胞在静息状态时，膜对 K^+ 通透性大，对 Na^+ 通透性很小，对有机负离子没有通透性。

所以在细胞静息时，主要是带正电荷的 K^+ 顺浓度差由膜内流向膜外，使细胞外正电荷增加，相应的细胞内负电荷增加。随着 K^+ 的外流，细胞膜外正内负的电场力会阻止 K^+ 的继续外流。当促使 K^+ 外流的浓度差形成的向外扩散力与阻止 K^+ 外流的电场力达到平衡时，K^+ 的净移动就会等于零，此时形成的细胞膜两侧外正内负的电位差稳定下来，即为静息电位，它相当于 K^+ 的电化学平衡电位。

2. 动作电位是指可兴奋细胞兴奋时在静息电位的基础上产生的以去极化和复极化为主要表现的连续的电位变化。

动作电位包括锋电位和后电位，锋电位包括去极化（广义的）和复极化。

动作电位产生机制要点为：

（1）局部电位的产生：少量 Na^+ 内流。

当静息状态下的细胞受到刺激时，首先引起膜上少量钠通道激活，致使少量 Na^+ 顺浓度差内流，使膜电位绝对值减小，或曰膜电位上升，此为局部电位。

（2）锋电位去极化：Na^+ 快速、大量内流。

局部电位可以总和，当膜电位上升达到阈电位时，引起膜上钠通道迅速大量开放，细胞外的 Na^+ 快速、大量内流，导致细胞内正电荷迅速增加，膜电位急剧上升，形成动作电位的上升支，即去极化和反极化。

（3）锋电位复极化：K^+ 快速外流。

当去极化达到 Na^+ 的平衡电位时，大量钠通道也迅速失活而关闭，因此导致 Na^+ 内流停止，去极化结束。而钾通道则被激活而开放，产生 K^+ 的快速外流，使细胞内电位迅速下降、向静息状态发展，此为复极化。

（4）后电位：K^+ 外流减慢，钠泵活动：Na^+ 泵出、K^+ 泵入。

复极化结束后，K^+ 外流减慢，膜上钠泵运转，将动作去极化过程中流入细胞内的 Na^+ 泵出，复极化过程中流出细胞外的 K^+ 泵入，形成后电位，并恢复膜两侧 Na^+、K^+ 的不均衡分布。

3. 局部电位和动作电位有以下不同：

	局部电位	动作电位
引起的刺激	阈下刺激	阈刺激或阈上刺激
产生部位	受刺激的局部	整个细胞膜
与阈电位的关系	小于阈电位	达到阈电位后产生动作电位
钠通道开放数	少	多
不应期	无	有
总和效应	有	无
全或无	无	有
传导原理	电紧张传播	局部电流
传导性质	衰减性传播	不衰减传导

4. 运动神经引起骨骼肌兴奋是通过神经-骨骼肌接头处兴奋的传递完成的，要经历电-化学-电的变化过程。具体机制如下：

(1) 神经冲动（即动作电位 AP）传到末梢。以局部电流方式传导。

(2) 神经递质释放并与接头后膜化学门控通道受体结合。

(3) 骨骼肌终板膜电位产生并总和进而触发骨骼肌细胞膜产生动作电位。

简述为：

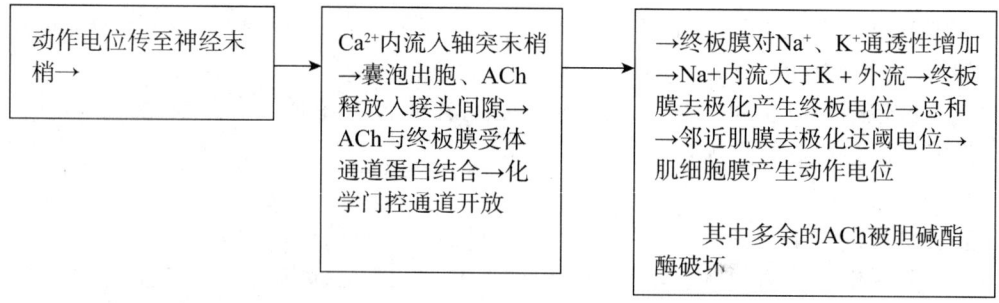

5. 肌细胞的收缩舒张过程包括：

(1) 肌细胞兴奋产生的动作电位沿肌膜传到三联管，促进终池释放 Ca^{2+} 入肌质。

肌细胞膜的兴奋经三联管时如何引起终池释放 Ca^{2+} 的机制尚不很清楚，有多种学说，如"拔塞学说"。

(2) 兴奋收缩耦联：Ca^{2+} 是耦联因子。

当肌质中 Ca^{2+} 浓度升高到一定程度时，Ca^{2+} 与细肌丝中的肌钙蛋白结合，引起原肌凝（球）蛋白分子构象改变并移位，解除对横桥和肌动蛋白结合的阻隔，将肌动蛋白上与横桥结合的位点暴露出来，使横桥和肌动蛋白结合。横桥含有 ATP 酶，使 ATP 分解释放能量，横桥做同方向连续摆动，拉动细肌丝向 M 线方向滑行，结果是肌小节缩短，肌细胞收缩。

当肌膜的电位恢复时，肌质中的 Ca^{2+} 又可激活肌质网膜上的钙泵，钙泵将 Ca^{2+} 逆浓度梯度重新摄入终池，肌质中 Ca^{2+} 减少，使 Ca^{2+} 与肌钙蛋白分离，原肌凝（球）蛋白分子复位，解除粗、细肌丝结合，细肌丝从粗肌丝之间移出并恢复到滑行前的状态，肌细胞舒张。

6. 当给蛙坐骨神经阈上刺激时，引起与之相连的腓肠肌收缩，主要发生了以下生理变化：

(1) 阈上电刺激使坐骨神经局部去极化达到阈电位水平时，引起神经干产生动作电位。
(2) 动作电位通过局部电流的作用，沿神经纤维传导。
(3) 动作电位到达神经末梢时，通过神经肌肉接头的传递，引起肌膜爆发动作电位。
(4) 肌膜的动作电位通过兴奋-收缩耦联引起肌细胞收缩。

（陈宝琅）

第三章 血 液

习 题

一、名词解释

1. 血浆
2. 血清
3. 血浆晶体渗透压
4. 等渗溶液
5. 红细胞比容
6. 红细胞沉降率（血沉）
7. 红细胞渗透脆性
8. 生理性止血
9. 血液凝固
11. 纤维蛋白溶解
12. 血型
13. 凝集原
14. 红细胞叠连
15. 红细胞凝集

二、填空题

1. 血浆中最主要的缓冲对是_____。
2. 正常成年人白细胞总数的正常值是_____。中性粒细胞占_____%，嗜酸性粒细胞占_____%，嗜碱性粒细胞占_____%，淋巴细胞占_____%、单核细胞占_____%。
3. 临床常用的等渗溶液是_____和_____。
4. 正常人的红细胞比容，男性为_____，女性为_____。
5. 红细胞生成的主要原料是_____和_____，成熟因子主要是_____和_____。
6. 维生素 B_{12} 和叶酸缺乏可导致_____贫血。缺铁可导致_____贫血。
7. 正常成年人红细胞计数，女性为_____，男性为_____。血红蛋白含量，女性为_____，男性为_____。
8. 血型是依据_____凝集原的类型而定的，临床上最重要的是_____血型系统。
9. 红细胞膜含 A 凝集原者，其血型可能为_____型或_____型。
10. 输血原则是_____。ABO 血型系统的输受关系是_____、_____、和_____。

11. 把红细胞放在1.9%尿素溶液中，红细胞会_____。
12. 调节红细胞生成的激素主要有_____和_____。
13. 红细胞的平均寿命为_____，衰老的红细胞主要被_____吞噬破坏。
14. 白细胞中主要通过吞噬病原菌发挥作用的是_____和_____，能释放组胺的是_____，参与机体免疫功能的是_____。
15. 血小板的生理特性包括_____、_____、_____、_____、_____和_____。
16. 启动内源性凝血的因子为_____，启动外源性凝血的因子为_____。
17. 正常成人血量为自身体重的_____%，60kg体重的人，其血量为_____L。
18. 一次失血量在_____ml以下，而不超过全身血量的_____%时可无明显临床症状。
19. 溶液渗透压的大小与溶液中所含溶质的_____成正比。
20. Rh血型系统中红细胞上有Rh因子为_____，无Rh因子为_____。

三、选择题

（一）A型题

1. 通常所说的血型是指
   A. 红细胞膜上受体的类型
   B. 红细胞表面凝集素的类型
   C. 红细胞表面特异凝集原的类型
   D. 血浆中特异凝集素的类型
   E. 血浆中特异凝集原的类型
2. 某人的血细胞与B型血的血清凝集，而其血清与B型血的血细胞不凝集，此人血型为
   A. A型
   B. B型
   C. O型
   D. AB型
   E. B亚型
3. 巨幼红细胞性贫血是由于
   A. 维生素B_{12}和叶酸缺乏
   B. 蛋白质和铁缺乏
   C. 铁缺乏
   D. 促红细胞生成素缺乏
   E. 雄激素缺乏
4. 一个体重为60kg的人，其血量约为
   A. 3000ml
   B. 4800ml
   C. 6000ml
   D. 7000ml
   E. 8000ml
5. 构成血浆胶体渗透压的主要成分是
   A. 球蛋白
   B. 纤维蛋白原
   C. 白蛋白
   D. 血红蛋白
   E. 晶体物质
6. 若将红细胞置于0.35% NaCl溶液中，将会出现如下哪种现象
   A. 红细胞叠连
   B. 红细胞破裂溶血
   C. 红细胞皱缩
   D. 红细胞凝集
   E. 红细胞沉降率加快
7. 外源性凝血途径的启动因子是
   A. 因子Ⅻ
   B. 因子Ⅲ
   C. 凝血酶原
   D. Ca^{2+}
   E. PF_3
8. 红细胞沉降率变快主要是由于
   A. 红细胞比容增大

B. 红细胞比容减小

C. 血浆白蛋白含量增多

D. 血浆球蛋白含量增多

E. 血浆纤维蛋白原减少

9. 血浆中最重要的抗凝物质是

　A. 蛋白质

　B. 抗凝血酶Ⅲ和肝素

　C. 组织激活物

　D. 激肽释放酶

　E. 尿激酶

10. 关于红细胞的生理特性的叙述，**错误**的是

　A. 有可塑性，可通过较细的毛细血管

　B. 在血浆中具有悬浮稳定性

　C. 具有一定的脆性，衰老时脆性减小

　D. 对 O_2 和 CO_2 的通透性较大

　E. 尿素可自由透入红细胞

11. 红细胞比容是指红细胞

　A. 在血液中所占容积百分比

　B. 在血液中占的重量百分比

　C. 在血浆中所占容积百分比

　D. 与血管容量的百分比

　E. 在血清中所占容积百分比

12. 某人的红细胞在标准 A 型血清中出现凝集现象，而在标准 B 型血清中未凝集，该人的血型是

　A. B 型

　B. A 型

　C. O 型

　D. AB 型

　E. 无法判断

13. 下列对白细胞功能的叙述，**错误**的是

　A. 中性粒细胞可被趋化性物质吸引到炎症部位，吞噬和破坏入侵的细菌

　B. 嗜碱性粒细胞能释放组胺，与过敏反应有关

　C. 嗜酸性粒细胞可通过免疫反应损伤蠕虫

　D. 淋巴细胞是机体内的主要免疫细胞

　E. T 淋巴细胞主要与体液免疫有关，B 淋巴细胞则主要与细胞免疫有关

14. 正常人血浆的 pH 为

　A. 7.0～7.15

　B. 6.35～6.45

　C. 7.35～7.45

　D. 7.65～7.75

　E. 8.35～8.45

15. 血浆蛋白浓度下降时，引起水肿的原因是

　A. 毛细血管壁的通透性增加

　B. 血浆胶体渗透压下降

　C. 组织液胶体渗透压下降

　D. 淋巴回流量增加

　E. 毛细血管血压下降

16. 我国健康成年人中性粒细胞占白细胞总数的

　A. 40%～60%

　B. 40%～50%

　C. 50%～70%

　D. 60%～70%

　E. 30%～50%

17. 下面哪种白细胞参与体液免疫

　A. 单核细胞

　B. 中性粒细胞

　C. T 淋巴细胞

　D. B 淋巴细胞

　E. 嗜酸性粒细胞

18. 促红细胞生成素主要在下列哪个器官合成

　A. 肝

　B. 脾

　C. 肾

　D. 脑

　E. 骨髓

19. 纤溶系统**不包括**下列哪项

　A. 纤溶酶原

　B. 纤溶酶

C. 纤溶酶原激活物

D. 纤溶抑制物

E. 凝血酶原

20. 下列关于输血的叙述，哪一项是**错误**的

    A. O 型血可少量、缓慢输给其他血型者

    B. ABO 血型相符者输血前仍需做交叉配血

    C. Rh 阳性者可接受 Rh 阴性的血液

    D. AB 型者可少量、缓慢接受其他型血

    E. 父母的血可直接输给子女

(二) X 型题

1. 红细胞沉降率变快主要是由于

    A. 红细胞脆性增加

    B. 红细胞比容减小

    C. 血浆白蛋白含量减少

    D. 血浆球蛋白含量增多

    E. 血浆纤维蛋白原增多

2. 下列有关白细胞的叙述中，**错误**的是

    A. 白细胞一般呈双凹圆盘形

    B. 细胞无核

    C. 无粒细胞包括单核细胞和淋巴细胞

    D. 总数在剧烈运动时可明显升高

    E. 正常成人总数为（100～300）× 10^9/L

3. 以下所述血液正常值，正确的是

    A. 成年男子红细胞为（4.0～5.5）× 10^{12}/L

    B. 成年女子红细胞为（2.6～3.6）× 10^{12}/L

    C. 成年女子血红蛋白正常值为 110～150g/L

    D. 成年男子血红蛋白正常值为 120～160g/L

    E. 成年人白细胞总数为（4.0～10.0）× 10^9/L

4. 血小板的基本生理功能有

    A. 参与生理性止血

    B. 参与血液凝固

    C. 维持血管内皮的完整性

    D. 参与物质运输

    E. 参与免疫功能

5. 维持血管内外水平衡的因素有

    A. 血浆中白蛋白的含量

    B. 血浆与组织液的晶体渗透压

    C. 血浆 Ca^{2+} 浓度

    D. 血浆 O_2 和 CO_2 浓度

    E. 血浆胶体渗透压

6. 促进红细胞成熟的因子是

    A. 维生素 B_{12}

    B. 维生素 K

    C. Fe^{2+}

    D. 维生素 E

    E. 叶酸

7. 血液的功能有

    A. 运输功能

    B. 缓冲功能

    C. 参与机体免疫

    D. 参与生理止血

    E. 参与机体功能调节

8. 与血浆的主要区别是血清中

    A. 缺乏纤维蛋白原

    B. 缺乏电解质

    C. 缺乏某些凝血因子

    D. 缺乏激素

    E. 缺乏葡萄糖

9. 下面有关中性粒细胞的叙述中，正确的是

    A. 是血液中数目最多的白细胞

    B. 有吞噬作用

    C. 对细菌产物的趋化作用敏感

    D. 含有溶酶体

    E. 可产生大量免疫球蛋白

10. 正常人血浆中主要的抗凝物质是

    A. 抗凝血酶Ⅲ

    B. 组织激活物

    C. 肝素

D. 枸橼酸盐
E. 因子Ⅲ

11. 红细胞的生理特性包括
    A. 悬浮稳定性
    B. 渗透脆性
    C. 形态可塑性
    D. 膜的通透性
    E. 吞噬特性

12. 以下有关血型的叙述中，正确的是
    A. O 型血的血清中含抗 A、抗 B 凝集素
    B. 红细胞膜上含有 A、B 凝集原者称 O 型血
    C. B 型血的血清中含抗 B 凝集素
    D. 红细胞膜上只含有 A 凝集原者称 A 型血
    E. A 型血的血清中含抗 B 凝集素

13. 临床上常用的等渗溶液有
    A. 5%葡萄糖
    B. 10%葡萄糖
    C. 10%尿素
    D. 0.9%NaCl
    E. 9%NaCl

14. 血液凝固的基本过程是
    A. 凝血酶原激活物的形成
    B. 纤溶酶原被激活
    C. 凝血酶的激活
    D. 纤维蛋白的生成
    E. 纤维蛋白的降解

15. 参与红细胞生成调节的重要因素有
    A. 促红细胞生成素
    B. 雄激素
    C. 雌激素
    D. 加压素
    E. 肾上腺素

16. 促凝因素有
    A. 在一定范围内升高温度
    B. 在一定范围内降低温度
    C. 增加表面粗糙度
    D. 向血液中加草酸盐
    E. 注射肝素

17. B 型 Rh 阳性人的血液，可输给
    A. A 型 Rh 阴性血的人
    B. B 型 Rh 阳性血的人
    C. A 型 Rh 阴性血的人
    D. AB 型 Rh 阳性血的人
    E. O 型 Rh 阳性血的人

18. 下列交叉配血试验结果的判定与应用，正确的是
    A. 主侧不凝，次侧凝，可缓慢、少量输血
    B. 主侧有凝集反应，不能输血
    C. 主侧、次侧均无凝集反应，可以输血
    D. 次侧不凝集者，可少量、缓慢输血
    E. 主侧凝集，次侧不凝，可缓慢、少量输血

19. 血浆胶体渗透压降低时可引起
    A. 组织液生成增多
    B. 组织液生成减少
    C. 尿量增加
    D. 红细胞萎缩
    E. 红细胞膨胀和破裂

20. 下列有关 Rh 血型的问题，临床实践中应该注意的是
    A. Rh 阳性受血者第二次接受 Rh 阴性的血液
    B. Rh 阴性受血者第二次接受 Rh 阳性的血液
    C. Rh 阳性女子再次孕育 Rh 阳性的胎儿
    D. Rh 阴性女子再次孕育 Rh 阳性的胎儿
    E. Rh 阳性受血者接受 Rh 阴性的血液

四、是非判断题

1. 人体的大部分水分存在于组织间隙。
2. 红细胞膜的表面积与红细胞体积的比值越大，其可塑性变形的能力越小。
3. 血浆蛋白含量越少，则血浆的比重越大。
4. 红细胞叠连形成的速度，既决定于血浆的性质，又决定于红细胞本身的特性。
5. 血液的黏滞性主要决定于其中所含有的红细胞数。因此当血液的流速发生变化时，其黏滞性并不发生变化。
6. 许多凝血因子都是蛋白酶，它们可将一条肽链分解为很多个氨基酸。
7. 如某人的血清中含有抗 A 凝集素，其血型一定是 B 型。
8. 红细胞膜上含有 D 抗原为 Rh 阳性。
9. 内源性凝血过程是由因子 X 的激活而开始的。

五、问答题

1. 何谓血浆晶体渗透压和血浆胶体渗透压？其生理作用有何不同？为什么？
2. 简述红细胞生成的条件及其调节。
3. 简述血液凝固的基本过程。
4. ABO 血型系统根据什么来分型？输血原则是什么？各型的输受关系如何？
5. 简述血液有哪些生理功能？
6. 何谓贫血？试分析引起贫血的可能原因有哪些？

参考答案

一、名词解释

1. 血浆指加入抗凝剂的血液分离出的淡黄色透明液体。
2. 血清指不加抗凝剂，血液凝固后析出的淡黄色清亮的液体。
3. 血浆晶体渗透压指由血浆中晶体溶质颗粒（主要是 NaCl）所形成的渗透压。
4. 等渗溶液指与血浆渗透压相等的溶液。
5. 红细胞比容指红细胞在血液中所占的容积百分比。
6. 红细胞沉降率（血沉）指单位时间内红细胞在血沉管中下沉的距离（mm/第一小时末）。
7. 红细胞渗透脆性指红细胞对低渗溶液的抵抗力。抵抗力大的红细胞的脆性小，抵抗力小的红细胞则脆性大。
8. 生理性止血指小血管损伤后血液从小血管流出，数分钟后出血自然停止的现象。
9. 血液由流体状态变为不能流动的胶冻状凝块的过程称为血液凝固。
10. 血液和组织中直接参与凝血的物质统称为凝血因子。
11. 纤维蛋白在纤维蛋白溶解酶的作用下，被降解液化的过程称为纤维蛋白溶解。
12. 血型是指血细胞膜上特异凝集原的类型。
13. 凝集原是指红细胞膜上所含的能与血浆中对应的凝集素发生反应使红细胞凝集的物

质,属于抗原。

14. 红细胞彼此以凹面相贴重叠在一起的现象,称为红细胞叠连。

15. 红细胞凝集是指红细胞膜上的凝集原与血浆中对应的凝集素结合,使红细胞黏附成团的过程,红细胞凝集是抗原-抗体反应。

二、填空题

1. 碳酸氢盐　碳酸

2. $(4.0\sim10.0)\times10^9/L$　$50\sim70$　$0.5\sim5.0$　$1.20\sim40$　$3\sim8$

3. 0.9％NaCl 溶液　5％葡萄糖溶液

4. 40％～50％　37％～48％

5. 铁　蛋白质　维生素 B_{12}　叶酸

6. 巨幼红细胞性　小细胞低色素性(缺铁性贫血)

7. $(3.5\sim5.0)\times10^{12}/L$　$(4.0\sim5.5)\times10^{12}/L$　110～150g/L　120～160g/L

8. 红细胞膜上　ABO

9. A　AB

10. 供血者的红细胞不被受血者的血清所凝集　同型血相输　O 型血可少量输给其他血型　AB 型可少量接受其他血型的血液

11. 破裂溶血

12. 促红细胞生成素　雄激素

13. 120 天　巨噬细胞

14. 中性粒细胞　单核细胞　嗜碱性粒细胞　淋巴细胞

15. 黏附　聚集　释放　吸附　收缩　修复

16. 因子Ⅻ　因子Ⅲ

17. 7～8　4.2～4.8

18. 500　10

19. 颗粒数目

20. Rh 阳性　Rh 阴性

三、选择题

(一) A 型题

1. C　　2. D　　3. A　　4. B　　5. C　　6. B　　7. B　　8. D　　9. B
10. C　　11. A　　12. A　　13. E　　14. C　　15. B　　16. C　　17. D　　18. C
19. E　　20. E

(二) X 型题

1. CDE　　2. ABE　　3. ACDE　　4. ABC　　5. AE　　6. AE
7. ABCDE　8. AC　　9. ABCD　　10. AC　　11. ABCD　　12. ADE
13. AD　　14. ACD　　15. AB　　16. AC　　17. BD　　18. ABC
19. AC　　20. BD

四、是非判断题

1. 错　2. 错　3. 错　4. 错　5. 错　6. 错　7. 错　8. 对　9. 错

五、问答题

1. （1）血浆晶体渗透压指血浆中晶体物质形成的渗透压，其作用是调节细胞内外水平衡，维持血细胞的正常形态、大小和功能。

由于晶体物质可以自由通过毛细血管壁，而难以透过细胞膜，所以晶体渗透压对于细胞内外的水分交换和细胞形态的维持具有重要的作用。

（2）胶体渗透压指血浆中大分子物质（血浆蛋白，主要是白蛋白）形成的渗透压。其作用是调节血管内外水平衡，亦即血浆和组织液之间的水平衡，维持正常血容量。

因血浆蛋白分子量大，不能透过毛细血管壁，致使血浆中蛋白质含量大大多于组织液的蛋白质含量，所以血浆胶体渗透压（25mmHg）高于组织液胶体渗透压（15mmHg）。胶体渗透压的这种差别成为组织液中的水进入毛细血管的主要力量，对保持毛细血管内外水平衡和维持正常血容量具有重要作用。

2. 红细胞生成的条件及其调节如下：

（1）红细胞生成的条件：

①红骨髓造血功能正常：人出生后，红骨髓是制造红细胞的唯一场所，骨髓造血功能异常可引起再生障碍性贫血。

②充足的造血原料：主要是铁和蛋白质。蛋白质缺乏会引起营养不良性贫血。缺铁会引起缺铁性贫血，也称为小细胞低色素性贫血。

③足够的红细胞成熟因子：红细胞在细胞分裂与生长成熟过程中，需要维生素 B_{12} 和叶酸的参与。它们的缺乏将使红细胞中 DNA 的合成发生障碍，细胞的分裂增殖速度减慢，使红细胞的生长停止在初始状态而不能成熟，形成巨幼红细胞性贫血。

（2）红细胞生成的调节：

①促红细胞生成素：促红细胞生成素能够促进红细胞的生成、发育和血红蛋白的合成，促使成熟的红细胞释放入血。

②雄激素：雄激素作用于肾，促进促红细胞生成素的合成，使骨髓造血功能增强，血液中红细胞数量增多。

3. 主要包括以下三步：

（1）生成凝血酶原激活物。

（2）凝血酶原激活物使凝血酶原激活成为凝血酶。

（3）纤维蛋白原在凝血酶作用下生成纤维蛋白。

4. （1）分型的根据：血液根据红细胞膜上凝集原的种类与有无来划分血型。在 ABO 血型系统中，红细胞膜上仅有 A 凝集原为 A 型；红细胞膜上仅有 B 凝集原为 B 型；红细胞膜上有 A 和 B 凝集原为 AB 型；红细胞膜上无 A 和 B 凝集原为 O 型。

（2）原则：输血以供血者的红细胞不被受血者的血清所凝集和破坏为根本原则。

（3）输受关系：

①同型血相输；

②O 型血可少量输给其他血型，AB 型可少量接受其他型血。在输注时要遵守以下原

则：血源困难；输入量少；密切观察；缓慢输入；不能反复输入。

③在输血前一定要做交叉配血，以避免亚型不合引起的溶血。主侧、次侧均不凝集符合输血条件；主侧凝集，不管次侧凝与不凝均不能输；主侧不凝、次侧凝，可少量输给。

5．(1) 运输。

(2) 防御和保护作用。

(3) 凝血和纤溶。

(4) 缓冲酸碱。

(5) 维持体温的相对稳定。

6．(1) 贫血指外周血液中红细胞数或血红蛋白含量低于正常范围。

(2) 引起贫血的原因：

①造血原料缺乏，如人体缺铁，可导致缺铁性贫血。

②红细胞成熟因子缺乏，如人体缺乏叶酸，可引起巨幼红细胞性贫血。

③内因子缺乏，使维生素 B_{12} 吸收减少，可导致恶性贫血。

④骨髓造血功能受抑制，可引起再生障碍性贫血。

⑤某些肾病患者，可因合成促红细胞生成素障碍，引起肾性贫血。

⑥脾功能亢进，红细胞的破坏增多，可出现脾性贫血。

（李辉勤）

第四章 血液循环

习 题

一、名词解释

1. 血液循环
2. 心动周期
3. 每搏输出量
4. 射血分数
5. 心输出量
6. 心指数
7. 心肌收缩能力
8. 异长调节
9. 心力储备
10. 快反应细胞
11. 慢反应细胞
12. 有效不应期
13. 相对不应期
14. 超常期
15. 期前收缩
16. 代偿间歇
17. 窦性心律
18. 异位起搏点
19. 最大复极电位
20. 房-室延搁
21. 血压
22. 循环系统平均充盈压
23. 收缩压
24. 舒张压
25. 平均动脉压
26. 动脉脉搏
27. 中心静脉压
28. 微循环压
29. 有效滤过压
30. 血-脑屏障
31. 自动节律性

二、填空题

1. 心室肌细胞动作电位由_____和_____两个过程组成，通常将此整个过程分为_____、_____、_____、_____和_____五个时期。
2. 形成心室肌动作电位平台期的外向电流是_____离子外流，内向电流主要是_____离子内流。
3. Na^+通道的性状可表现为_____、_____和_____三种功能状态。
4. 心室肌细胞一次兴奋过程中，其兴奋性发生周期性的变化，可依次分为_____、_____和_____。
5. 迷走神经兴奋时，窦房结细胞最大复极电位的绝对值_____，自律性_____。
6. 决定和影响心肌自律性的因素有_____、_____和_____。
7. 当心率加快时，心动周期缩短，收缩期和舒张期均相应缩短，但_____缩短的程度更大。
8. 在一个心动周期中，房室瓣和半月瓣都处于关闭状态的时期是_____和_____。
9. 房-室压力梯度是血液由心房流入心室的动力，其形成主要依靠_____作用，而并非_____的收缩。
10. 每分钟输出量等于_____与_____的乘积；左右两心室的输出量_____。
11. 对于心室肌来说，前负荷是_____，后负荷是_____。
12. 心率过快（超过 180 次/分）时，由于心室_____时间明显缩短，而导致搏出量_____。
13. _____的高低主要反映每搏输出量的大小；_____的高低主要反映外周阻力的大小。
14. 中心静脉压的高低取决于_____和_____之间的相互关系。
15. 在毛细血管内外的液体交换中，毛细血管血压是促进_____的力量，血浆胶体渗透压是促进_____的力量。
16. 组织液中的蛋白质分子不易进入_____，但很容易进入_____，通过_____循环进入血液。
17. 心迷走节后纤维末梢释放的递质是_____，作用于心肌细胞膜上的_____受体，可导致心率_____，兴奋经房室交界传导速度_____，心房肌收缩力_____。这种作用可被_____所阻断。
18. 一侧颈总动脉血流被阻断时，该侧颈动脉窦压力感受器的传入冲动_____，可导致动脉血压_____。
19. 在左心室等容收缩期，由于心肌收缩的强烈压迫，导致左冠状动脉血流_____，甚至发生_____。
20. 调节冠脉血流量的各种因素中，最重要的是_____。

三、选择题

（一）A 型题

1. 区分心肌快反应细胞和慢反应细胞的主要依据是
A. 静息电位的大小

B. 平台期的长短
C. 0期去极化的速率
D. 动作电位复极化的速度
E. 4期自动去极化的速度

2. 关于窦房结细胞动作电位的描述，下面哪项是**不正确**的
   A. 最大复极电位为－60mV
   B. 阈电位为－40mV
   C. 无明显的复极1期和平台期
   D. 去极化幅度小于浦肯野细胞
   E. 0期去极化时程比浦肯野细胞短得多

3. 窦房结成为心脏正常起搏点的原因是
   A. P细胞0期去极速度快
   B. P细胞阈电位为－40mV
   C. 最大复极电位仅为－60mV
   D. 动作电位没有明显的平台期
   E. P细胞4期去极化速率最快

4. 兴奋在心脏中传导速度最慢的部位是
   A. 心房
   B. 心室
   C. 房室交界
   D. 左、右束支
   E. 浦肯野纤维

5. 心脏中传导速度最快的组织是
   A. 窦房结
   B. 心室肌
   C. 房室交界
   D. 心房优势传导通路
   E. 浦肯野纤维

6. 房室延搁的生理意义是
   A. 使心室肌动作电位幅度增加
   B. 使心肌有效不应期延长
   C. 使心室肌不会产生完全强直收缩
   D. 使心室肌收缩能力增强
   E. 使心房和心室不会同时收缩

7. 关于心肌传导性的描述中哪一项是**错误**的
   A. 心肌细胞直径小，传导速度慢
   B. 动作电位幅度大，传导速度快
   C. 0期去极化速率慢，传导速度慢
   D. 邻近细胞阈电位水平下移，传导速度快
   E. 心肌处在超常期内，传导速度快

8. 心室肌的有效不应期较长，一直持续到
   A. 收缩期末
   B. 收缩早期结束
   C. 舒张早期结束
   D. 舒张中期末
   E. 舒张期结束

9. 心肌不产生完全性强直收缩的原因是
   A. 心脏是功能上的合胞体
   B. 心肌肌质网Ca^{2+}贮存少
   C. 心肌能自动节律性收缩
   D. 心肌呈"全或无"收缩
   E. 心肌的有效不应期长

10. 乙酰胆碱通过促进心肌K^+通道的开放，影响心肌细胞的电活动，以下哪一项是**不存在**的
    A. 静息电位绝对值增大
    B. 阈电位绝对值增大
    C. 窦房结最大复极电位也增大
    D. 窦房结4期自动去极化速度减慢
    E. 动作电位时程缩短

11. 关于心电图的描述，下列哪一项是**错误**的
    A. 心肌细胞的生物电变化是心电图的来源
    B. 心电图与心脏的机械收缩活动无直接关系
    C. 电极放置的位置不同，记录出来的心电图曲线基本相同
    D. 心电图反映心脏兴奋的产生、传导和恢复过程中的生物电变化
    E. 心电图曲线与单个心肌细胞的生物电变化曲线有明显的区别

12. 体循环平均充盈压的大小取决于
    A. 动脉血压和外周阻力之间相对关系

B. 心输出量和外周阻力之间的相互关系
C. 心输出量和动脉血压之间的相对关系
D. 血量和血管容量之间的相对关系
E. 回心血量和心脏射血能力之间的相对关系

13. 心动周期中心室的血液充盈主要取决于
    A. 血液的重力作用
    B. 心房收缩的挤压作用
    C. 心室舒张时的"抽吸"作用
    D. 胸内负压促进静脉血回流
    E. 骨骼肌的挤压作用促进静脉血回流

14. 心动周期中占时间最长的时期是
    A. 等容舒张期
    B. 等容收缩期
    C. 心房收缩期
    D. 射血期
    E. 心室充盈期

15. 一次心动周期中，室内压升高速度最快的是
    A. 等容舒张期
    B. 等容收缩期
    C. 快速射血期
    D. 减慢射血期
    E. 心房收缩期

16. 主动脉瓣关闭发生在
    A. 等容收缩期开始时
    B. 等容舒张期开始时
    C. 快速射血期开始时
    D. 快速充盈期开始时
    E. 减慢充盈期开始时

17. 房室瓣开放发生在
    A. 心室射血期初
    B. 等容收缩期末
    C. 等容舒张期初
    D. 等容收缩期初
    E. 等容舒张期末

18. 从动脉瓣关闭开始到下次动脉瓣开放的时间相当于心动周期的
    A. 心室舒张期
    B. 心室收缩期
    C. 等容收缩期
    D. 等容收缩期+心室射血期
    E. 心室舒张期+等容收缩期

19. 第一心音的产生主要是由于
    A. 半月瓣开放
    B. 半月瓣关闭
    C. 房室瓣开放
    D. 房室瓣关闭
    E. 血液冲入心室，引起心室壁振动

20. 心输出量是指
    A. 每分钟由左、右心室射出的血量之和
    B. 每分钟由一侧心房射出的血
    C. 每分钟由一侧心室射出的血
    D. 一次心搏一侧心室射出的血
    E. 一次心搏两侧心室同时射出的血量

21. 心指数等于
    A. 每搏输出量/体表面积
    B. 每搏输出量×体表面积
    C. 心输出量/体表面积
    D. 每搏输出量×心率×体表面积
    E. 每搏输出量×体表面积

22. 心室肌的前负荷可以用下列哪项来间接表示
    A. 心室收缩末期容积或压力
    B. 心室舒张末期容积或压力
    C. 等容舒张期容积或压力
    D. 等容收缩期容积或压力
    E. 舒张末期动脉压

23. 在心肌前负荷和收缩能力不变的情况下，增加后负荷可使
    A. 射血期延长
    B. 等容收缩期延长
    C. 等容舒张期延长
    D. 心室充盈期延长

E. 每搏输出量不变

24. 心肌的等长调节是通过改变下列哪个因素来调节泵血功能的
    A. 心肌初长度
    B. 肌小节的初长度
    C. 横桥联接的数目
    D. 心肌收缩能力
    E. 心室舒张末期容积

25. 安静状态下，心室收缩末期容量与余血量之差为
    A. 心力贮备
    B. 舒张期贮备
    C. 收缩期贮备
    D. 心泵功能贮备
    E. 心率贮备

26. 有关心力贮备，以下哪项说法是**错误**的
    A. 心力贮备也称心泵功能贮备
    B. 收缩期贮备大于舒张期贮备
    C. 心力贮备取决于搏出量贮备及心率贮备
    D. 若两个人在静息时心输出量相同，则其心力贮备也是一样的
    E. 心力贮备是指心输出量随机体代谢需要而增加的能力

27. 心室肌的后负荷是指
    A. 动脉血压
    B. 心房压力
    C. 减慢射血期心室内压
    D. 快速射血期心室内压
    E. 等容收缩期初心室内压

28. 影响正常人收缩压的主要因素是
    A. 心率的变化
    B. 搏出量的变化
    C. 外周阻力的变化
    D. 循环血量的变化
    E. 大动脉管壁弹性的变化

29. 影响正常人舒张压的主要因素是
    A. 年龄
    B. 心输出量
    C. 阻力血管的口径
    D. 血液黏滞性
    E. 大动脉弹性

30. 主动脉在缓冲脉压中起重要作用，主要是由于主动脉
    A. 口径大
    B. 管壁厚
    C. 对血流的摩擦阻力小
    D. 血流速度快
    E. 管壁有可扩张性和弹性

31. 影响外周阻力的因素主要是
    A. 血液黏滞性
    B. 红细胞数
    C. 血管长度
    D. 小动脉口径
    E. 大动脉弹性

32. 在外周阻力减小时，动脉血压的变化是
    A. 收缩压升高，舒张压降低
    B. 收缩压降低，舒张压升高
    C. 收缩压轻度升高，舒张压明显升高
    D. 收缩压轻度降低，舒张压明显降低
    E. 以上都不是

33. 大动脉管壁硬化时，下列**错误**的是
    A. 动脉收缩压升高
    B. 动脉舒张压降低
    C. 大动脉容量减少
    D. 脉搏波传播速度加快
    E. 动脉脉压减小

34. 下列关于中心静脉压的叙述，哪一项是**错误**的
    A. 是指胸腔大静脉和右心房的血压
    B. 是反映心血管功能状态的一个指标
    C. 其正常变动范围为 4～12cmH$_2$O（1cmH$_2$O＝98Pa）
    D. 心脏射血能力减弱时中心静脉压较低

E. 外周静脉广泛收缩时中心静脉压升高

35. 生成组织液的有效滤过压等于
   A. （毛细血管压＋组织液胶体渗透压）－（血浆胶体渗透压＋组织液静水压）
   B. （毛细血管压＋血浆胶体渗透压）－（组织液胶体渗透压＋组织液静水压）
   C. （毛细血管压＋组织液静水压）－（血浆胶体渗透压＋组织液胶体渗透压）
   D. 毛细血管压＋组织液胶体渗透压－血浆胶体渗透压＋组织液静水压
   E. 毛细血管压－组织液胶体渗透压＋血浆胶体渗透压－组织液静水压

36. 控制毛细血管前括约肌舒缩的主要是
   A. 内脏平滑肌的特性
   B. 交感神经的紧张性
   C. 副交感神经舒血管纤维的支配
   D. 局部组织的代谢活动
   E. 血压的直接影响

37. 生理情况下，通过影响有效滤过压而改变组织液滤过与重吸收的主要因素是
   A. 毛细血管血压和血浆晶体渗透压
   B. 毛细血管血压和组织液静水压
   C. 毛细血管血压和血浆胶体渗透压
   D. 组织液胶体渗透压和组织液静水压
   E. 组织液静水压和血浆晶体渗透压

38. 关于人体内的大多数血管的神经支配，下列哪一项是正确的
   A. 只接受交感舒血管神经纤维的单一支配
   B. 只接受交感缩血管神经纤维的单一支配
   C. 既有缩血管纤维也有舒血管纤维支配
   D. 接受副交感舒血管纤维支配
   E. 接受血管活性肠肽神经元的支配

39. 心迷走神经兴奋时，哪项结果是**错误**的
   A. 窦房结 P 细胞舒张期最大电位增大
   B. 心房肌收缩力减弱
   C. 心房肌不应期延长
   D. 房室结的传导速度减慢
   E. 心房肌兴奋性降低

40. 迷走神经末梢释放乙酰胆碱可引起心率减慢是由于
   A. 窦房结细胞对 K^+ 通透性降低
   B. 窦房结细胞对 K^+ 通透性增加
   C. 窦房结细胞对 Ca^{2+} 通透性增加
   D. 窦房结细胞对 Na^+ 通透性增加
   E. 窦房结细胞对 Cl^- 通透性增加

41. 关于减压反射，**错误**的是
   A. 在血压为 60～180mmHg 的范围内敏感
   B. 对搏动性的压力变化更加敏感
   C. 是一种负反馈调节机制
   D. 在平时安静状态下不起作用
   E. 当动脉血压突然升高时，反射活动加强，导致血压下降

42. 实验时，暂时夹闭动物双侧颈总动脉可使
   A. 窦神经传入冲动增多
   B. 颈动脉体受刺激增多
   C. 心迷走神经紧张性增强
   D. 心交感神经和交感缩血管紧张性减弱
   E. 血压升高

43. 颈动脉窦和主动脉弓的适宜刺激是
   A. 高于 180mmHg 的动脉血压
   B. 低于 60mmHg 的动脉血压
   C. 生理范围内变动着的动脉血压
   D. 血液中 CO_2 分压变化

E. 血液中 O_2 分压变化

44. 关于颈动脉体和主动脉体化学感受性反射的叙述，下列哪项是**错误**的
    A. 平时对心血管活动不起明显的调节作用
    B. 在低氧、窒息和酸中毒等紧急情况下才对心血管系统有明显作用
    C. 对于感受动脉血低氧是十分重要的
    D. 可反射性引起呼吸变慢变浅
    E. 对心血管的效应是血压升高

45. 下列物质中不能引起血管平滑肌舒张的是
    A. 局部代谢产物
    B. 缓激肽
    C. 血管活性肠肽
    D. 血管紧张素Ⅱ
    E. 前列腺素 E

46. 关于冠状动脉血流量，下列哪项叙述是**错误**的
    A. 在心室收缩期少，舒张期多
    B. 占心输出量的 4%～5%
    C. 动脉舒张压升高，冠状动脉血流量增多
    D. 在心肌缺氧时冠状动脉血流量减少
    E. 心肌代谢水平对冠状动脉血流影响大

47. 冠状动脉血流量主要取决于
    A. 心缩期长短
    B. 心舒期长短
    C. 神经对冠状血管的支配作用
    D. 主动脉收缩压高低
    E. 血液黏滞度大小

48. 心肌缺氧时冠状动脉舒张，主要是通过下列哪一因素引起的
    A. 氢离子
    B. 组胺
    C. 腺苷
    D. 前列腺素
    E. 乳酸

49. 关于肺循环的生理特点，下列哪项叙述是正确的
    A. 肺循环血流阻力较体循环大
    B. 肺动脉压较主动脉压高
    C. 肺部的血容量约为 450ml，占全身血量的 9%
    D. 用力呼气时肺血容量增加，而深吸气时可减少
    E. 一般认为肺部组织液的压力为正压

50. 安静状态时，下列哪个器官的动脉血和静脉血含氧量差值最大
    A. 脑
    B. 心脏
    C. 皮肤
    D. 肾
    E. 骨骼肌

(二) X 型题

1. 心肌的工作细胞具有
   A. 兴奋性
   B. 自律性
   C. 传导性
   D. 收缩性
   E. 收缩时有"全或无"现象

2. 心肌细胞膜的快钠通道
   A. 激活快
   B. 失活快
   C. Na^+ 内流速度快
   D. 通道激活的阈电位为 $-70mV$
   E. 形成快反应细胞的 0 期

3. 心室肌动作电位的 2 期
   A. 外向电流为 K^+
   B. 内向电流主要为 Ca^{2+}
   C. 复极化过程缓慢
   D. 与心肌的兴奋-收缩耦联有关
   E. 是心室肌不应期长的主要原因

4. 与骨骼肌相比，心室肌细胞动作电位的特征是
   A. 有效不应期长

B. 动作电位时程长
C. 有明显的平台期
D. 0 期去极化速度慢
E. 参与活动的离子种类多

5. 决定和影响心肌兴奋性的因素有
   A. 0 期自动去极化的速度
   B. 钠通道的状态
   C. 静息电位水平
   D. 阈电位水平
   E. 4 期自动去极化的速度

6. 心室肌对外来刺激不发生反应的时期是
   A. 心室收缩期
   B. 心房收缩期
   C. 心室舒张早期
   D. 心室舒张中期
   E. 心室舒张后期

7. 窦房结 P 细胞
   A. 动作电位幅度较小
   B. 0 期去极化速度慢
   C. 最大复极电位绝对值较小
   D. 4 期自动去极化较慢
   E. 是慢反应自律细胞

8. 窦房结 P 细胞生物电活动的特征是
   A. 0 期去极化速度较慢
   B. 最大复极电位为 $-60mV$
   C. 0 期去极化可被河豚毒素阻断
   D. 4 期去极化速度较快
   E. 没有明显的 1 期和平台期

9. 慢反应自律细胞的动作电位
   A. 0 期去极化速度慢
   B. 没有明显的复极 1 期和平台期
   C. 0 期去极化可被维拉帕米（异搏定）阻断
   D. 0 期去极可出现明显的极化倒转
   E. 阈电位约为 $-40mV$

10. 慢反应细胞的特点是
    A. 兴奋性低，自律性低
    B. 0 期去极化由慢通道激活引起
    C. 无明显的极化倒转
    D. 不出现明显的 1 期和平台期
    E. 3 期由 K^+ 离子外流引起

11. 促进自律性增高的因素是
    A. 最大复极电位绝对值减小
    B. 阈电位水平上移
    C. 4 期自动去极化速度增快
    D. 复极 3 期 K^+ 外流增加
    E. 心迷走神经兴奋

12. 促进心肌传导性增快的情况有
    A. 0 期去极化幅度高
    B. 0 期去极化速度快
    C. 期前兴奋发生时
    D. 静息膜电位绝对值降低
    E. 邻近未兴奋部位膜的阈电位水平上移

13. 在心电图中
    A. P 波反映两心房的去极化过程
    B. QRS 波反映两心室复极化过程
    C. QRS 波反映两心室去极化过程
    D. Q-T 间期反映从心室开始兴奋去极化到复极化完了的时程
    E. P-R 间期是指从 P 波起点到 QRS 波终点之间的时程

14. 在一个心动周期中
    A. 心房收缩期比心室收缩期长
    B. 心室收缩期比心房收缩期长
    C. 快速射血期左心室压力最高
    D. 等容收缩期初，引起半月瓣关闭
    E. 等容舒张期末，引起房室瓣开放

15. 等容收缩期的特点是
    A. 导致第二心音产生
    B. 心室内压下降速度最快
    C. 心室容积保持不变
    D. 心室内压高于动脉压
    E. 房室瓣和半月瓣都关闭

16. 正常心动周期中
    A. 心房舒张期处在心室收缩期之内
    B. 心房收缩期处在心室舒张期之内
    C. 心室收缩期处在心房舒张期之内
    D. 心室舒张期处在心房收缩期之内

E. 心室收缩后紧接着心房收缩
17. 在心脏泵血过程中
    A. 房-室压力梯度的形成主要依靠心室的舒张
    B. 心室-动脉间压力梯度的形成主要来自心室收缩
    C. 心房的收缩有利于心脏的射血和静脉回流
    D. 心房的收缩对于心室充盈起主要作用
    E. 心室等容舒张期内，室内压大幅度下降
18. 在每一个心动周期中
    A. 等容舒张期内室内压大幅度下降
    B. 等容收缩期内室内压大幅度升高
    C. 快速射血期内室内压上升达峰值
    D. 快速充盈期内室内压下降达最低值
    E. 减慢射血期动脉血压略高于室内压
19. 在心房和心室的泵血活动中**错误**的是
    A. 房-室压力梯度的形成主要是来自心房收缩
    B. 房-室压力梯度的形成主要是来自心室舒张
    C. 心室舒张时，心房内压力始终大于心室内压
    D. 左右心室输出量基本一致
    E. 在全心舒张期回流入心室的血液占总回流量的75%
20. 每搏输出量的多少与下列哪些因素有关
    A. 后负荷的大小
    B. 心肌纤维缩短的速度
    C. 心肌收缩产生张力的速度
    D. 心室容积缩小的程度
    E. 静脉回心血量的多少
21. 心肌收缩力量增强，可由下述情况引起

A. 血钙升高
B. 心迷走神经兴奋
C. 静脉回心血量增多
D. 交感神经兴奋
E. 参与收缩的心肌细胞的数目增多
22. 在心室收缩能力和前负荷不变的条件下，增加心肌的后负荷可使
    A. 等容收缩期延长
    B. 等容收缩期室内压峰值降低
    C. 搏出量减少
    D. 射血速度减慢
    E. 心室余血量减少
23. 心力储备
    A. 是指心输出量随机体代谢需要而增加的能力
    B. 包括收缩期储备和舒张期储备
    C. 舒张期储备比收缩期储备要大得多
    D. 心力储备不包括心率储备
    E. 舒张期储备是通过增加心肌初长引起的自身调节过程
24. 大动脉的弹性贮器作用是
    A. 在心缩期贮存血液
    B. 维持较高的收缩压
    C. 缓冲动脉血压的波动
    D. 维持正常血压
    E. 使血液流动具有连续性
25. 各类血管的功能特点
    A. 弹性贮器血管主要指主动脉和大动脉
    B. 分配血管指从大动脉至小动脉之间的管道
    C. 动-静脉短路的功能主要是进行物质交换
    D. 毛细血管数量多、管壁薄所以称为容量血管
    E. 直捷通路的主要功能是保证静脉回心血量
26. 下述有关动脉血压的叙述，正确的有
    A. 大动脉管壁的弹性愈大，收缩压

愈高

B. 每搏输出量增加主要使收缩压升高

C. 外周阻力增加时，收缩压升高明显，脉压增大

D. 心率适当增快，舒张压升高明显，脉压减小

E. 动脉血压的维持是多种因素共同整合作用的结果

27. 有关血压的叙述，正确的是

A. 人的循环系统平均充盈压约为7mmHg

B. 心室收缩时使血液获得动能与势能

C. 血量减少或血管容量增大，循环系统平均充盈压降低

D. 由于心脏射血是间断性的，所以动脉血流也具有间断性

E. 血压在毛细血管后阻力血管中降落的幅度最大

28. 可能使中心静脉压升高的因素有

A. 短时间内输血量过大

B. 心脏射血能力减弱

C. 心脏射血能力加强

D. 容量血管收缩

E. 容量血管舒张

29. 影响静脉回流的因素中，正确的是

A. 体循环平均充盈压升高时，静脉回流量增加

B. 心缩力增加，心室射血增加造成静脉回流减少

C. 骨骼肌的节律性收缩可促进静脉回流

D. 吸气时静脉回流减少

E. 当从立位变为卧位时，回心血量减少

30. 促进静脉回流的因素有

A. 容量血管收缩

B. 循环系统平均充盈压增高

C. 骨骼肌的挤压作用

D. 呼气时

E. 心肌收缩力降低

31. 下列关于微循环的基本功能的叙述，正确的是

A. 调节体温

B. 实现血液与组织之间的物质交换

C. 控制组织血液灌流量

D. 调节和维持有效循环血量稳定

E. 维持动脉血压

32. 影响组织液生成的因素中

A. 毛细血管通透性增加，组织液生成增多

B. 毛细血管压降低，组织液生成减少

C. 淋巴回流受阻，组织液增多

D. 组织液胶渗压升高，组织液生成增多

E. 血浆胶渗压下降，组织液生成增多

33. 促进组织液生成的因素有

A. 微动脉扩张

B. 血浆胶体渗透压升高

C. 组织液胶体渗透压升高

D. 毛细血管压升高

E. 毛细血管通透性增高

34. 血管的神经支配中

A. 缩血管神经纤维都是交感神经纤维

B. 体内绝大多数血管只接受交感缩血管纤维支配

C. 副交感神经的节后神经元末梢释放的递质为乙酰胆碱

D. 交感缩血管神经的节前神经元末梢释放的递质为乙酰胆碱

E. 交感舒血管神经的节后纤维释放的递质为去甲肾上腺素

35. 乙酰胆碱对心肌生物电活动的作用是

A. 使心室肌细胞静息电位绝对值增大

B. 使窦房结细胞最大复极电位绝对值增大
C. 心房肌细胞有效不应期延长
D. 加强4期的内向电流
E. 心室肌细胞平台期缩短

36. 刺激迷走神经时，正确的是
    A. 心率减慢
    B. 心房肌收缩力减弱
    C. 房室传导速度减慢
    D. 心房肌不应期延长
    E. 外周血管舒张

37. 心迷走神经
    A. 右侧心迷走神经对窦房结的影响占优势
    B. 左侧心迷走神经对房室交界的作用占优势
    C. 支配心室肌的迷走神经纤维末梢数量远较心房肌少
    D. 迷走神经节前和节后神经元都是胆碱能神经元
    E. 通过心肌细胞上的M受体发挥作用

38. 关于减压反射，正确的是
    A. 压力感受器的适宜刺激是动脉血压对动脉管壁的机械牵张
    B. 颈动脉窦压力感受器对搏动性压力变化更加敏感
    C. 生理意义在于使动脉血压保持相对稳定
    D. 在安静状态下，因动脉血压低于压力感受器的阈值而不起作用
    E. 基本反射中枢在延髓

39. 减压反射的特点
    A. 是一种正反馈调节机制
    B. 对于波动性血压变化敏感
    C. 维持动脉血压相对稳定状态
    D. 正常生理情况下已经在发挥作用
    E. 动脉血压下降时，压力感受器传入冲动增多

40. 机体发生防御反应时的心血管反应包括
    A. 骨骼肌血管收缩
    B. 胃肠道血管收缩
    C. 血压下降
    D. 心输出量增加
    E. 根据机体需要使各器官血流量重新分配

41. 下列心血管反应中正确的是
    A. 压迫眼球可引起心率变慢
    B. 骨骼肌运动时引起心率加快
    C. 胃扩张时可引起心率变慢
    D. 睾丸受挤压时可引起心率加快
    E. 膀胱扩张时可引起心率变慢

42. 参与心血管活动调节的体液因素有
    A. 激肽
    B. 内皮素
    C. 血管紧张素Ⅱ
    D. 抗利尿激素
    E. 去甲肾上腺素

43. 与肾上腺素比较，去甲肾上腺素对心血管的作用特点是
    A. 升高血压作用大于肾上腺素
    B. 对α受体作用小于β受体
    C. 对心脏的效应小于肾上腺素
    D. 临床多作为强心剂使用
    E. 在整体条件下，可引起心率减慢

44. 血液循环的主要功能有
    A. 完成物质运输
    B. 实现体液调节
    C. 维持内环境稳定
    D. 维持机体的防卫功能
    E. 心脏和血管还有内分泌功能

45. 淋巴回流的生理意义有
    A. 回收蛋白质
    B. 运输脂肪
    C. 组织液回流
    D. 具有免疫功能
    E. 清除异物

46. 在冠脉循环中
    A. 冠脉血管容易在心肌收缩时受

挤压
B. 缓慢形成冠脉阻塞时可建立侧支循环
C. 冠脉血流量与心肌代谢水平成正比
D. 心舒期冠脉血流量大
E. 动脉舒张压的高低和心舒期的长短是影响冠脉血流量的主要因素

47. 冠脉循环的血流特点有
A. 途径短、血流快
B. 血流量大
C. 受心肌收缩的影响
D. 动静脉血的氧差大
E. 生理剂量的血管升压素可使冠状动脉收缩

48. 关于肺循环
A. 肺动脉可扩张性高，对血流阻力小
B. 肺动脉压比主动脉压低
C. 肺循环血管可以起贮血库作用
D. 低氧时，肺泡周围的微动脉舒张
E. 肺组织液压为负压

49. 使脑血流量增加的因素是
A. CO_2 分压升高
B. O_2 分压降低
C. 平均动脉压在 60~140mmHg 范围内升高
D. 过度通气
E. 局部脑组织代谢增强

50. 在脑循环中
A. 脑血流量占心输出量的 15% 左右
B. 脑耗氧量占全身耗氧量 20% 左右
C. 脑的不同部分的血流量不同
D. 心血管反射中脑血流量一般变化都很小
E. 切断支配脑血管的神经后，脑血流量发生明显变化

四、是非判断题

1. 在心动周期中，心房收缩，房内压升高，迫使房室瓣开启，血液由心房流入心室。
2. 心输出量=每搏输出量×心率，因此心率越快，心输出量越大。
3. 与右心室相比，左心室肌肉发达，收缩力强，每搏输出量也多。
4. 心肌也像骨骼肌那样，在正常生理条件下均处于最适初长度，因此收缩力最强。
5. 在空腹安静状态下，每公斤体重的每分输出量，称为心指数。
6. 心肌细胞兴奋时，由于大量的 Na^+ 内流及 K^+ 外流，在兴奋恢复前细胞外液 Na^+ 浓度小于细胞内液，而 K^+ 浓度则大于细胞内液。
7. 心肌细胞动作电位的时程，主要取决于 Na^+ 的内流速度。
8. 细胞外液 K^+ 浓度增高时静息电位绝对值减小，心肌兴奋性一定增高。
9. 心肌兴奋一次后，必然经历有效不应期，其原因是膜电位绝对值太低，Na^+ 通道远远没有恢复到可被激活的备用状态的缘故。
10. 在心肌有效不应期内，给予无论多强的刺激，也不会引起膜的任何程度的去极化。
11. 正常人心率平均每分钟 75 次，这是由于心脏正常起搏点——窦房结自律细胞的自动兴奋频率所决定的。
12. 心脏窦房结处的自律性细胞是快反应细胞，因此自律性最高。
13. 心肌兴奋-收缩偶联就在于三联管结构的信息传递。
14. 心迷走神经兴奋时，窦房结自律性细胞最大舒张电位绝对值增大。
15. 静脉注射去甲肾上腺素，在完整机体内，可使心脏活动增强，心率加快。
16. 心电图可反映心脏机械收缩、舒张的过程。
17. 心电图 ST 段是代表心肌各部分兴奋完全恢复过程，因此心室各部分之间无电位差

存在，曲线又恢复到基线水平。

18. 平均动脉压等于收缩压和舒张压两个数字的平均值。
19. 心输出量增加的同时，若体循环压差不变，则意味着外周阻力的减小。
20. 动脉脉搏的传播速度与血流速度相等。
21. 毛细血管与动、静脉相比，其血流的特点是压力低、速度慢，有利于物质的交换。
22. 给迷走神经施加刺激或按压颈动脉窦可导致心率减慢或心脏停搏。
23. 组织液生成的唯一动力是毛细血管血压。
24. 切断家兔一侧交感神经，观察到同侧耳的血管舒张，这证明交感神经具有一定的紧张性。
25. 在家兔动脉血压实验中，夹闭一侧颈总动脉，动脉血压上升，其原因是增加了外周阻力所致。
26. 当血压下降时，通过减压反射的减弱而使血压回升，其神经联系为负反馈联系。
27. 在人体内，多数血管的平滑肌舒张是由副交感神经兴奋而引起的。
28. 副交感神经对血液循环系统最主要的作用是影响心率。

五、问答题

1. 心室肌细胞的动作电位分为几个时期，简述各期的离子机制。
2. 简述心肌兴奋过程中兴奋性的周期性变化及其生理意义。
3. 何谓期前收缩？期前收缩之后为什么会出现代偿间歇？
4. 试述正常心脏兴奋传导的途径、特点及房-室延搁的生理学意义。
5. 心肌的生理特性与骨骼肌相比有何不同？
6. 在一个心动周期中，心房和心室是如何活动的？为什么说心率过快对心脏不利？
7. 影响心输出量的因素有哪些？简述其机制。
8. 何谓心电图？心电图各波所代表的意义是什么？
9. 动脉血压是如何形成的？试述影响动脉血压的因素。
10. 微循环有哪些重要的血流通路？各有哪些生理学作用？
11. 组织液是如何生成的？影响组织液生成的因素有哪些？
12. 夹闭动物一侧的颈总动脉后，其动脉血压有何变化？为什么？
13. 电刺激家兔完整的减压神经时动脉血压有何变化？若剪断后再分别刺激其中枢端和外周端又会引起什么结果？为什么？
14. 静脉注射肾上腺素对动脉血压有何影响？为什么？

参考答案

一、名词解释

1. 血液在循环系统中按照一定的方向周而复始地流动，称为血液循环。
2. 心房或心室每一次收缩和舒张构成的一个机械活动周期，称为心动周期。
3. 一侧心室每搏动一次所射出的血液量，称为每搏输出量。
4. 搏出量占心室舒张末期容积的百分比称为射血分数。

5. 一侧心室每分钟射出的血液量，称每分输出量，简称心输出量，等于搏出量与心率的乘积。

6. 在空腹和安静状态下，以单位体表面积计算的心输出量，称为心指数或静息心指数（$L/min \cdot m^2$）。

7. 心肌细胞不依赖于前、后负荷而改变其力学活动（包括收缩强度和速度）的一种内在特性，称为心肌收缩能力。

8. 通过心肌细胞本身初长度的改变引起心肌收缩力改变，导致搏出量发生改变的现象。心肌细胞初长度决定于心室舒张末期容量。

9. 心输出量随人体代谢需要而增加的能力，称为心力储备。

10. 由快钠通道开放、引起快速去极化的心肌细胞称为快反应细胞。

11. 由慢钙通道开放、引起缓慢去极化的心肌细胞称为慢反应细胞。

12. 心肌细胞一次兴奋过程中，由 0 期去极化开始到 3 期复极化至 $-60mV$，这一段不能产生新的动作电位的时期，称为有效不应期。

13. 心肌细胞一次兴奋过程中，从复极化 $-60 \sim -80mV$ 这段时间内，只有用阈上刺激才能引起细胞再次产生动作电位，称为相对不应期。

14. 心肌细胞一次兴奋过程中，从复极化 $-80 \sim -90mV$ 这段时间内，用阈下刺激就能引起细胞再次产生动作电位，这段心肌兴奋性高于正常的时期称为超常期。

15. 在实验条件或病理情况下，在心室有效不应期之后给予人工或窦房结之外的病理性异常刺激，心室可以接受这一额外刺激，产生一次期前兴奋，由此引起的收缩称为期前收缩。

16. 在一次期前收缩之后出现的一段较长时间的心室舒张期，称为代偿间歇。

17. 心脏中窦房结细胞的自律性最高，它自动产生的兴奋向外传导，引起整个心脏兴奋和收缩。这种以窦房结为起搏点的心脏节律性活动称为窦性心律。

18. 在某些异常情况下，心肌潜在起搏点的自律性表现出来，取代窦房结引发心房或心室的兴奋和收缩，这些异常的起搏部位称为异位起搏点。

19. 心肌自律细胞 3 期复极时膜内电位下降到最低点，此电位称为最大复极电位。该电位不稳定，之后立即进入 4 期自动去极化阶段。

20. 房室交界区细胞传导性很低，传导速度缓慢，兴奋需要延搁 0.1s 的时间才能传向心室，故称房-室延搁。

21. 血管内流动的血液对于单位面积血管壁的侧压力，即压强称为血压。

22. 当心脏搏动停止、血流暂停时，循环系统各段血管的压力很快取得平衡，此时，循环系统各处所测压力相同称为循环系统平均充盈压。

23. 心室收缩期动脉血压上升达到的最高值，称为收缩压。

24. 心室舒张期动脉血压下降，达到的最低值，称为舒张压。

25. 一个心动周期中动脉血压的平均值，称为平均动脉压，其数值约等于舒张压加 1/3 脉压。

26. 每个心动周期中，动脉内周期性的压力变化引起动脉血管发生的搏动，称为动脉脉搏。

27. 中心静脉压是指右心房和胸腔内大静脉的血压，正常值为 $4 \sim 12 cmH_2O$。

28. 微动脉和微静脉之间的血液循环，称为微循环。

29. 有效滤过压＝（毛细血管血压＋组织液胶体渗透压）－（血浆胶体渗透压＋组织液静水压）。

30. 血-脑屏障是指血液和脑组织之间的屏障，限制某些物质在血液和脑组织之间的交换。其形态学基础可能是毛细血管的内皮、基膜和星状胶质细胞的血管周足等结构。

31. 没有外来刺激的情况下，心肌自动发生节律性兴奋的特性。

二、填空题

1. 去极化　复极化　0　1　2　3　4
2. K^+　Ca^{2+}
3. 备用　激活　失活
4. 有效不应期　相对不应期　超常期
5. 增大　降低
6. 4期自动去极化的速度　最大复极电位　阈电位水平
7. 舒张期
8. 等容收缩期　等容舒张期
9. 心室肌舒张的抽吸　心房肌
10. 搏出量　心率　基本相等
11. 心室舒张末期容积　动脉血压
12. 舒张期　减少
13. 收缩压　舒张压
14. 心脏射血能力　静脉回心血量
15. 滤过　重吸收
16. 毛细血管　毛细淋巴管　淋巴
17. 乙酰胆碱　M　减慢　减慢　减弱　阿托品
18. 减少　升高
19. 急剧减少　倒流
20. 心肌本身的代谢水平

三、选择题

（一）A 型题

1. C	2. E	3. E	4. C	5. E	6. E	7. E	8. C	9. E
10. B	11. C	12. D	13. C	14. E	15. B	16. B	17. E	18. E
19. D	20. C	21. C	22. B	23. B	24. D	25. C	26. D	27. A
28. B	29. C	30. E	31. D	32. D	33. E	34. D	35. A	36. D
37. C	38. B	39. C	40. B	41. D	42. E	43. C	44. D	45. D
46. D	47. B	48. C	49. C	50. B				

（二）X 型题

1. ACDE	2. ABCDE	3. ABCDE	4. ABCE	5. BCD	6. AC
7. ABCE	8. ABDE	9. ABCE	10. BCDE	11. AC	12. AB
13. ACD	14. BCE	15. CE	16. BC	17. ABCE	18. ABCDE

19. AC	20. ABCDE	21. ACD	22. ACD	23. AE	24. ACDE
25. ABE	26. BDE	27. ABC	28. ABD	29. AC	30. ABC
31. ABCDE	32. ABCDE	33. ACDE	34. ABCD	35. ABE	36. ABC
37. ABCDE	38. ABCE	39. BCD	40. BDE	41. ABCE	42. ABCDE
43. ACE	44. ABCDE	45. ABCDE	46. ABCDE	47. ABCD	48. ABCE
49. ABE	50. ABCD				

四、是非判断题

1. 错 2. 错 3. 错 4. 错 5. 错 6. 错 7. 错 8. 错 9. 对
10. 错 11. 错 12. 错 13. 错 14. 对 15. 错 16. 错 17. 错 18. 错
19. 对 20. 错 21. 错 22. 对 23. 错 24. 对 25. 错 26. 对 27. 错
28. 对

五、问答题

1. 心室肌细胞的动作电位分为去极化时相（0期）和复极化时相，后者又分为1、2、3、4期。各期的主要离子基础是：

0期：Na^+内流；

1期：K^+外流；

2期：Ca^{2+}（及少量Na^+）内流与K^+外流处于动态平衡状态，形成平台；

3期：K^+迅速外流；

4期：Na^+-K^+泵活动及Ca^{2+}-Na^+交换使细胞内外离子浓度的不均衡分布得以恢复。

2. 心肌细胞兴奋后，其兴奋性将发生一系列周期性变化，分为：

（1）有效不应期：从0期去极化开始到3期膜内电位复极化至-60mV这段时间内，不管给予多么强大的刺激，也不能再次引发动作电位产生。

（2）相对不应期：在动作电位3期复极化到-60～-80mV期间内，兴奋性有所恢复但仍低于正常，须用阈上刺激才可引发动作电位产生。

（3）超常期：动作电位3期复极化到-80～-90mV期间内，兴奋性高于正常，用阈下刺激也能引发动作电位再次产生。

意义：由于心肌的有效不应期特别长，一直持续到心室机械收缩的舒张早期，在此期内，任何刺激都不能使心肌再次发生兴奋和收缩，因此心肌不会像骨骼肌那样发生完全性强直收缩，从而保证心脏收缩和舒张的交替进行，以实现其泵血功能。

3. 如果在有效不应期之后和窦房结冲动到来之前，心肌受到额外的人工刺激或窦房结之外的异常冲动刺激，则肌膜可产生一次提前的兴奋，称为期前兴奋，所引起的收缩称为期前收缩。

期前兴奋也有自己的有效不应期，如果由窦房结发出并传播而来的兴奋正好落在期前兴奋的有效不应期内，则不能引起心肌兴奋和收缩，出现一次窦房结兴奋的"脱失"，必须等到下一次窦房结的兴奋传来时，期前收缩已经度过了有效不应期，才能引起心肌产生一次窦性收缩。所以，在一次期前收缩之后往往出现一段较长的心肌舒张期，称为代偿间歇。

4. 正常心脏兴奋由窦房结产生后，一方面经过心房肌传导到左、右心房，另一方面又经过"优势传导通路"传给房室交界，再经房室束及其左、右束支和浦肯野纤维传至左、右心室。即窦房结→心房肌→房室交界→房室束→左、右束支→浦肯野纤维→心室肌。

特点：

（1）心房肌的传导速度较快，因此窦房结的兴奋几乎可同时到达左、右心房，使两心房同步收缩；

（2）房室交界传导速度慢，占时0.1s，称为房-室延搁；

（3）心室内传导组织传导速度快，浦肯野纤维的传导速度可达4m/s，心室肌也有1m/s，这样房室交界传来的兴奋可通过浦肯野纤维网和心室肌迅速传至整个左、右心室，使之产生同步性收缩。

兴奋通过房室交界传导速度显著减慢的现象，称为房-室延搁。它保证了窦房结所产生的窦性起搏节律总是先使心房肌兴奋并收缩，经过较长时间（约0.1s）后再引起心室肌兴奋和收缩。形成了心房收缩在先，心室收缩在后的节律，避免心房、心室收缩重叠，有利于静脉回流、心室充盈和心室射血，充分发挥心房的初级泵和心室的主力泵作用，使两者协调一致完成泵血功能。

5. 心肌的生理特性有自律性、兴奋性、传导性和收缩性，与骨骼肌的不同之处为：

（1）心肌有自动节律性，骨骼肌无自动节律性。在整体内，心肌由自律性较高的窦房结P细胞（正常起搏点）控制整个心脏的节律性活动；而骨骼肌收缩的发生有赖于运动神经的传出冲动。

（2）心肌兴奋后的有效不应期特别长，因此心肌不会发生完全性强直收缩，而是收缩、舒张交替进行以完成射血功能；骨骼肌的不应期很短，容易发生强直收缩，以维持姿势和负重。

（3）心脏内有特殊传导系统，使心房、心室有序地收缩，保证心脏的射血功能。骨骼肌没有特殊传导系统，只受运动神经支配。

（4）心肌的收缩有"全或无"现象。整个心房或整个心室，各构成一个功能合胞体，心房肌纤维同步收缩，心室肌纤维同步收缩，这样各自收缩的合力大，有利于提高泵血的效率。骨骼肌的收缩强弱随着受刺激的强度变化而不同。

（5）心肌的肌质网不发达，Ca^{2+}的贮存和释放量均较少，所以心肌细胞收缩依赖于细胞外液的Ca^{2+}；而骨骼肌肌质网发达，Ca^{2+}的贮存和释放量均很多，收缩不依赖于细胞外Ca^{2+}。

6. 心房或心室每一次收缩和舒张构成一个机械活动的周期，称为心动周期。在每次心动周期中，心房和心室的机械活动，都可以分为收缩期和舒张期。但两者在活动的时间和顺序上并不是完全一致，心房收缩在前、心室收缩在后。如正常成年人的心动周期为0.8s时，心房的收缩期为0.1s，舒张期为0.7s。当心房收缩时，心室尚处于舒张状态；在心房进入舒张期后，紧接着心室开始收缩，持续0.3s，称为心室收缩期；继而进入心室舒张期，持续0.5s。在心室舒张的前0.4s期间，心房也处于舒张期，称为全心舒张期。一般以心室的活动作为心脏活动的标志。

当心率增快或减慢时，心动周期的时间将发生相应的变化，但舒张期的变化更为明显。心率过快时，一个心动周期的持续时间缩短，收缩期和舒张期均相应缩短，但舒张期缩短的比例较大。而心舒期是心脏得以休息和获得血液供应的主要时期，故心率过快时，不仅不利于心室的充盈，也不利于心室肌休息和血供，使心肌工作的时间相对延长，休息时间相对缩短，这对心脏的持久活动是非常不利的。

7. 一侧心室每分钟射入动脉的血量，称为心输出量。心输出量＝搏出量×心率。

凡影响搏出量和心率的因素都可影响心输出量。

(1) 影响搏出量的因素：

①前负荷（容量负荷）：指心室舒张期末的容积充盈压。

静脉回心血量增加→心室舒张期末容积增加→心室肌初长度增加→心肌收缩强度增加→搏出量增加。

②后负荷（压力负荷）：指动脉血压。

动脉血压升高，可导致射血期缩短，射血速度减慢，搏出量减少。

③心肌收缩能力：指心肌不依赖于前负荷和后负荷而能改变其力学活动的内在特性。通过调节心肌收缩活动的强度和速度实现对搏出量的调节。

肾上腺素可增强心肌收缩能力，使搏出量增加，乙酰胆碱使心肌收缩能力减弱，搏出量减少。

(2) 心率对心脏泵血功能的影响：当心率在40～180次/分范围，随心率加快，心输出量增加，心率过快、过慢都会导致心输出量减少。

前负荷：一定范围内增加
后负荷（动脉血压）：降低 } 每搏输出量增加
心肌收缩能力：增强 } 心输出量增加
心率：40～180/分钟范围内加快

8. 将心电图机的记录电极放置于体表的特定部位，所记录到的心电变化的波形图称为心电图。心电图各波代表的意义：

(1) P波：左右两心房去极化；

(2) QRS波群：左右两心室去极化；

(3) T波：心室复极化；

(4) P-R间期：从P波起点到QRS波起点之间的时程，表示从心房开始兴奋到心室开始兴奋的时间，故也称为房室传导时间；

(5) Q-T间期：从QRS波起点到T波终点的时程，表示心室肌开始去极化到完全复极化所经历的时间；

(6) ST段：从QRS波终点到T波起点之间的线段，表示心室各部分都处于去极化状态，它们之间没有电位差。

9. (1) 充足的循环血量是形成动脉血压的前提条件；

(2) 心脏射血和外周阻力是决定动脉血压的基本条件；

(3) 大动脉壁的弹性对动脉血压起缓冲作用。

动脉血压的形成过程：在心室射血期，心室释放的能量，一部分用于推动血液流动，但是由于血流受到外周阻力的作用，心室射出的血液大部分不能外流，这样另一部分能量用于对大动脉管壁的扩张，即以管壁的弹性势能形式暂时贮存。在心室舒张期，大动脉弹性回缩，将这部分势能又转变为血液的动能，使血液在心舒期持续向前流动，并使动脉血压在心舒期仍维持在一定水平。

影响动脉血压的因素：

(1) 每搏输出量：在外周阻力和心率不变时，搏出量增大，则收缩压升高大于舒张压升高,脉压增大;反之,每搏输出量减小,主要使收缩压降低,脉压减小。收缩压主要反映搏出量的大小。

(2) 心率:心率增加时,舒张压升高幅度大于收缩压升高幅度,脉压减小;反之,心率减慢时,舒张压降低大于收缩压降低,脉压增大。

(3) 外周阻力:外周阻力加大时,舒张压升高大于收缩压升高,脉压减小;反之,外周阻力减小时,舒张压的降低大于收缩压降低,脉压加大。舒张压主要反映外周阻力的大小。

(4) 大动脉弹性:主要起缓冲血压作用。当大动脉硬化时,弹性贮器作用减弱,收缩压升高而舒张压降低,脉压增大。

(5) 循环血量和血管容量:循环血量和血管容积要互相匹配,循环血量减少或血管容积增大,都会引起动脉血压下降。如大失血时循环血量减少,而血管容量的改变不能与之相适应,则体循环平均充盈压下降,动脉血压下降。

10. 微循环是微动脉和微静脉之间的血液循环。它的血流通路有:

(1) 直捷通路:血液从微动脉、后微动脉、通血毛细血管而进入微静脉。

在骨骼肌组织的微循环中较多见。此通路经常处于开放状态,血流较快,其意义是使一部分血液能迅速通过微循环进入静脉,增加回心血量。

(2) 迂回通路:血液从微动脉经后微动脉、毛细血管前括约肌和真毛细血管网,然后汇集到微静脉。

此通路毛细血管丰富,血流缓慢,是血液和组织液之间进行物质交换的场所。

(3) 动-静脉短路:血液从微动脉经动-静脉吻合支直接进入微静脉,此通路血管壁较厚、血流迅速,不能进行物质交换。多见于皮肤、皮下组织的微循环中,有利于体温调节。

11. 组织液是血浆滤过毛细血管壁而形成的,其生成量主要取决于有效滤过压。

有效滤过压=(毛细血管血压+组织液胶体渗透压)—(血浆胶体渗透压+组织液静水压)。

毛细血管动脉端有效滤过压为正值,因而有液体滤出形成组织液,而静脉端有效滤过压为负值,组织液被重吸收进入血液,组织液中的少量液体将进入毛细淋巴管,形成淋巴液,经淋巴循环回心。

影响组织液生成的因素主要有:

(1) 毛细血管血压:毛细血管前阻力血管扩张,毛细血管血压升高,组织液生成增多。

(2) 血浆胶体渗透压:血浆胶体渗透压降低,有效滤过压增大,组织液生成增多。

(3) 淋巴回流:淋巴回流受阻,组织液回流减少。

(4) 毛细血管壁的通透性:在烧伤、过敏时,毛细血管壁通透性显著增高,血浆蛋白渗出毛细血管,使组织液胶体渗透压增高,组织液生成增多。

12. 夹闭动物一侧颈总动脉后,动脉血压升高。

正常情况下心脏射出的血液经主动脉弓、颈总动脉而到达颈动脉窦。当血压升高时,该处动脉管壁受到机械牵张而扩张,从而使血管壁外膜上作为压力感受器的感觉神经末梢兴奋,引起减压反射,使血压下降。而当血压下降使窦内压降低时,则减压反射减弱,使血压升高。

在实验中夹闭一侧颈总动脉后,心室射出的血液不能流经该侧颈动脉窦,使窦内压力降低,压力感受器受到的刺激减弱,经窦神经上传到心血管中枢的冲动减少,减压反射活动减弱,因而心率加快、心缩力加强,心输出量增加;阻力血管收缩,外周阻力增加,导致动脉血压升高。

  13. 电刺激完整的减压神经或切断后的中枢端，使心率减慢，心输出量减少，外周血管阻力降低，动脉血压下降；刺激其外周端时，一般对动脉血压没有影响。

  主动脉弓压力感受器的传入纤维一般均在迷走神经中上传入中枢，但家兔主动脉弓压力感受器的传入纤维却自成一束，在颈部与迷走神经及颈交感神经伴行，称为减压神经（相当于主动脉神经）。所以，电刺激完整的减压神经或切断后的中枢端时，其传入冲动相当于压力感受器的传入兴奋，传入延髓心血管中枢将引起减压反射的加强，使心率减慢，心输出量减少，外周血管阻力降低，动脉血压下降。

  由于减压神经是单纯的传入神经，故刺激其外周端时，一般对动脉血压没有影响。

  14. 静脉注射肾上腺素，血压先升高后降低，然后逐渐恢复正常。

  肾上腺素对心脏的作用是心率加快，兴奋传导加速，心肌收缩力增强，心输出量增加；对血管的作用则主要取决于血管平滑肌上受体的分布情况：对 α 受体占优势的皮肤、肾、胃肠道等内脏血管，肾上腺素使之收缩；而对 β 受体占优势的骨骼肌、肝和心脏冠状动脉等血管，小剂量的肾上腺素常使其舒张，大剂量时才出现缩血管反应。

  静脉注射肾上腺素后，开始血液中浓度较高，对心脏和 α 受体占优势的血管产生作用，使心率加快，心肌收缩力加强，心输出量增多，皮肤、肾和胃肠等内脏血管收缩，所以血压升高。随着血中肾上腺素的代谢，其浓度逐渐降低，对 α 受体占优势的血管作用减弱，而对 β 受体占优势的骨骼肌、肝、冠状动脉血管产生作用，使之扩张，引起血压下降。最后肾上腺素逐渐消失，血压也逐渐恢复正常。

（倪月秋 姚 阳）

第五章 呼 吸

习 题

一、名词解释

1. 呼吸
2. 肺通气
3. 呼吸运动
4. 胸膜腔内压
5. 补吸气量
6. 肺活量
7. 用力呼气量
8. 功能残气量
9. 每分通气量
10. 肺泡通气量
11. 通气/血流比值
12. 氧含量
13. 血氧饱和度
14. 氧解离曲线
15. 肺牵张反射

二、填空题

1. 呼吸的全过程包括_____、_____、_____和_____。
2. 呼吸道对吸入气体具有_____、_____和_____作用。
3. 肺通气的直接动力是_____与_____之间的压力差,肺通气的原动力是_____。
4. 吸气初,肺内压_____大气压;胸内压_____大气压。
5. 腹式呼吸是指以_____舒缩活动为主的呼吸运动,胸式呼吸是指以_____舒缩为主的呼吸运动。
6. 人工呼吸的基本原理是人为地造成_____与_____之间的压力差,在人工呼吸时首先要保持_____。
7. 肺通气的阻力可分为_____和_____。
8. 一次最深吸气后尽力呼出的最大气量称为_____。
9. 肺泡通气量=(_____－_____)×_____。
10. 肺换气的过程是:O_2 由_____向_____扩散,CO_2 由_____向_____扩散,结果是使流经肺泡的_____血变成_____血。

11. 氧和二氧化碳在血液中的运输形式有_____和_____。

12. CO_2 的运输方式主要是以_____的形式在_____中运输。

13. 中度缺 O_2 可使外周化学感受器_____，使呼吸_____。

14. 调节呼吸最重要的体液因素是_____。

15. CO_2 分压升高时，主要是通过_____，其次是通过_____和_____反射性地使呼吸运动增强。

三、选择题

（一）A 型题

1. 呼吸是指
   A. 肺泡与血液之间进行气体交换的过程
   B. 气体进出肺的过程
   C. 机体与外界环境之间进行气体交换的过程
   D. 气体进出血液的过程
   E. 组织细胞与内环境进行气体交换的过程

2. 呼吸的意义主要是为机体
   A. 摄取 O_2 排出 CO_2
   B. 摄取 CO_2 排出 O_2
   C. 摄取 O_2 排出 N_2
   D. 摄取 O_2 排出 CO
   E. 摄取 CO 排出 O_2

3. 肺通气的直接动力是
   A. 肺内压与胸内压之差
   B. 肺内压与大气压之差
   C. 肺内压与气道阻力之差
   D. 胸内压与大气压之差
   E. 胸内压与肺内压之差

4. 肺通气的原动力是
   A. 肺内压与大气压之差
   B. 肺的扩张和回缩
   C. 肺内压与胸内压之差
   D. 呼吸肌的收缩和舒张
   E. 胸内压的周期性变化

5. 平静呼吸的特点是
   A. 吸气是主动的、呼气是被动的
   B. 吸气是被动的、呼气是主动的
   C. 吸气与呼气都是主动的
   D. 吸气与呼气都是被动的
   E. 吸气有时是主动的、有时是被动的

6. 肺内压等于大气压的时期是
   A. 呼吸全过程
   B. 呼气末和吸气初
   C. 吸气末和呼气初
   D. 呼气初和吸气初
   E. 呼气末和吸气末

7. 平静呼吸时，肺内压低于大气压的时相是
   A. 呼气初
   B. 呼气末
   C. 吸气初
   D. 吸气末
   E. 呼吸全程

8. 胸膜腔负压形成的主要原因是
   A. 肺的回缩力
   B. 肺弹性阻力
   C. 大气压力
   D. 胸膜腔的密闭性
   E. 胸廓的扩张

9. 胸壁穿刺伤使胸膜腔与大气相通，将造成
   A. 胸膜腔压力高于大气压
   B. 胸膜腔压力等于大气压
   C. 胸膜腔压力低于大气压
   D. 肺明显扩张
   E. 肺泡表面活性物质增多

10. 肺泡表面活性物质的作用主要是
    A. 降低肺泡表面张力，减小肺的顺应性

B. 增加肺泡表面张力，增加肺的顺应性

C. 降低肺的表面张力，不影响肺的顺应性

D. 增加肺泡表面张力，减小肺的顺应性

E. 降低肺泡表面张力，增加肺的顺应性

11. 影响气道阻力的主要因素是
    A. 气道的口径
    B. 气流的形式
    C. 气流的速度
    D. 气道的长度
    E. 气体的密度

12. 下列哪项能使呼吸道口径增大
    A. 跨壁压减小
    B. 副交感神经兴奋
    C. 呼气时
    D. 交感神经兴奋
    E. 吸入气中 CO_2 含量增加

13. 正常成人在平静呼吸时，每次呼出或吸进的气量为
    A. 300～350ml
    B. 400～600ml
    C. 600～700ml
    D. 500～800ml
    E. 800～1 000ml

14. 平静呼气末肺内的气体量是
    A. 潮气量
    B. 功能残气量
    C. 肺活量
    D. 肺通气量
    E. 肺泡通气量

15. 肺活量等于
    A. 补吸气量+潮气量
    B. 潮气量+补呼气量
    C. 补吸气量+补呼气量
    D. 深吸气量+补呼气量
    E. 补呼气量+余气量

16. 某人潮气量为 500ml，呼吸频率为 14 次/分，其肺泡通气量约
    A. 3000ml/min
    B. 4000ml/min
    C. 5000ml/min
    D. 6000ml/min
    E. 7000 ml/min

17. 下列哪项是评价肺一次通气功能最好的指标
    A. 肺活量
    B. 用力呼气量
    C. 每次肺通气量
    D. 每分肺通气量
    E. 每分肺泡通气量

18. 对肺泡气体分压具有缓冲作用的肺容量是
    A. 潮气量
    B. 补吸气量
    C. 补呼气量
    D. 残气量
    E. 功能残气量

19. 安静时，正常成人的 V_A/Q 的正常值是
    A. 0.64
    B. 0.064
    C. 0.48
    D. 0.84
    E. 0.084

20. 有关 O_2 运输的叙述，**错误**的是
    A. 运输形式有物理溶解和化学结合两种形式
    B. O_2 的结合形式是氧合血红蛋白
    C. 血液中化学结合 O_2 量远大于物理溶解量
    D. O_2 与 Hb 的结合反应快，不需要酶的催化，且是可逆的
    E. 吸入高压氧主要是增加化学结合的 O_2 量

21. Hb 氧饱和度的高低主要决定于
    A. Hb 的浓度
    B. 氧分压

C. 血浆 pH
D. CO_2 分压
E. 2,3-DPG 含量

22. 氧解离曲线通常表示
    A. Hb 氧容量与 PO_2 关系的曲线
    B. Hb 氧含量与 PO_2 关系的曲线
    C. Hb 氧饱和度与 PO_2 关系的曲线
    D. O_2 在血液中溶解的量与 PO_2 关系的曲线
    E. 血中 CO_2 含量与 PO_2 关系的曲线

23. CO_2 在血液中的运输形式主要是
    A. 以溶解的方式在血浆中运输
    B. 以氨基甲酸血红蛋白的形式在红细胞内运输
    C. 以碳酸氢盐的形式在红细胞内运输
    D. 以碳酸氢盐的形式在血浆中运输
    E. 以碳酸的形式在血浆中运输

24. 呼吸的基本中枢位于
    A. 脊髓
    B. 延髓
    C. 脑桥
    D. 中脑
    E. 大脑

25. 关于血液中 CO_2 对呼吸的影响的叙述，**错误**的是
    A. CO_2 是调节呼吸的重要体液因素
    B. 血液中 CO_2 升高可使外周化学感受器兴奋
    C. CO_2 可直接兴奋中枢化学感受器
    D. 血液中 CO_2 浓度过低可出现呼吸暂停
    E. 血液中 CO_2 浓度过高可出现呼吸麻痹

26. 正常情况下维持呼吸中枢兴奋性的有效刺激是
    A. 血液中一定程度的缺氧
    B. 血液中一定浓度的 CO_2
    C. 血液中一定浓度的碱性物质
    D. 肺牵张感受器传入冲动
    E. 呼吸肌本体感受器的传入冲动

27. 中枢化学感受器最敏感的刺激物是
    A. 血液中的 CO_2
    B. 血液中的 H^+
    C. 脑脊液中的 H^+
    D. 脑脊液中的 CO_2
    E. 脑脊液中的 PO_2 降低

28. 二氧化碳对呼吸运动的调节作主要是通过刺激
    A. 颈动脉体化学感受器
    B. 主动脉体化学感受器
    C. 肺牵张感受器
    D. 延髓中枢化学感受器
    E. 脑桥中枢化学感受器

29. 关于肺牵张反射的叙述，**错误**的是
    A. 感受器接受肺扩张的刺激
    B. 感受器存在于支气管和细气管壁的平滑肌内
    C. 传入纤维在迷走神经干中
    D. 可及时终止吸气，有利于吸气向呼气转化
    E. 参与成人正常节律性呼吸的形成和调控

30. 切断兔颈部双侧迷走神经后，呼吸
    A. 变深变快
    B. 变浅变快
    C. 变浅变慢
    D. 变深变慢
    E. 呼吸时相缩短

(二) X 型题

1. 呼吸的基本过程包括
   A. 肺通气
   B. 肺换气
   C. 氧气在血液中的运输
   D. 二氧化碳在血液中的运输
   E. 组织与血液之间的气体交换

2. 呼吸道在呼吸过程中的作用有
   A. 加温加湿吸入气
   B. 净化吸入气
   C. 调节气道阻力

D. 与血液气体交换

E. 减少肺泡通气量

3. 平静呼吸时肺内压的变化

　A. 吸气初，肺内压高于大气压

　B. 吸气初，肺内压低于大气压

　C. 吸气末，肺内压等于大气压

　D. 呼气初，肺内压高于大气压

　E. 呼气初，肺内压低于大气压

4. 平静呼吸时

　A. 只有吸气肌参与

　B. 只有呼气肌参与

　C. 吸气过程是主动的，呼气过程是被动的

　D. 呼气过程是主动的，吸气过程是被动的

　E. 吸气时，肺容积扩大、肺内压增加

5. 关于胸内压的叙述，正确的是

　A. 形成和维持胸内负压的重要条件是胸膜腔密闭

　B. 胸内负压的主要作用是维持肺的扩张状态

　C. 胸内负压增大可促进血液和淋巴液的回流

　D. 吸气时，胸内负压减小

　E. 胸内负压表示胸内压低于大气压

6. 胸膜腔负压生理作用有

　A. 降低气道阻力

　B. 使肺处于扩张状态

　C. 使肺能随胸廓运动

　D. 促进静脉血和淋巴液回流

　E. 减少呼吸时胸膜腔容积的变化

7. 一侧开放性气胸的患者可出现

　A. 吸气困难

　B. 呼气困难

　C. 回心血量减少

　D. 淋巴液回流减少

　E. 吸气时纵隔移向健侧

8. 肺通气动力必须克服哪些阻力才能实现肺通气

　A. 气道阻力

　B. 胸廓的弹性阻力

　C. 肺泡的表面张力

　D. 肺的弹性回缩力

　E. 肺泡表面活性物质产生的阻力

9. 肺泡表面活性物质

　A. 由肺泡Ⅰ型上皮细胞分泌

　B. 由肺泡Ⅱ型上皮细胞分泌

　C. 可以降低肺泡表面张力

　D. 是脂蛋白混合物

　E. 可以防止液体渗入肺泡内

10. 能引起支气管平滑肌收缩的因素有

　A. 迷走神经兴奋

　B. 5-羟色胺

　C. 组胺

　D. 儿茶酚胺

　E. 缓激肽

11. 肺活量包括

　A. 残气量

　B. 补吸气量

　C. 潮气量

　D. 补呼气量

　E. 肺总量

12. 影响肺活量的因素有

　A. 性别

　B. 年龄

　C. 身材

　D. 体位

　E. 呼吸肌强弱

13. 关于肺换气，下列描述正确的是

　A. 肺换气的结构基础是呼吸膜

　B. 是血液与肺泡之间的气体交换

　C. 氧气由血液扩散至肺泡，CO_2由肺泡扩散至血液

　D. 结果是使流经肺泡的静脉血变成动脉血

　E. 经过肺换气后，血液由肺动脉回到左心房

14. 影响肺换气的因素有

　A. 呼吸膜两侧的气体分压差

　B. 呼吸膜的厚度

C. 呼吸膜的面积
D. 肺泡通气量
E. 肺血流量

15. 关于呼吸气体在血液中运输的描述，正确的是
   A. 有物理溶解和化学结合两种运输形式
   B. CO_2 主要是以碳酸氢盐的形式在血浆中运输
   C. CO_2 主要是以氨基甲酸血红蛋白的形式在血浆中运输
   D. O_2 主要是以氧合血红蛋白的形式在红细胞内运输
   E. O_2 主要是溶解在血浆中运输

16. 下列哪些因素有利于组织获得更多的氧
   A. 组织氧分压降低
   B. 组织氧分压升高
   C. 组织二氧化碳产生量增多
   D. 组织二氧化碳产生量减少
   E. 组织温度升高

17. 下列哪些可引起氧离曲线移位
   A. PCO_2
   B. PO_2
   C. pH
   D. 2,3-二磷酸甘油酸
   E. 温度

18. 关于血液中 CO_2 浓度改变对呼吸的影响，叙述正确的是
   A. 是调节呼吸的重要体液因素
   B. CO_2 浓度增加，可兴奋外周化学感受器
   C. CO_2 浓度增加，可兴奋中枢化学感受器
   D. CO_2 浓度越高，呼吸中枢兴奋性越高
   E. CO_2 浓度过低，可出现呼吸暂停

19. 中枢化学感受器
   A. 位于延髓腹外侧表浅区
   B. 可以感受血液中 O_2 浓度的改变
   C. 主要感受血液中 H^+ 浓度的改变
   D. 主要感受脑脊液中 H^+ 浓度的改变
   E. 可以感受脑脊液中 HCO_3^- 的变化

20. 可以影响呼吸运动的体液因素是
   A. O_2
   B. CO_2
   C. H^+
   D. HCO_3^-
   E. Na^+

四、是非判断题

1. 呼吸是指肺与外界进行气体交换的过程。
2. 平静呼吸时的动作，是由于肋间内肌收缩，使肋骨下降，胸廓容积减小而完成。
3. 肺的弹性回缩力主要来源于肺的胶原纤维和弹性纤维。
4. 胸膜腔中没有空气，实际上并不是真正的腔，但腔中有少量浆液，起润滑作用，在呼吸运动过程中，脏、壁两层胸膜可以互相滑移。
5. 交感神经使支气管平滑肌收缩，副交感神经使支气管平滑肌舒张。
6. 肺泡表面活性物质是由肺泡Ⅰ型细胞分泌的能激活表面张力的物质。
7. 肺的残气量等于功能残气量减去补呼气量。
8. 血中物理性溶解的气体的分压，可按气体处于气相时的容积占血液容积的百分比，乘 760mmHg 算出。
9. 肺的顺应性越大，其弹性阻力也越大，故顺应性可作为弹性阻力的指标。
10. 迷走神经兴奋可使呼吸运动的非弹性阻力增大。
11. 肺活量和功能残气量之和等于肺总容量。

12. O_2 和 CO_2 在血液中运输时,因都与血红蛋白相结合,故存在竞争性抑制。
13. 温度升高促进 O_2 的溶解,因而使氧离曲线左移。
14. 呼吸中枢的神经元在缺氧时兴奋性升高,因而使呼吸增强,以体现调节作用。
15. 肺扩张反射的感受器存在于肺泡,而传入神经纤维则走行于迷走神经之中。
16. CO_2 在血中浓度变化所引起的呼吸运动变化,主要是通过中枢性化学感受器而起作用的。

五、问答题

1. 说出呼吸的概念及呼吸的基本过程。
2. 肺通气的动力和阻力是什么?
3. 胸内压是如何形成的?有何特点及生理意义?
4. 肺活量和用力呼气量有何不同?
5. 什么是肺换气?影响肺换气的因素有哪些?
6. 切断家兔双侧迷走神经,呼吸运动会发生什么变化?为什么?
7. 什么是氧离曲线?分析氧离曲线各段的特点及意义。
8. 试述 PCO_2 增高、PO_2 降低、H^+ 增加对呼吸运动的影响。

参考答案

一、名词解释

1. 机体与外界环境之间气体交换的全过程称呼吸。
2. 肺与外界环境之间的气体交换过程称肺通气。
3. 呼吸运动是指呼吸肌的收缩和舒张引起的胸廓有节律地扩大与缩小。
4. 胸膜腔内压是指胸膜腔内的压力。由于胸膜腔内压通常低于大气压,因此习惯上也称为胸膜腔负压。
5. 补吸气量是指平静吸气末再尽力吸气,所能增加的吸入气量。
6. 肺活量是指作一次最深吸气后,尽力呼出的最大气量。
7. 用力呼气量是指受试者在一次最深吸气后,用力尽快呼气,然后计算第 1、2、3 秒末呼出的气量占肺活量的百分数。
8. 功能残气量是指平静呼气末,肺内所余留的气量。
9. 每分通气量是指每分钟内吸入或呼出肺的气体量,为潮气量与呼吸频率的乘积。
10. 肺泡通气量是指每分钟吸入肺内进行气体交换的新鲜空气量。
11. 通气/血流比值指的是每分钟肺泡通气量与肺血流量之间的比值。
12. 氧含量是指每升血液的实际含 O_2 量。
13. 氧饱和度是指氧含量占氧容量的百分数。
14. 表示氧分压与血氧饱和度关系的曲线称氧解离曲线。
15. 肺扩张或缩小而促使吸气转为呼气或呼气转为吸气的反射性呼吸变化,称肺牵张反射。

二、填空题

1. 肺通气　肺换气　气体在血液中运输　组织换气
2. 加温加湿　过滤　清洁
3. 大气　肺泡气　呼吸肌收缩和舒张引起的呼吸运动
4. 低于　低于
5. 膈肌　肋间外肌
6. 肺　大气　呼吸道通畅
7. 弹性阻力　非弹性阻力
8. 肺活量
9. 潮气量　无效腔　呼吸频率
10. 肺泡　血液　血液　肺泡　静脉　动脉
11. 物理溶解　化学结合
12. 碳酸氢盐　血浆
13. 兴奋　加强
14. CO_2
15. 刺激中枢化学感受器　刺激颈动脉体　主动脉体

三、选择题

（一）A 型题

1. C	2. A	3. B	4. D	5. A	6. E	7. C	8. A	9. B
10. E	11. A	12. D	13. B	14. B	15. D	16. C	17. B	18. E
19. D	20. E	21. B	22. C	23. D	24. B	25. C	26. B	27. C
28. D	29. E	30. D						

（二）X 型题

1. ABCDE	2. ABCE	3. BCD	4. AC	5. ABCE	6. ABCD
7. ABCDE	8. ABCD	9. BCDE	10. ABCE	11. BCD	12. ABCDE
13. ABD	14. ABCDE	15. ABD	16. ACE	17. ACDE	18. ABCE
19. AD	20. ABC				

四、是非判断题

1. 错	2. 错	3. 错	4. 对	5. 错	6. 错	7. 对	8. 错	9. 错
10. 对	11. 错	12. 错	13. 错	14. 错	15. 错	16. 对		

五、问答题

1. 呼吸是指机体与外界环境之间的气体交换的过程。

呼吸过程包括：

(1) 肺通气，指肺与外界环境之间的气体交换；

(2) 肺换气，指肺泡与肺毛细血管之间的气体交换；

(3) 气体在血液中的运输；

(4) 组织换气，指血液与组织细胞之间的气体交换。

2. (1) 肺通气的直接动力是肺内压与大气压之差，肺通气的原动力是呼吸肌收缩舒张引起的呼吸运动。原动力转变为直接动力的关键是胸膜腔负压。

(2) 肺通气的阻力有弹性阻力和非弹性阻力两种。

弹性阻力包括肺弹性阻力与胸廓弹性阻力。肺弹性阻力包括肺泡表面液体层所形成的表面张力和肺弹性纤维的弹性回缩力。

非弹性阻力包括惯性阻力、黏滞阻力和呼吸道阻力。

3. (1) 胸内压主要是由肺的回缩力形成的。胸膜腔是一个密闭的、潜在的腔。有两种力通过胸膜脏层作用于胸膜腔：一是肺内压，使肺泡扩张；二是肺回缩力，使肺泡缩小。因此，胸膜腔内压力实际上是两种方向相反的力的代和数，即：胸内压＝肺内压－肺回缩力。在吸气末和呼气末，肺内压都等于大气压，故：胸内压＝大气压－肺回缩力。若以一个大气压为0值标准，则胸内压＝－肺回缩力。

(2) 特点：正常情况下，胸内压经常为负压。

(3) 生理意义：

维持肺泡呈扩张状态，以便顺利地进行肺通气和肺换气。

牵张胸膜腔内的腔静脉和胸导管，促进静脉血和淋巴液的回流。

4. (1) 肺活量指的是最大吸气后再尽力呼气所能呼出的最大气量。肺活量反映一次通气的最大能力，在一定程度上可作为肺通气功能的指标，但它不限制呼气的时间，故不能充分反映肺通气功能的好坏。

(2) 用力呼气量是指在最大吸气后以最快速度呼出气体，分别测量第1、2、3秒内呼出的气量并计算其占肺活量的百分比。用力呼气量是一种动态指标，它不仅能反映肺活量的大小，而且因为限制了呼气时间，所以还能反映呼吸阻力的变化。因此是评定肺通气功能较好的指标。

5. 肺换气指的是肺泡和血液之间的气体交换过程。

影响因素：

(1) 呼吸膜的面积和厚度：

①正常人肺的总扩散面积很大，达 $100m^2$，在平静呼吸时，呼吸膜的扩散面积约 $40m^2$，在体力劳动时扩散面积可增大。

②正常情况下，呼吸膜的总厚度很薄，不到 $1\mu m$，对 O_2 和 CO_2 通透性很大。在病理情况下，呼吸膜的面积减少（如肺气肿）或呼吸膜的厚度增加（如肺炎、肺纤维化等）都将导致气体扩散量减少。

(2) 通气/血流比值：肺换气是发生在肺泡与血液之间，要达到高效率的气体交换，肺泡既要有充足的通气量，又要有足够的血流量供给，正常人安静时通气/血流比值约为0.84，这是肺气体交换理想的状态。当此值增大或减小时都将影响气体交换。

6. (1) 切断家兔两侧迷走神经后，呼吸运动呈慢而深的变化。

(2) 迷走神经中含肺牵张反射的传入纤维。肺牵张反射中的肺扩张反射的生理意义，是促使吸气及时转为呼气。当切断两侧迷走神经后，中断了肺牵张反射的传入通路，肺牵张反射的作用被消除，此时，呼吸呈慢而深的变化。

7. (1) 氧离曲线为表示氧分压与血氧饱和度关系的曲线。在一定范围内曲线近似"S"形。

(2) 各段的特点及意义：

①当 PO_2 在 60~100mmHg 之间时（曲线上段），曲线较平坦，表明 PO_2 的变化对血氧饱和度影响不大。氧解离曲线的这一特性使生活在高原地区的人，或当呼吸系统疾病造成 V/Q 比值减小时，只要 PO_2 不低于 60mmHg，血氧饱和度就可维持在 90% 以上，从而保证了人体对 O_2 的需要。

②当 PO_2 在 40~60mmHg 之间时（曲线中段），曲线较陡，表明在这个范围内，PO_2 轻度降低就会引起血氧饱和度较大幅度的下降，即有较多的 O_2 从氧合血红蛋白中解离出来。氧离曲线的这一特点有利于处于低 O_2 环境的组织细胞摄取 O_2。

③当 PO_2 在 15~40mmHg 之间时（曲线下段），曲线最陡直，说明 PO_2 稍有降低血氧饱和度就会大幅度下降，即 HbO_2 极易释放 O_2。这一特点有利于组织代谢增强时能及时得到足够的 O_2。氧离曲线的这一特点还提示，当动脉血 O_2 分压较低时，只要吸入少量的 O_2，就可以明显提高血氧饱和度和血氧含量。

8.（1）CO_2 是调节呼吸最重要的体液因子。CO_2 对呼吸运动的调节可以通过刺激外周化学感受器和中枢化学感受器实现，且以兴奋中枢化学感受器为主。当血液中 CO_2 浓度轻度增加时，可以使呼吸中枢兴奋，呼吸加深加快；但当血液中 CO_2 浓度过度增加时，可使呼吸中枢麻痹，导致呼吸停止；当血液中 CO_2 浓度过低时，可使呼吸中枢抑制，出现呼吸暂停。

（2）机体缺 O_2，一方面可以兴奋颈动脉体、主动脉体外周化学感受器，反射性使呼吸中枢兴奋，使呼吸加深加快；另一方面，缺 O_2 可直接抑制呼吸中枢，使呼吸减弱。

当机体轻度缺 O_2 时，通过外周化学感受器，反射性兴奋呼吸中枢的作用大于直接抑制呼吸中枢的作用，表现呼吸加深加快。当严重缺 O_2 时，对呼吸中枢的直接抑制作用大于外周化学感受器，反射性兴奋呼吸中枢的作用，表现呼吸减弱，甚至呼吸抑制。

（3）由于 H^+ 不易通过血-脑屏障，血液 H^+ 对呼吸的影响主要是通过外周化学感受器而实现的。

当血液中 H^+ 浓度升高时，血浆 pH 减小，呼吸加强，肺通气量增大；反之，则 pH 增大，呼吸抑制，肺通气量减少。

（林艳华）

第六章 消化与吸收

习 题

一、名词解释

1. 消化
2. 吸收
3. 机械性消化
4. 化学性消化
5. 基本电节律
6. 胃肠激素
7. 黏液-碳酸氢盐屏障
8. 内因子
9. 容受性舒张
10. 集团蠕动

二、填空题

1. 消化道平滑肌经常保持微弱持续的收缩状态称为_____。
2. 胃肠平滑肌动作电位产生机制主要是_____离子内流。
3. 胃液的主要成分有_____、_____、_____及_____。
4. 胃底和胃体的壁细胞分泌_____和_____，而主细胞分泌_____。
5. 食物进入胃扩张胃及食物中的蛋白质消化产物引起_____释放_____而促进胃的排空。
6. 胃的运动形式有_____、_____及_____。
7. 当交感神经兴奋时，节后神经末梢释放_____，引起胃肠道运动的减弱，腺体分泌减少。
8. 对消化器官功能影响较大的胃肠激素主要有_____、_____和_____等。
9. 胆汁中促进脂肪消化的乳化剂为_____、_____和_____。
10. 胰液进入十二指肠后，小肠液中的_____迅速激活胰蛋白酶原，使其被水解掉一个小分子的肽，转变为有活性的胰蛋白酶。

三、选择题

(一) A 型题

1. 关于消化道平滑肌慢波电位的特点，**错误**的是
   A. 自律性
   B. 各部位频率不相同
   C. 可产生动作电位
   D. 是一种电变化
   E. 不引起肌肉收缩

2. 消化道内最重要的消化液为
   A. 唾液
   B. 胃液
   C. 胰液
   D. 胆汁
   E. 小肠液

3. 唾液中的唯一的消化酶是
   A. 溶菌酶
   B. 唾液淀粉酶
   C. 黏液
   D. 蛋白酶
   E. 脂肪酶

4. 胃液和血浆中 H^+ 浓度相差为
   A. 3 万～4 万倍
   B. 300 万～400 万倍
   C. 3000～4000 倍
   D. 30 万～40 万倍
   E. 30～40 倍

5. 胃液的作用是
   A. 保护肠黏膜免受盐酸的侵蚀
   B. 迅速激活胰蛋白酶原
   C. 水解胆固醇
   D. 促进脂溶性维生素的吸收
   E. 有助于小肠内铁和钙的吸收

6. 胃液分泌头期的特点是
   A. 分泌量多，酸度高，含酶丰富
   B. 分泌量少，酸度高，含酶丰富
   C. 分泌量多，酸度低，含酶丰富
   D. 分泌量多，酸度高，含酶量少
   E. 分泌量少，酸度低，含酶丰富

7. 引起胃液分泌的强刺激物是
   A. 促胃液素
   B. 促胰液素
   C. 抑胃肽
   D. 胆囊收缩素
   E. 胆汁

8. 引起消化力最强的胃液分泌是
   A. 头期
   B. 胃期
   C. 肠期
   D. 蛋白质分解产物刺激胃黏膜
   E. 胃扩张刺激胃黏膜

9. 引起促胃液素释放的主要化学刺激是
   A. 糖
   B. 脂肪分解产物
   C. 蛋白质分解产物
   D. 混合食糜
   E. 无机盐

10. 促胃液素由以下哪一种细胞分泌
    A. D 细胞
    B. G 细胞
    C. K 细胞
    D. I 细胞
    E. M 细胞

11. 关于内因子的描述，正确的是
    A. 与小肠吸收维生素 B_2 有关
    B. 促进小肠黏膜吸收维生素 D
    C. 与维生素 B_1 吸收有关
    D. 与巨幼红细胞性贫血有关
    E. 与缺铁性贫血有关

12. 胃液可以使
    A. 蛋白质分解
    B. 蛋白质完全分解成氨基酸
    C. 脂肪分解成脂肪酸
    D. 分解糖类（碳水化合物）
    E. 淀粉分解成麦芽糖

13. 关于胃黏膜自身保护作用的描述，正确的是

A. 覆盖于胃黏膜表面的黏液-碳酸氢盐屏障，防止 H^+ 和胃蛋白酶对胃黏膜的侵蚀
B. 胃黏膜上皮细胞顶部的细胞膜与相邻细胞间的紧密连接，有防止 H^+ 透过的作用
C. 胃黏膜血流十分丰富，为黏膜细胞提供了丰富的代谢原料
D. 胃黏膜局部还存在着自身保护性物质
E. 以上均是

14. 影响胃排空的主要因素
    A. 胃运动
    B. 胃容受性舒张
    C. 小肠运动
    D. 肠-胃反射
    E. 幽门括约肌舒张

15. 胃的排空
    A. 动力是胃和十二指肠之间的压力差
    B. 通常排空最快的食物是脂肪
    C. 副交感神经兴奋延缓排空
    D. 固体食物比流质食快
    E. 一般混合食物需时 6~8 小时

16. 下列食物排空速度顺序，正确的是
    A. 脂肪、糖、蛋白质
    B. 糖、蛋白质、脂肪
    C. 蛋白质、糖、脂肪
    D. 蛋白质、脂肪、糖
    E. 以上均不正确

17. 引起促胰液素释放的最强刺激物是
    A. 盐酸
    B. HCO_3^-
    C. 糖
    D. 无机盐
    E. 黏液

18. 胆囊收缩素引起胰液分泌的特点是
    A. 酶多，HCO_3^- 和水轻微增加
    B. 酶少，HCO_3^- 和水明显增加
    C. 酶多，HCO_3^- 和水明显增加
    D. 酶少，HCO_3^- 和水明显减少
    E. 酶多，HCO_3^- 增多，水减少

19. 促胰液素的主要作用是
    A. 抑制胆囊收缩
    B. 促进胰酶分泌
    C. 增强小肠运动
    D. 促进胃蛋白酶分泌
    E. 促进胰液中 $NaHCO_3$ 和水分泌

20. 胆汁促进脂肪消化和吸收主要与哪个成分有关
    A. 脂肪酸
    B. 胆盐
    C. 胆固醇
    D. 磷脂
    E. $NaHCO_3$ 和水

21. 胆盐的肠肝循环可以促进
    A. 肠运动
    B. 肝细胞分泌胆汁
    C. 胃运动
    D. 胆囊收缩
    E. 以上均是

22. 维生素 B_{12} 的吸收部位在
    A. 胃
    B. 十二指肠上部
    C. 空肠上部
    D. 结肠
    E. 回肠

23. 关于铁吸收的描述，**错误**的是
    A. 主要在十二指肠和空肠吸收
    B. 食物中的铁绝大部分是三价的高铁形式，不易被吸收
    C. 急性失血患者、孕妇、儿童对铁的需要量增加，铁的吸收也增加
    D. 维生素 C 能将高铁还原为亚铁而促进铁的吸收
    E. 铁在碱性环境中易溶解而便于被吸收

24. 关于蛋白质的吸收，正确的是
    A. 主要在十二指肠和空肠吸收
    B. 小肠吸收氨基酸的过程也是继发

性主动转运过程
- C. 刷状缘上存在着三类转运氨基酸的转运体
- D. 少量的食物蛋白质可完整地进入血液
- E. 以上均是

25. 关于钙吸收的描述，**错误**的是
    - A. 钙的吸收部位在小肠上段，特别是十二指肠吸收钙的能力最强
    - B. 脂肪食物对钙的吸收有促进作用
    - C. 维生素 D 有促进小肠吸收钙的作用
    - D. 肠内容物的酸碱度对钙的吸收没有影响
    - E. 钙的吸收是主动转运过程

26. 关于葡萄糖吸收的描述，**错误**的是
    - A. 小肠黏膜仅能吸收单糖，吸收的途径是血液
    - B. 有些成年人因小肠中乳糖酶的活性显著降低，所以饮牛奶后，会产生腹胀和腹泻
    - C. 小肠上皮刷状缘上存在有转运葡萄糖的转运体
    - D. 葡萄糖的吸收有赖于 Na^+ 的主动转运
    - E. 小肠黏膜上皮细胞的侧膜上存在葡萄糖转运体

27. 关于脂肪吸收的描述正确的是
    - A. 脂肪酸、一酰甘油（甘油一酯）、甘油及胆固醇均可被小肠黏膜上皮细胞吸收
    - B. 进入细胞内的脂肪酸、一酰甘油（甘油一酯）等随后的去路取决于脂肪酸分子的大小
    - C. 脂肪的吸收途径主要以淋巴为主
    - D. 脂肪吸收有血液和淋巴两种途径
    - E. 以上均是

(二) X 型题

1. 下列哪项属于消化道平滑肌一般生理特性
    - A. 具有紧张性
    - B. 兴奋性较低
    - C. 基本电节律
    - D. 对化学刺激敏感
    - E. 以上都是

2. 下列属于胃运动形式的是
    - A. 紧张性收缩
    - B. 分节运动
    - C. 容受性舒张
    - D. 蠕动
    - E. 袋状往返运动

3. 下列属于小肠运动形式的是
    - A. 多袋推进运动
    - B. 分节运动
    - C. 容受性舒张
    - D. 蠕动冲
    - E. 袋状往返运动

4. 促进胃排空的因素
    - A. 促胃液素
    - B. 迷走-迷走反射
    - C. 肠-胃反射
    - D. 促胰液素
    - E. 以上都是

5. 大肠内细菌能够合成的维生素有
    - A. 维生素 A
    - B. 维生素 B 族
    - C. 维生素 C
    - D. 维生素 E
    - E. 维生素 K

6. 能够分解食物中的淀粉的消化液有
    - A. 唾液
    - B. 胃液
    - C. 小肠液
    - D. 胰液
    - E. 胆汁

7. 对消化脂肪有作用的消化液有
    - A. 唾液
    - B. 胃液
    - C. 小肠液
    - D. 胰液

E. 胆汁
8. 下列哪一项属于唾液的作用
   A. 间接引起胰液、胆汁分泌
   B. 分解淀粉变成麦芽糖
   C. 杀菌作用
   D. 激活胃蛋白酶原
   E. 乳化脂肪
9. 下列哪项属于胃液的作用
   A. 分解蛋白质
   B. 分解淀粉
   C. 分解脂肪
   D. 杀菌
   E. 间接引起胰液、胆汁分泌
10. 下列哪一项属于内因子的作用
    A. 分解脂肪
    B. 杀菌
    C. 促进维生素 B_{12} 的吸收
    D. 抑制维生素 B_{12} 的吸收
    E. 与巨幼红细胞性贫血有关
11. 下列哪一项**不是**胰液的作用
    A. 分解蛋白质
    B. 分解淀粉
    C. 分解脂肪
    D. 乳化脂肪
    E. 促脂溶性维生素的吸收
12. 关于胆囊收缩素的作用，正确的是
    A. 促进胆囊收缩
    B. 促进胰酶分泌
    C. 促进胆汁分泌
    D. 抑制胃液分泌
    E. 促进胰腺生长
13. 促胰液素的作用是
    A. 抑制胃运动
    B. 促进胰酶分泌
    C. 促进小肠液分泌
    D. 促进胃蛋白酶分泌
    E. 促进胰液中 $NaHCO_3$ 和水分泌
14. 交感神经的作用是
    A. 节后纤维释放肾上腺素
    B. 节后纤维释放去甲肾上腺素
    C. 兴奋时胃肠括约肌收缩
    D. 消化腺分泌增多
    E. 促进胃排空
15. 副交感神经的作用是
    A. 节后纤维释放乙酰胆碱
    B. 节后纤维释放去甲肾上腺素
    C. 兴奋时胃肠括约肌收缩
    D. 消化腺分泌增多
    E. 胃肠蠕动增强
16. 下列哪一项属于非条件反射
    A. 食物刺激口腔引起胃液分泌
    B. 食物的视觉刺激引起唾液分泌
    C. 食糜对胃的扩张刺激引起胃液分泌
    D. 食物的香味刺激胃液分泌
    E. 肠-胃反射
17. 促胃液素的作用是
    A. 促进胃酸和胃蛋白酶原分泌
    B. 抑制小肠运动
    C. 促进胃排空
    D. 促进消化道黏膜生长
    E. 抑制胆汁分泌
18. 对消化器官功能影响较大的激素有
    A. 胰多肽
    B. 生长抑素
    C. 促胃液素
    D. 促胰液素
    E. 胰岛素
19. 胃肠激素的共同作用有
    A. 调节消化道运动
    B. 调节消化液分泌
    C. 调节胃排空
    D. 调节其他内分泌激素分泌
    E. 对消化道组织有营养作用
20. 能够分解蛋白质的消化液有
    A. 胃液
    B. 胆汁
    C. 胰液
    D. 唾液
    E. 小肠上皮细胞

21. 能够分解淀粉为麦芽糖的消化液有
    A. 胃液
    B. 胆汁
    C. 胰液
    D. 唾液
    E. 小肠液

22. 主要吸收维生素 B_{12} 和胆盐的部位
    A. 结肠
    B. 胃
    C. 十二指肠
    D. 小肠
    E. 回肠

四、是非判断题

1. 食物在消化道内的分解过程，称为消化。
2. 食物能透过消化道的黏膜进入血液循环而被吸收。
3. 消化腺的分泌过程是腺细胞的主动活动过程。
4. 消化道运动的主要作用在于完成对食物的机械性消化和推动食糜的前进。它对化学性消化好吸收也具有促进作用。
5. 唾液分泌的调节是通过神经反射性调节和体液性调节来实现的。
6. 副交感神经（迷走神经）对胃有抑制和兴奋两种影响。
7. 胃容受性舒张的传出通路是交感神经节后纤维。
8. 三种营养物质在胃中排空速度快慢的顺序是脂肪、糖、蛋白质。
9. 蛋白质食物具有强烈刺激胃液分泌的作用。
10. 组胺对胃酸分泌起抑制作用。
11. 小肠液是所有消化液中最重要的一种。
12. 小肠分节运动是以纵形肌为主的节律性收缩和舒张作用。

五、问答题

1. 消化道平滑肌有哪些生理特性？
2. 试述胃液分泌的调节机制。
3. 试述胰液成分和作用。
4. 试述胃排空及其控制机制。
5. 何谓消化道激素？其共同的生理作用有哪些？

参考答案

一、名词解释

1. 食物在消化道内被分解成可吸收的小分子物质的过程。
2. 食物经过消化后，透过消化道黏膜进入血液和淋巴液的过程。
3. 机械性消化是指通过咀嚼和消化道的运动将食物磨碎，使食物与消化液充分混合，并将食物不断向消化道远端推进的过程。
4. 化学性消化是指通过消化酶作用，将食物中的营养成分分解成小分子可被吸收的物质的过程。
5. 消化道平滑肌细胞在静息电位的基础上产生的一种缓慢的、节律性的电变化称为慢波电位或基本电节律。

6. 由胃肠黏膜的内分泌细胞分泌的多肽类激素。

7. 覆盖于胃黏膜表面的黏液-碳酸氢盐防止 H^+ 和胃蛋白酶的侵蚀，使胃黏膜免受损伤的作用。

8. 由壁细胞分泌的一种可与维生素 B_{12} 结合成复合物，促进维生素 B_{12} 的吸收的糖蛋白。

9. 进食时，食物刺激口腔、咽、食管等处的感受器后，通过迷走神经反射性地引起胃底和胃体的平滑肌舒张，称为胃的容受性舒张。

10. 大肠的一种收缩力强，行进很快，且传播很远的蠕动。

二、填空题

1. 紧张性收缩

2. 钙

3. 胃酸　胃蛋白酶原　黏液　内因子

4. 盐酸　内因子　胃蛋白酶原

5. G 细胞　促胃液素

6. 容受性舒张　紧张性收缩　蠕动

7. 去甲肾上腺素

8. 促胃液素　促胰液素　胆囊收缩素

9. 胆盐　胆固醇　卵磷脂

10. 肠致活酶（肠激酶）

三、选择题

（一）A 型题

1. C　　2. C　　3. B　　4. B　　5. E　　6. A　　7. A　　8. A　　9. C
10. B　　11. D　　12. A　　13. E　　14. A　　15. A　　16. B　　17. A　　18. A
19. E　　20. B　　21. B　　22. E　　23. E　　24. E　　25. D　　26. E　　27. E

（二）X 型题

1. ABD　　2. ACD　　3. BD　　4. AB　　5. BE　　6. AD
7. DE　　8. BC　　9. ADE　　10. CE　　11. DE　　12. ABCE
13. ACE　　14. BC　　15. ADE　　16. ACE　　17. ACD　　18. CD
19. ABDE　　20. ACE　　21. CD　　22. E

四、是非判断题

1. 对　2. 错　3. 对　4. 对　5. 错　6. 对　7. 错　8. 错　9. 对
10. 错　11. 错　12. 错

五、问答题

1. 消化道平滑肌的生理特性有以下几点：

（1）自动节律性收缩。

（2）富有伸展性。

（3）兴奋性较低。

（4）具有紧张性

（5）对某些理化刺激敏感：消化道平滑肌对电刺激不敏感，但对于牵张、温度和化学刺激特别敏感。

2. 进食将刺激胃液大量分泌，这种进餐后的胃液分泌称为消化期胃液分泌。消化期胃液分泌根据感受食物刺激的部位不同，人为地分为头期、胃期和肠期。

（1）头期胃液分泌：是指食物刺激头面部的感受器，如眼、鼻、耳、口腔、咽、食管等，所引起的胃液分泌。引起头期胃液分泌的机制包括条件反射和非条件反射。传出神经是迷走神经，主要支配胃腺，可刺激胃腺分泌，也支配胃窦部的G细胞，通过促胃液素促进胃液分泌。

头期胃液分泌的特点是分泌的量较大，占进食后分泌量的30%，酸度最高，胃蛋白酶含量最丰富。

（2）胃期胃液分泌：食物的扩张刺激，可兴奋胃体和胃底部的感受器，通过迷走-迷走神经反射、壁内神经丛的局部反射和促胃液素释放引起胃液分泌。

胃期胃液分泌特点是，分泌量大，占进食后总分泌量的60%，酸度最高，胃蛋白酶的含量较头期少。

（3）肠期胃液分泌：食糜进入十二指肠和空肠上部后，对肠壁的扩张刺激和肠黏膜的化学刺激，促进胃液分泌。引起肠期胃液分泌的机制主要是体液因素。

肠期胃液分泌的特点是，分泌量较少，约占进餐后胃液分泌总量的10%，胃蛋白酶的含量也较少。

3. 胰液中除含有大量水分外，还含有多种消化酶和 HCO_3^-。

（1）碳酸氢盐的作用：中和进入十二指肠的盐酸，保护肠黏膜免受盐酸的侵蚀；为小肠内的多种消化酶活动提供最适的pH环境（pH7~8）。

（2）胰蛋白酶原和糜蛋白酶原的作用：胰蛋白酶和糜蛋白酶作用相似，都能将蛋白质水解为蛋白脉和蛋白胨，而且两者同时作用时消化作用更强，可将蛋白质水解为小分子的多肽和氨基酸。

（3）胰淀粉酶的作用：将淀粉分解为糊精、麦芽糖及麦芽寡糖。

（4）胰脂肪酶的作用：可分解三酰甘油（甘油三酯）为一酰甘油（甘油一酯）、甘油和脂肪酸。胰液中还有胆固醇酯酶和磷脂酶，能分别水解胆固醇和磷脂。

（5）其他作用：胰液中还有核糖核酸酶、脱氧核糖核酸酶、羧基肽酶等，它们分别水解核糖核酸、脱氧核糖核酸。

4.（1）胃的排空指食物由胃排入十二指肠的过程。

（2）胃排空的控制机制：

①胃排空的动力：胃与十二指肠之间的压力差是胃排空的直接动力，胃运动加强促进胃排空。

②胃内的食糜促进胃排空：胃内食糜扩张胃的机械刺激和化学成分，通过迷走-迷走反射、壁内神经丛反射和促胃液素，加强胃的运动，提高胃与十二指肠之间的压力差，促进胃排空。

③食糜进入十二指肠后抑制胃排空：十二指肠内食糜中的酸、脂肪、高渗及扩张刺激，可兴奋十二指肠壁上的相应感受器，引起肠-胃反射，反射性地抑制胃的运动，使胃排空减

慢。另一方面，食糜中的酸和脂肪还可刺激十二指肠黏膜释放促胰液素、抑胃肽、胆囊收缩素等胃肠激素，它们经血液循环到达胃后，也可抑制胃的运动，减缓胃排空。

5.（1）胃肠激素是由胃肠黏膜的内分泌细胞分泌的肽类激素，分子量大多数在 5000 以内。

（2）共同作用：

①调节消化道的运动和消化腺的分泌。

②调节其他激素的释放。

③营养作用。

（姚丹丹）

第七章　能量代谢与体温

习　题

一、名词解释

1. 能量代谢
2. 氧热价
3. 呼吸商
4. 食物的特殊动力效应
5. 基础代谢率
6. 体温
7. 不感蒸发

二、填空题

1. 糖是最主要的供能物质，其两种供能途径分别为_____和_____。
2. 影响能量代谢的主要因素有_____、_____、_____和_____。
3. 测定基础代谢应在_____、_____、_____和_____条件下进行。
4. 皮肤散热的方式有_____、_____、_____和_____。
5. 当环境温度高于体温时，机体的散热方式是_____。
6. 安静时，机体的主要产热器官是_____，运动时则为_____。
7. 热适应（或热习服）后，引起发汗的体核温度（即发汗阈值）比习服前要_____；最大发汗速率_____；经汗液排出的氯化钠_____。
8. 体温调节的基本中枢位于_____，体温能够在一定温度水平保持相对稳定可用_____学说解释。

三、选择题

（一）A 型题

1. 下列哪种物质既是重要的贮能物质又是直接供能的物质
   A. 肝糖原
   B. 三磷腺苷（ATP）
   C. 脂肪酸
   D. 葡萄糖
   E. 磷酸肌酸
2. 蛋白质生物热价小于物理热价的原因是
   A. 蛋白质在体内消化不完全
   B. 氨基酸在体内转化为糖
   C. 氨基酸在体内合成组织蛋白
   D. 氨基酸在体内没有完全氧化
   E. 氨基酸在体内吸收不完全
3. 机体体温最高的部位是
   A. 心
   B. 肝
   C. 脑
   D. 肾

E. 直肠
4. 体温调定点位于
   A. 脊髓
   B. 大脑皮质
   C. 延髓
   D. 视前区-下丘脑前部
   E. 丘脑
5. 在寒冷环境中，下列哪项反应**不会**出现
   A. 甲状腺激素分泌增加
   B. 皮肤血管舒张，血流量增加
   C. 出现寒战
   D. 组织代谢率增高，产热量增加
   E. 交感神经兴奋
6. 影响能量代谢的最主要因素是
   A. 肌肉活动
   B. 精神活动
   C. 食物的特殊动力作用
   D. 环境温度
   E. 体温变化
7. 关于体温的叙述，下列哪项**不正确**
   A. 是指机体深部组织的平均温度
   B. 腋窝温度正常值为 36.0~37.4℃
   C. 成年男性的平均体温比女性高
   D. 视交叉上核很可能是体温日节律的控制中心
   E. 生育年龄女性的基础体温在排卵日最低
8. 短期饥饿时，人体能量来源发生的变化是
   A. 由糖转向蛋白质
   B. 由脂肪转向糖
   C. 由糖转向脂肪
   D. 由蛋白质转向脂肪
   E. 由脂肪转向蛋白质
9. 关于基础代谢率的叙述，下列哪项是正确的
   A. 能量消耗只用于维持一些基本的生命活动
   B. 代谢率是最低的

   C. 男性比女性低
   D. 与体重成正比
   E. 体温每升高 1℃，基础代谢率将升高 30%左右
10. 食物的特殊动力作用可能主要与下列哪项活动的耗能有关
    A. 氨基酸的氧化脱氨基
    B. 消化道运动
    C. 消化道分泌
    D. 蛋白质的消化和吸收
    E. 脂肪的消化吸收
11. 下列哪种生理情况下基础代谢率最低
    A. 熟睡时
    B. 基础条件下
    C. 清晨醒后未进食之前
    D. 平卧时
    E. 做梦时
12. 食物特殊动力效应最大的物质是
    A. 糖
    B. 脂肪
    C. 蛋白质
    D. 维生素
    E. 核苷酸
13. 用简便方法测定基础状态下的能量代谢率，必须测得的数据是
    A. 食物的卡价
    B. 食物的氧热价
    C. 非蛋白呼吸商
    D. 单位时间内的耗氧量
    E. 心跳和呼吸频率
14. 乙醇擦浴降温主要是增加了皮肤的
    A. 传导散热
    B. 对流散热
    C. 辐射散热
    D. 蒸发散热
    E. 散热面积
15. 人在寒冷环境中，主要依靠哪种方式增加产热量
    A. 内脏代谢增加

B. 寒战性产热
C. 非寒战性产热
D. 脑代谢增加
E. 甲状腺激素分泌增加

(二) X 型题
1. 下列哪些情况下呼吸商减小
   A. 进食后不久
   B. 进食后 8～10 小时
   C. 长期饥饿时
   D. 肺过度通气
   E. 患严重糖尿病时
2. 关于能量代谢率的叙述，下列哪些是正确的
   A. 体重相同的人，其基础代谢率相同
   B. 基础状态下的能量代谢率并非最低
   C. 基础代谢率的测定有助于对甲状腺疾病的诊断
   D. 基础代谢率通常以实测值高于或低于正常值的百分数来表示
   E. 基础代谢率与体表面积之间具有比例关系
3. 使能量代谢率增加的因素是
   A. 肌紧张增加
   B. 环境温度过低
   C. 全蛋白质饮食
   D. 环境温度过高
   E. 恐惧
4. 影响能量代谢的因素是
   A. 肌肉活动
   B. 环境温度
   C. 精神紧张
   D. 进食
   E. 食物的种类
5. 基础状态是指
   A. 清晨、静卧半小时以上
   B. 禁食 12 小时以上
   C. 清醒、安静
   D. 室温保持在 20～25℃

E. 清晨、睡眠
6. 寒冷引起能量代谢增加的主要因素是
   A. 肌紧张加强
   B. 各种酶活动加强
   C. 甲状腺激素分泌增加
   D. 褐色脂肪氧化分解增加
   E. 儿茶酚胺类物质释放增多
7. 生育期女子体温的特点是
   A. 比同龄男子体温略高
   B. 比男子昼夜波动明显
   C. 基础体温与血中孕激素的浓度有关
   D. 与排卵有关
   E. 排卵后期高于排卵前期
8. 风速能明显影响下列哪些散热方式
   A. 传导
   B. 对流
   C. 辐射
   D. 不感蒸发
   E. 发汗
9. 正常人体温的日节律
   A. 清晨 2：00～6：00 体温最低
   B. 午后 1：00～6：00 最高
   C. 波动幅度一般不超过 1℃
   D. 受下丘脑控制
   E. 视上核可能是机体各种日节律包括体温日节律的控制中心
10. 在代谢性产热中，体内褐色脂肪
    A. 产热量约占代谢性产热总量的 70%
    B. 氧化磷酸化过程主要以"脱耦联"形式进行
    C. 氧化分解所释放的能量几乎全部转化为热能
    D. 对新生儿体温调节格外重要
    E. 交感神经兴奋和血中儿茶酚胺类激素水平增加可加强褐色脂肪组织细胞的氧化分解
11. 以下关于基础代谢率的正确描述有
    A. 基础状态下能量消耗较稳定，只用于维持一些基本的生命活动

B. 基础代谢率以每小时每平方米体表面积的产热量为单位
C. 实测值同正常值比较，相差在±10%～±15%之内都属于正常
D. 同年龄组女性比男性基础代谢率要高
E. 甲状腺功能亢进时，基础代谢率可明显升高

12. 属于体温生理性变动的是
A. 每日体温的波动范围不超过1℃
B. 女性比男性体温略高
C. 活动可使体温升高
D. 饮食可使体温升高
E. 麻醉可使体温升高

四、是非判断题

1. 1g脂肪氧化时所释放的能量约为1g糖或蛋白质在体内氧化时所释放能量的2倍。一般说来，机体所需能量的70%以上是由食物中或贮存于体内的脂肪提供的。
2. 在机体内ATP载荷的自由能除骨骼肌收缩时转变为机械功之外，其余均在完成各种化学功、转运功后转变为热能。这些热能又可被再利用转变为ATP载荷的自由能。
3. 基础代谢率是指机体最低的能量代谢率而言。
4. 机体的深部温度是相对稳定而又均匀的。这说明各内脏器官的温度也是一致的。
5. 机体平均温度不是体核温度和平均温度的平均值。
6. 环境温度越高时机体深部组织在全身组织中所占有的重量比例（α值）也越高。
7. 三种供能物质的食物卡价中以脂肪为最高，但其呼吸商最低。
8. 汗腺持续而少量地分泌汗液，称为不感蒸发。
9. 支配小汗腺的交感神经节前神经纤维和节后神经纤维都释放乙酰胆碱，它们的阻断剂都是阿托品。

五、问答题

1. 举例说明何谓行为性体温调节和自主性体温调节？两者之间的关系如何？
2. 何谓基础代谢率？具体的测定要求有哪些，其各自意义如何？
3. 体温是如何维持恒定的？
4. 人体的主要的散热方式有哪些？各自特点如何？根据散热原理，如何降低高热病人的体温？

参考答案

一、名词解释

1. 能量代谢：物质代谢过程中伴随的能量的释放、转移、贮存和利用。
2. 氧热价：某营养物质氧化时，每消耗1L氧所产生的热量。
3. 呼吸商：一定时间内机体的CO_2产量与耗O_2量的比值。
4. 食物的特殊动力效应：食物引起机体额外产生热量的现象称为食物的特殊动力效应。意味着食物能够为机体提供的能量被这种"额外"的消耗减少了。
5. 基础代谢率：指基础状态下单位时间内的能量代谢。基础状态即：清晨、空腹（距前次用餐12小时以上，以排除食物生热效应的影响）；清醒，安静（除外精神紧张的影响）；

静卧半小时以上(排除肌肉活动的影响);室温保持在 20~25℃(以除外环境温度的影响)。

6. 体温是指机体深部组织的平均温度,也称体核温度。

7. 不感蒸发指水分直接透出皮肤和黏膜表面,在尚未聚成明显水滴时便蒸发掉的一种散热方式,也称不显汗。

二、填空题

1. 有氧氧化　无氧酵解
2. 肌肉活动　环境温度　食物的特殊动力作用　精神活动
3. 清醒而安静　静卧肌肉放松　空腹、距前次用餐 12 小时以上　室温 20~25℃
4. 辐射　传导　对流　蒸发
5. 蒸发
6. 内脏　骨骼肌
7. 低　增加　减少
8. 下丘脑　调定点

三、选择题

(一) A 型题

1. B　　2. D　　3. B　　4. D　　5. B　　6. A　　7. C　　8. C　　9. A
10. A　　11. A　　12. C　　13. D　　14. D　　15. B

(二) X 型题

1. BCE　　2. BCDE　　3. ABCDE　　4. ABCDE　　5. ABCD　　6. ACDE
7. ACDE　　8. BDE　　9. ABCD　　10. ABCDE　　11. ABCE　　12. ABCD

四、是非判断题

1. 错　2. 错　3. 错　4. 错　5. 对　6. 对　7. 对　8. 错　9. 错

五、问答题

1. 行为性体温调节是指机体在大脑皮质控制下,通过一定的行为来保持体温相对恒定。例如:蜷缩身体保暖、伸展肢体散热、踏步跺脚御寒、增减衣着,以及使用电风扇或空调等。自主性体温调节是在中枢神经系统特别是下丘脑的控制下,通过发动与产热和散热有关的生理反应如寒战、发汗、改变皮肤血流量等进行的体温调节。自主性体温调节是行为性体温调节的基础;行为性体温调节则是对自主性体温调节的补充。

2. 基础状态下单位时间内的能量代谢称为基础代谢率。所谓基础状态,是指室温在 20~25℃时人体处于清醒、安静和空腹的状态。测定基础代谢时,具体的测定要求是:

(1) 距前次用餐 12 小时以上,在清晨、空腹时进行,以排除食物特殊动力效应的影响。

(2) 室温保持在 20~25℃,以除外环境温度的影响。

(3) 测定前静卧半小时以上,使肌肉放松,排除肌肉活动的影响。

(4) 保持清醒、安宁,以除外精神紧张的影响。

3. 体温能在一定温度(如 37℃)水平保持相对稳定可用调定点学说解释。该学说认为,下丘脑 PO/AH 中的温度敏感神经元(热敏神经元和冷敏神经元)起着调定点的作用。正常情况下，机体的调定点在 37℃左右，热敏神经元活动引起的散热速率和冷敏神经元活动引起的产热速率正好相等，散热和产热保持平衡。当体温升高超过调定点水平时，热敏神经元活动明显增强，散热活动便明显大于产热活动，这使得升高的体温开始降低，直到回到调定点为止；当体温低于调定点水平时，冷敏神经元活动明显增强，产热活动则明显大于散热活动，这使降低的体温开始回升，直到回到调定点为止。因此，正常情况下体温总是保持在调定点附近。

4. 人体的散热器官主要是皮肤，其散热方式有：

（1）辐射散热。散热量与皮肤温度和气温的温度差以及有效辐射面积有关。

（2）传导散热。散热量与皮肤和物体的温差及物体的导热性有关。

（3）对流散热。散热量与皮肤和空气的温差以及风速的大小有关。

（4）蒸发散热。有不感蒸发和发汗两种方式，是气温等于或高于皮肤温度时的惟一散热途径。

不感蒸发与汗腺的活动无关，水分的蒸发不为人们所察觉；发汗是汗腺主动分泌汗液的结果，发汗速度受温度和湿度的影响。

根据散热原理，给高热病人进行降温的措施有：使用冰袋、冰帽（增加传导散热）；通风、减少衣着（增加对流散热）；乙醇擦浴（促进蒸发散热）等。

（闫长虹）

第八章 排 泄

习 题

一、名词解释

1. 排泄
2. 肾血流量的自身调节
3. 肾小球的滤过作用
4. 肾小球滤过率
5. 滤过分数
6. 肾小管和集合管的重吸收
7. 葡萄糖的吸收极限量
8. 球-管平衡
9. 肾糖阈
10. 渗透性利尿
11. $Na^+ - H^+$交换
12. 高渗尿
13. 低渗尿
14. 水利尿
15. 血浆清除率

二、填空题

1. 人体主要排泄途径有_____、_____、_____和_____。
2. 尿生成的三个基本过程包括_____、_____和_____。
3. 滤过膜上电学屏障的主要作用是限制_____的大分子物质滤过。
4. 肾小球有效滤过压的动力是_____，阻力由_____和_____组成。
5. 影响肾小球滤过的因素主要有_____、_____和_____。
6. 肾小管和集合管对物质的重吸收是_____，这样能保留对机体有用的物质，清除对机体有害和过剩的物质，实现对内环境的净化。
7. 近端小管对葡萄糖的重吸收有一定的限度，当血中的葡萄糖浓度超过_____时，部分葡萄糖就不能被重吸收，随尿排出而出现糖尿。
8. 肾小管主要分泌_____、_____和_____。
9. 终尿中的_____绝大部分是由远曲小管和集合管分泌的，其分泌量的多少取决于_____，受_____的调节。
10. 肾小管上皮细胞每分泌一个 H^+，可以重吸收1个_____和1个_____入血，这对维持体内的酸碱平衡具有重要意义。

11. 外髓部渗透压梯度的形成是由于髓袢升支粗段对_____的主动重吸收和对_____的继发性主动重吸收所致。
12. 在内髓部，渗透压梯度是由_____和_____共同形成的。
13. 肾素-血管紧张素系统、血 K^+ 升高和血 Na^+ 降低均可刺激肾上腺皮质分泌_____。
14. 如果每天的尿量长期保持在多于_____为多尿；在_____为少尿；少于_____为无尿，均属不正常现象。正常成人每天约产生 35g 固体代谢产物，最少需_____尿量才能将其溶解并排出。
15. 排尿反射的过程中，存在着_____反馈。

三、选择题

（一）A 型题

1. 肾的基本功能单位是
   A. 肾小球
   B. 肾小体
   C. 肾小管
   D. 集合管
   E. 肾单位

2. 肾小球的有效滤过压等于
   A. 肾小球毛细血管血压－（血浆胶体渗透压－囊内压）
   B. 肾小球毛细血管血压＋血浆胶体渗透压－囊内压
   C. 肾小球毛细血管血压－（血浆胶体渗透压＋囊内压）
   D. 肾小球毛细血管血压－血浆胶体渗透压＋囊内压
   E. 肾小球毛细血管血压＋血浆胶体渗透压＋囊内压

3. 原尿的成分
   A. 和终尿近似
   B. 葡萄糖比终尿少
   C. Na^+、K^+ 浓度比血浆高
   D. 比血浆少蛋白质
   E. 比血浆少葡萄糖

4. 下述情况中，使肾小球滤过率增多的是
   A. 肾小球毛细血管血压降低
   B. 肾血浆流量降低
   C. 血浆胶体渗透压降低
   D. 血浆晶体渗透压降低
   E. 肾小囊内胶体渗透压降低

5. 肾炎患者出现蛋白尿是由于
   A. 肾小球滤过率增高
   B. 肾血浆流量增大
   C. 血浆蛋白浓度增高
   D. 肾小球滤过膜面积增大
   E. 滤过膜上带负电荷的糖蛋白减少或消失

6. 肾血流量与全身血液循环相配合主要靠下列哪项来调节
   A. 自身调节
   B. 神经-体液调节
   C. 负反馈调节
   D. 正反馈调节
   E. 前馈调节

7. 下列哪种情况可导致肾小球滤过率增高
   A. 肾交感神经兴奋
   B. 注射大量肾上腺素
   C. 快速静脉滴注生理盐水
   D. 静脉滴注高渗葡萄糖液
   E. 注射抗利尿激素

8. 最易通过肾小球滤过膜的物质是
   A. 带负电的小分子
   B. 带正电的小分子
   C. 电中性的小分子
   D. 带正电的大分子
   E. 带负电的大分子

9. 促进肾小球滤过的动力是
   A. 肾小球毛细血管血压
   B. 囊内液体胶体渗透压
   C. 血浆胶体渗透压
   D. 囊内压
   E. 全身动脉压

10. **不属于**滤过膜的结构的是
    A. 基膜
    B. 肾小球毛细血管内皮细胞
    C. 裂隙膜
    D. 肾小囊脏层上皮细胞
    E. 带正电的蛋白质层

11. 关于葡萄糖重吸收的叙述，**错误**的是
    A. 与钠离子的重吸收相耦联
    B. 只有近端小管可以吸收
    C. 是一种继发性主动转运过程
    D. 近端小管重吸收葡萄糖能力有一定限度
    E. 正常情况下，近端小管不能将肾小球滤出的糖全部重吸收

12. 可分泌肾素的是肾的
    A. 致密斑
    B. 球外系膜细胞
    C. 间质细胞
    D. 球旁细胞
    E. 感受器细胞

13. 给家兔静脉注射抗利尿激素后尿量减少，尿液渗透压增高，其主要机制是远曲小管和集合管
    A. 对水通透性增高
    B. 对 Na^+ 重吸收增多
    C. 对尿素重吸收增多
    D. 管腔内溶质浓度降低
    E. 管腔外渗透压升高

14. 近端小管对 Na^+ 的重吸收量经常是 Na^+ 滤过量的
    A. 55%～65%
    B. 65%～70%
    C. 75%～80%
    D. 85%～90%
    E. 95%～99%

15. 近端小管对小管液的重吸收为
    A. 低渗重吸收
    B. 等渗重吸收
    C. 高渗重吸收
    D. 受抗利尿激素的调节
    E. 受醛固酮的调节

16. 致密斑的作用是直接感受
    A. 肾血管血压变化
    B. 肾血流的 NaCl 含量变化
    C. 肾小管内压变化
    D. 肾小管液 NaCl 含量变化
    E. 入球小动脉牵张刺激

17. 近端小管重吸收的关键动力是
    A. 基侧膜上的 Na^+ 泵
    B. 管腔膜上的同向转运
    C. 管腔膜上的逆向转运
    D. 管腔膜上的电中性转运
    E. 管腔膜上的生电性转运

18. 大量饮清水后引起尿量增多的主要原因是
    A. 抗利尿激素分泌减少
    B. 肾小球滤过率增大
    C. 动脉血压升高
    D. 近端小管渗透压增高
    E. 血管紧张素Ⅱ减少

19. 肾内髓部渗透梯度的形成主要依赖于
    A. NaCl
    B. 尿素
    C. NaCl 和尿素
    D. KCl
    E. NaCl 和 KCl

20. 肾小管对 HCO_3^- 的重吸收
    A. 以 HCO_3^- 的形式吸收
    B. 以 CO_2 的形式吸收
    C. 主要在远端小管进行
    D. 滞后于 Cl^- 的吸收
    E. 不依赖于 H^+ 的分泌

21. 给某患者静脉注射 50% 葡萄糖 50ml，患者尿量显著增加，尿糖定性阳性。分析该患者尿量增多的主要原因是
    A. 肾小管对水的通透性降低
    B. 肾小球滤过率增大
    C. 肾小管溶质浓度增加
    D. 肾小管对 Na^+ 吸收减少
    E. 血容量增大

22. 肾素-血管紧张素系统激活时
    A. 醛固酮分泌减少
    B. 抗利尿激素分泌减少
    C. 肾上腺素分泌减少
    D. 肾 NaCl 排出减少
    E. 肾小球滤过率增大

23. 终尿中的钾离子主要来源于
    A. 肾小球滤过
    B. 近曲小管分泌
    C. 髓袢降支粗段分泌
    D. 髓袢细段分泌
    E. 远曲小管和集合管分泌

24. 下列情况中，哪些情况下尿量不见增加
    A. 尿崩症
    B. 糖尿病
    C. 交感神经兴奋
    D. 肾动脉血压升高
    E. 输入甘露醇

25. 醛固酮的主要作用是
    A. 保钾排钠
    B. 保钠排钾
    C. 保钠保钾
    D. 排氢保钾
    E. 排氢保钠

26. 抗利尿激素的合成部位是
    A. 神经垂体
    B. 腺垂体
    C. 视上核
    D. 视前区
    E. 肾上腺皮质球状带

27. 远曲小管和集合管对水的重吸收主要受何种激素的调节
    A. ADH
    B. 醛固酮
    C. 糖皮质激素
    D. 血管紧张素
    E. 肾上腺素

28. 使醛固酮分泌增加的因素是
    A. 循环血量增加
    B. 肾小球滤过率增加
    C. 血钾浓度增高，血钠浓度降低
    D. 交感神经抑制
    E. 副交感神经兴奋

29. 抗利尿激素的主要作用是
    A. 提高远曲小管和集合管对水的通透性
    B. 保 Na^+、排 K^+、保水
    C. 增强髓袢升支粗段对 NaCl 的主动重吸收
    D. 促进近端小管对水的重吸收
    E. 提高内髓部集合管对尿素的通透性

30. 剧烈运动时尿量减少的主要原因是
    A. 体循环动脉血压下降
    B. 醛固酮分泌增多
    C. 肾血流量减少
    D. 血浆胶体渗透压升高
    E. 肾小管对水重吸收增加

31. 某患者服用对髓袢升支粗段 NaCl 主动重吸收有抑制作用的速尿后尿量增多，尿的渗透压下降，该患者排低渗尿的原因是远曲小管、集合管
    A. 对 Na^+ 主动重吸收减少
    B. 对 Cl^- 主动吸收减少
    C. 对水的通透性降低
    D. 管腔外渗透压梯度降低
    E. 管腔内溶质浓度增加

32. 葡萄糖的重吸收继发于下列哪种离子的主动重吸收
    A. K^+

B. Ca^{2+}
C. Cl^-
D. Na^+
E. Mg^{2+}

33. 抑制近端小管的 $Na^+ - H^+$ 交换不引起
    A. Na^+ 排出增多
    B. Cl^- 排出增多
    C. 水排出增多
    D. HCO_3^- 排出增多
    E. 葡萄糖排出增多

34. 某患者脊髓颈 7 处横断伤后出现尿失禁，其机制是
    A. 脊髓初级排尿中枢损伤
    B. 初级排尿中枢与大脑皮质失去联系
    C. 排尿反射传入神经受损
    D. 排尿反射传出神经受损
    E. 膀胱平滑肌功能障碍

35. 阴部神经抑制时
    A. 尿道内括约肌收缩
    B. 尿道内括约肌舒张
    C. 尿道外括约肌收缩
    D. 尿道外括约肌舒张
    E. 逼尿肌收缩

（二）X 型题

1. 机体的排泄器官有
   A. 肝
   B. 唾液
   C. 肺
   D. 肾
   E. 皮肤

2. 皮质肾单位的结构特点有
   A. 肾小球体积较大
   B. 含肾素颗粒较多
   C. 入球小动脉的口径比出球小动脉的口径小
   D. 入球小动脉的口径比出球小动脉的口径大
   E. 髓袢很短

3. 肾血流量的调节有
   A. 自身调节
   B. 交感神经调节
   C. 副交感神经调节
   D. 体液因素调节
   E. 正反馈调节

4. 影响肾小球滤过的因素有
   A. 肾小球毛细血管血压
   B. 血浆胶体渗透压
   C. 滤过膜的通透性
   D. 囊内压
   E. 肾血浆流量

5. 应急情况下，肾血流量减少，这是通过哪些调节机制来实现的
   A. 副交感神经系统活动加强
   B. 交感神经系统活动加强
   C. 迷走神经系统活动加强
   D. 肾上腺髓质分泌
   E. 自身调节

6. 能引起肾素分泌的因素是
   A. 循环血量减少
   B. 动脉血压降低
   C. 肾小球滤过 Na^+ 减少
   D. 肾小球滤过 K^+ 减少
   E. NH_3 的分泌

7. 近端小管能主动重吸收的物质包括
   A. Na^+
   B. Cl^-
   C. K^+
   D. H_2O
   E. NH_3

8. 醛固酮
   A. 是由近球小体分泌的
   B. 使肾小管重吸收钠增多
   C. 保钠排钾
   D. 使肾小管重吸收钾增多
   E. 使血容量减少

9. 肾小球的有效滤过压取决于
   A. 肾小球毛细血管血压
   B. 滤过膜的通透性

C. 血浆胶体渗透压
D. 血浆晶体渗透压
E. 囊内压

10. 尿液的浓缩与稀释机制取决于
    A. 肾小球滤过率
    B. 血浆胶体渗透压
    C. 直小血管的逆流交换作用
    D. 肾髓质渗透梯度
    E. 抗利尿激素的分泌

11. 近球小体包括
    A. 球旁细胞
    B. 致密斑
    C. 足突
    D. 裂隙膜
    E. 球外系膜细胞

12. 大失血引起尿量减少是由于
    A. 交感神经兴奋，肾动脉收缩，肾血浆流量减少
    B. ADH 释放增多
    C. 肾素-血管紧张素-醛固酮系统兴奋
    D. 发汗量增多
    E. 肾小球毛细血管血压降低，滤过减少

13. 肾分泌的生物活性物质有
    A. 肾素
    B. 促红细胞生成素
    C. $1,25$-二羟维生素 D_3
    D. 醛固酮
    E. 抗利尿激素

14. 有关葡萄糖的重吸收，正确的叙述是
    A. 葡萄糖的重吸收全部在近端小管完成
    B. 葡萄糖的重吸收是一个主动转运过程
    C. 需与 Na^+ 结合并与同一载体协同转运入细胞内
    D. 近端小管对葡萄糖部分重吸收
    E. 正常情况下部分葡萄糖不被重吸收

15. 集合管的功能包括
    A. 主动重吸收水
    B. 主动重吸收 Cl^-
    C. 分泌 H^+
    D. 分泌 K^+
    E. 分泌 NH_3

16. 关于醛固酮的叙述，正确的是
    A. 由近球细胞分泌
    B. 由致密斑分泌
    C. 促进 K^+ 分泌
    D. 促进 Na^+ 重吸收
    E. 由肾上腺皮质球状带分泌

17. 影响肾小管重吸收的激素是
    A. 血管紧张素
    B. 醛固酮
    C. 甲状旁腺素
    D. 心房钠尿肽
    E. 甲状腺激素

18. 使肾小球滤过率增加的因素是
    A. 严重呕吐、腹泻
    B. 大量输入生理盐水
    C. 输血
    D. 静脉输注白蛋白
    E. 大量输 5% 葡萄糖溶液

19. 肾小管分泌 H^+ 的部位是
    A. 近端小管
    B. 远曲小管
    C. 集合管
    D. 髓袢升支
    E. 髓袢降支

20. 盆神经兴奋时
    A. 膀胱逼尿肌松弛
    B. 膀胱逼尿肌收缩
    C. 尿道内括约肌收缩
    D. 尿道外括约肌松弛
    E. 尿道内括约肌松弛

四、是非判断题

1. 排泄物是指由直肠排出的食物残渣——粪便。
2. 肾泌尿排出大量的代谢终产物及多余的水、盐、酸、碱等,同时调节了机体的内环境,使其保持相对稳定。
3. 近髓肾单位约占肾单位总数的85%～90%,皮质肾单位仅占10%～15%。
4. 近髓肾单位的出球小动脉口径较入球小动脉口径为细;而皮质肾单位的出、入球小动脉口径几乎无大差别。
5. 近髓肾单位的肾素含量较多,而皮质肾单位几乎不含有肾素。
6. 肾小球的滤过是指当血液流过肾小球时,血浆中的水分及小分子物质滤入肾小囊的过程。
7. 肾小球毛细血管中的血浆胶体渗透压升高的速度与肾血浆流量成正比。
8. 选择性重吸收的生理意义在于避免对机体有用成分的损失,减少代谢终产物的潴留。
9. 小管液中不能被吸收的溶质所形成的渗透压是促进肾小管重吸收水分的力量。
10. 对溶质来说,浓度差和电位差是被动重吸收的动力。
11. 被动重吸收是逆着电化学梯度进行的,需要消耗能量。
12. 正常时进入滤液中的少量蛋白质,是通过肾小管上皮细胞的胞饮作用而被重吸收的。
13. 部分肾小管对葡萄糖的重吸收已达到极限时,尿中可不出现葡萄糖。
14. 当肾小球的葡萄糖滤过量与尿中排出量之差值不随血糖浓度的继续增高而改变时,此差值就是葡萄糖吸收的及限量。
15. 尿中排出的K^+,主要是滤过后未被重吸收的K^+。
16. 尿液渗透压高低是与血浆渗透压比较而言的。尿液渗透压＞血浆渗透压,称为高渗尿(浓缩尿);尿液渗透压＜血浆渗透压,称为低渗尿(稀释尿)。
17. 决定尿量多少的主要环节是肾小球滤过率,而不是肾小管与集合管对水的重吸收。
18. 膀胱的逼尿肌和内括约肌以及尿道外括约肌,都受自主神经——交感神经和副交感神经的双重神经支配。
19. 由腰髓发出到膀胱的腹下神经兴奋时,可使膀胱逼尿肌收缩,内括约肌弛缓,促进排尿。
20. 由骶髓发出到膀胱的盆神经兴奋时,膀胱逼尿肌弛缓,内括约肌收缩,抑制排尿。
21. 在排尿的反射活动中,腰髓和腹下神经比骶髓和盆神经的作用更为重要。

五、问答题

1. 人体内有哪些排泄途径,主要的排泄器官及其作用。
2. 人体在剧烈运动时,肾血流量和肾小球滤过率的变化及机制。
3. 阐述原尿的生成过程。
4. 叙述影响肾小球滤过的因素。
5. 葡萄糖重吸收的部位及机制。
6. 给健康家兔静脉注射20%葡萄糖液5ml后尿量有何变化,为什么?
7. 肾小管和集合管分泌H^+和K^+的意义。

8. 浓缩尿和稀释尿的形成及其意义。

9. 人体剧烈运动后，尿量的变化及其机制。

10. 醛固酮的作用及其调节。

参考答案

一、名词解释

1. 排泄指机体将物质代谢的终产物和进入体内的异物以及过剩的物质，经血液循环由相应的途径排出体外的过程。

2. 当肾动脉血压在 80～180mmHg 之间变动时，肾血流量能维持相对稳定。这种肾血流量不依赖于神经和体液因素的作用，在一定的血压变动范围内保持相对恒定的现象，称为肾血流量的自身调节。

3. 血液流经肾小球时，血浆中的水和小分子物质经滤过膜进入肾小囊腔形成原尿的过程，称为肾小球的滤过作用。

4. 单位时间（min）内两肾生成的原尿量，称为肾小球滤过率。正常成人在安静时约为 125ml/min。

5. 肾小球滤过率与每分钟肾血浆流量的比值，称为滤过分数。在肾血浆流量为 660ml/min 时，滤过分数约为 19%。

6. 原尿进入肾小管后称为小管液。小管液在流经肾小管和集合管时，其中大部分的水和溶质被管壁细胞吸收回血液的过程，称为肾小管和集合管的重吸收。

7. 人的两肾全部近端小管在单位时间内能重吸收葡萄糖的最大量，称为葡萄糖的吸收极限量。

8. 无论肾小球滤过率增多或减少，近端小管的重吸收量始终占滤过量的 65%～70%，这种关系称为球-管平衡。

9. 尿中开始出现葡萄糖时的最低血糖浓度，称为肾糖阈。

10. 由于小管液中的溶质含量增多，渗透压增高，使水的重吸收减少而发生尿量增多的现象，称为渗透性利尿。

11. 肾小管分泌 H^+ 与 Na^+ 的重吸收呈逆向转运，二者相互联系，称为 Na^+-H^+ 交换。

12. 排出的尿渗透压比血浆的高，称为高渗尿，表明尿液被浓缩。

13. 排出的尿渗透压比血浆的低，称为低渗尿，表明尿液被稀释。

14. 一次性大量饮清水，反射性地使抗利尿激素分泌和释放减少而引起尿量明显增多的现象，称为水利尿。

15. 血浆清除率是指在单位时间内，肾能将多少毫升血浆中的某种物质完全清除出去，此血浆毫升数称为该物质的血浆清除率（ml/min）。

二、填空题

1. 呼吸器官　消化器官　皮肤　肾

2. 肾小球的滤过作用　肾小管和集合管的重吸收作用　肾小管和集合管的分泌作用

3. 带负电荷

4. 肾小球毛细血管血压　血浆胶体渗透压　肾小囊内压
5. 有效滤过压　滤过膜的面积和通透性　肾血浆流量
6. 有选择性的
7. 肾糖阈
8. H^+　NH_3　K^+
9. K^+　血 K^+ 浓度　醛固酮
10. Na^+　HCO_3^-
11. Na^+　Cl^-
12. 尿素及其再循环　NaCl
13. 醛固酮
14. 2.5L　0.1～0.5L　0.1L　0.1L
15. 正

三、选择题

(一) A 型题

1. E	2. C	3. D	4. C	5. E	6. B	7. C	8. B	9. A
10. E	11. E	12. D	13. A	14. B	15. B	16. D	17. A	18. A
19. C	20. B	21. C	22. D	23. E	24. C	25. B	26. C	27. A
28. C	29. A	30. C	31. D	32. D	33. E	34. B	35. D	

(二) X 型题

1. ABCDE　2. BDE　3. ABD　4. ABCDE　5. BD　6. ABC
7. AC　8. BC　9. ACE　10. CDE　11. ABE　12. ABCE
13. ABC　14. ABC　15. BCDE　16. CDE　17. BCD　18. BCE
19. ABC　20. BE

四、是非判断题

1. 错　2. 对　3. 错　4. 错　5. 错　6. 对　7. 错　8. 对　9. 错
10. 对　11. 错　12. 对　13. 错　14. 对　15. 错　16. 对　17. 错　18. 错
19. 错　20. 错　21. 错

五、问答题

1. 人体内的排泄途径有呼吸器官、消化器官、皮肤和肾。

肾是主要的排泄器官。通过肾生成尿排出的代谢终产物、过剩物质和异物的种类最多、数量最大，并可随机体的不同状态而改变尿量和尿中物质的含量，在净化内环境、维持其理化性质的相对稳定中起着重要作用。

2. 当人体剧烈运动时，血液分布发生改变，肾血流量减少，肾小球滤过率降低。

剧烈运动时，交感神经活动增强，支配肾的交感神经末梢释放的去甲肾上腺素增多；肾上腺髓质分泌的肾上腺素和去甲肾上腺素增多，二者均使肾血管收缩，肾血流量减少，肾毛细血管血压降低，有效滤过压降低，肾小球滤过率减少。

3. (1) 正常的肾血浆流量是原尿生成的前提。安静时正常成人流经两肾的血浆流量约为 660ml/min。

(2) 滤过膜及其选择性的通透性，是原尿生成的结构基础。

滤过膜含有两个屏障：

①机械屏障：由三层结构组成：毛细血管内皮细胞层、基膜层、肾小囊脏层足细胞层。以上三层结构组成了滤过膜的机械屏障，其上的各种微孔对分子大小有选择性。小分子可以自由通过，大分子如蛋白质不能通过。

②静电屏障：在滤过膜的各层，均覆盖着一层带负电荷的物质（主要是黏液糖蛋白），对分子电性有选择性。带负电荷的分子不容易通过，带正电荷的分子容易通过。

(3) 肾小球的滤过作用：流经肾小球的血浆中的小分子物质透过滤过膜进入肾小囊形成滤液的过程称为肾小球的滤过作用。

有效滤过压是肾小球滤过作用的动力。

肾小球有效滤过压＝肾小球毛细血管血压—（血浆胶体渗透压＋肾小囊内压）

在入球小动脉端，有效滤过压等于 10mmHg。发生滤过作用。

在出球小动脉端，有效滤过压等于 0mmHg。不能发生滤过作用。

滤过作用主要发生在靠近入球小动脉的一侧滤过膜。

两肾生成的滤液（原尿）量：125ml/min，180L/d。

4．影响肾小球滤过的因素包括有效滤过压、滤过膜及其通透性和肾血浆流量。

(1) 有效滤过压：是肾小球滤过作用的动力。有效滤过压增大，滤过率增大。

①肾小球毛细血管血压：过低时有效滤过压降低，滤过量减少。

在安静状态下，由于肾血流量存在自身调节机制，肾小球毛细血管血压保持相对稳定，肾小球滤过率基本不变。人体大失血后，由于循环血量急剧减少，血压下降到 40mmHg 以下时，肾小球无滤过。

②血浆胶体渗透压：降低时有效滤过压增大，滤过量增多。

某些疾病使血浆蛋白的浓度明显降低，或由静脉输入大量生理盐水使血浆稀释，均可导致血浆胶体渗透压降低，有效滤过压升高，肾小球滤过率增大。

③肾小囊内压：增大时有效滤过压减小，滤过量减少。

在肾盂或输尿管结石形成或受到肿物压迫使尿流阻塞时，可致肾盂内压升高，逆行地使肾小囊内压也升高，有效滤过压降低，肾小球滤过率减小。

(2) 滤过膜：面积减小时滤过量减少；通透性增大时出现血尿、蛋白尿。

正常情况下，滤过膜的面积和通透性都比较稳定。在急性肾小球肾炎时，肾小球毛细血管的管腔变窄，使具有滤过功能的面积减小，肾小球滤过率亦减小；

滤过膜上带负电荷的糖蛋白减少或消失，滤过膜的通透性增大，使血浆蛋白质甚至血细胞"漏"出，出现蛋白尿和血尿。

(3) 肾血浆流量：肾血浆流量增大，肾小球滤过率增大。

如由静脉大量输入生理盐水和 5％葡萄糖溶液期间，肾小球毛细血管内血浆胶体渗透压升高的速率和有效滤过压下降的速率均减慢，产生滤过作用的毛细血管长度增加，肾小球滤过率增大。

5．葡萄糖的重吸收部位仅限于近端小管（主要在近曲小管），其余的各段肾小管无重吸收葡萄糖的能力。葡萄糖的重吸收是继发于 Na^+ 的主动重吸收。小管液中的葡萄糖和 Na^+ 与上皮细胞刷状缘上的转运体结合形成复合体后，引起其构型改变，使 Na^+ 易化扩散入细胞内，葡萄糖亦伴随进入。在细胞内，Na^+、葡萄糖和转运体分离，后者恢复原构型。Na^+被泵入组织液，葡萄糖则和管周膜上的载体结合，易化扩散至管周组织液再入血。

6. 给健康家兔静脉注射 20% 葡萄糖液 5ml 后尿量会增多和出现糖尿。

静脉注射 20% 葡萄糖液 5ml 后使血浆葡萄糖浓度升高，小管液中葡萄糖的溶质含量增多，超过肾糖阈，部分葡萄糖不能被近端小管重吸收，小管液渗透压增高，妨碍了水和 NaCl 的重吸收，使其排出增多，即引起渗透性利尿，故尿量增多并出现糖尿。

7. 肾小管各段和集合管上皮细胞均有分泌 H^+ 的功能。

细胞内的 H^+ 和小管液中 Na^+ 与细胞膜上的转运体结合，H^+ 被分泌到小管液中，小管液中的 K^+ 则被重吸收入细胞。在细胞内生成的 HCO_3^- 扩散至管周组织液，同其中的 Na^+ 生成 $NaHCO_3$ 并入血。碳酸氢钠是体内重要的碱贮备。

尿液中的 K^+ 主要是由远曲小管和集合管分泌的。在小管液中的 Na^+ 重吸收入细胞内的同时，K^+ 被分泌到小管液内。由于 Na^+-K^+ 交换和 Na^+-H^+ 交换都是 Na^+ 依赖性的，故二者呈竞争性抑制。肾小管和集合管分泌 H^+ 和 K^+ 的功能，对保持体内的酸碱平衡和 Na^+、K^+ 平衡具有重要意义。

8. 肾髓质组织液处于高渗透压状态，远曲小管和集合管内低渗状态，是尿液得以浓缩的基础，使小管液内的水有向管外扩散的趋势。ADH 的分泌是尿浓缩和稀释的条件。

（1）肾髓质高渗透压梯度的形成和保持：

①内髓质层高渗透压梯度是由于髓袢升支细段对 NaCl 的重吸收和集合管内髓质层段对尿素的重吸收和尿素循环形成的。

②外髓质层高渗透压梯度是由于髓袢升支粗短对 NaCl 的重吸收形成的。

在 U 形直小血管作用下，已经形成的髓质高渗透压梯度得以保持。

（2）ADH 的分泌：ADH 增强远曲小管和集合管对水的通透性，促进对水的重吸收。

ADH 的分泌主要受体内水、电解质平衡变化的影响。如机体内水过多，血浆晶体渗透压降低，抗利尿激素分泌和释放减少，集合管管壁对水通透性降低或不通透，对水的重吸收减少，而 NaCl 可被继续重吸收，最终形成大量的稀释尿。当机体缺水时，血浆晶体渗透压升高，抗利尿激素的分泌和释放增多，集合管对水的通透性增加，水重吸收增加，形成浓缩尿。

（3）尿浓缩和稀释的意义：肾对尿液的浓缩和稀释作用，可最大限度地保留或排出水，以维持体内的水平衡和体液渗透压的相对稳定。

9. 在人体剧烈运动后，因运动期间大量出汗而导致体内水分丧失，血浆晶体渗透压升高，使下丘脑-神经垂体合成和释放的抗利尿激素增加，促进集合管对水的重吸收，保留了水，排出的尿液浓缩，有利于血浆晶体渗透压恢复。

10. 醛固酮的主要作用是促进远曲小管和集合管上皮细胞对 Na^+ 的重吸收，同时促进 Cl^- 和水的重吸收以及 K^+ 的分泌，具有维持 Na^+/K^+ 平衡和维持细胞外液容量稳定的作用。

醛固酮的分泌受肾素-血管紧张素-醛固酮系统的调节，当循环血量减少时，引起入球小动脉牵张感受器兴奋、致密斑感受器被激活和交感神经兴奋，均促使近球细胞分泌肾素增加，进而使血管紧张素Ⅰ、Ⅱ和Ⅲ增加。血管紧张素Ⅱ和Ⅲ刺激肾上腺皮质球状带分泌醛固酮增多。另外，当血 K^+ 浓度增高和（或）血 Na^+ 浓度大大降低时，也可直接刺激肾上腺皮质球状带分泌醛固酮。

（刘慧霞）

第九章 感觉器官

习 题

一、名词解释

1. 感受器
2. 感觉器官
3. 适宜刺激
4. 换能作用
5. 编码作用
6. 适应现象
7. 感受器电位
8. 瞳孔近反射
9. 瞳孔对光反射
10. 视力
11. 视野
12. 暗适应
13. 明适应
14. 盲点
15. 简化眼

二、填空题

1. 人眼的适宜刺激是一定波长的_____。
2. 人眼的折光系统包括_____、_____和_____、_____。
3. 根据适应的快慢可将感受器分为_____和_____。
4. 视近物时，眼发生_____、_____和_____三方面的调节反应。
5. 眼的最大调节能力可用它所能看清物体的最近距离来衡量，这个距离称为_____。
6. 由于晶状体弹性减弱，看近物时调节能力降低的眼称为_____，可配戴适度的_____镜矫正。
7. 感受器的一般生理特性有_____、_____、_____和_____。
8. 视杆系统接受_____光的刺激，对光的敏感度_____，辨别物体细微结构的能力_____和_____分辨颜色。
9. 视锥系统接受_____光的刺激，对光的敏感度_____，辨别物体细微结构的能力_____和_____分辨颜色。
10. 视网膜中存在分别对_____光、_____光和_____光特别敏感的三种视锥细胞。

11. 在同一光照条件下，白色视野最_____，绿色视野最_____。
12. 人耳能感受到的声音频率在_____至_____Hz。
13. 声波振动频率愈低，行波传播愈_____，最大行波振幅出现的部位愈靠近基底膜的_____部。

三、选择题

(一) A 型题

1. 下列结构中，哪个属于感觉器官
   A. 痛觉感受器
   B. 冷敏神经元
   C. 本体感受器
   D. 耳
   E. 触觉感受器

2. 下列感受器中，哪个属于快适应感受器
   A. 环层小体
   B. 腱器官
   C. 肌梭
   D. 主动脉弓压力感受器
   E. 主动脉体化学感受器

3. 下列对感受器电位的叙述，哪项是**错误**的
   A. 也称为发生器电位
   B. 是感觉末梢或感受细胞上的局部电位
   C. 具有"全或无"的性质
   D. 以电紧张形式扩布
   E. 表现总和现象

4. 关于视近物的叙述，哪项是**错误**的
   A. 视觉信号到达视觉中枢
   B. 反射弧包括中脑
   C. 睫状肌收缩
   D. 悬韧带紧张
   E. 晶状体向前、后方凸出，前突更明显

5. 能使近物发出的辐散光聚焦于视网膜的功能，称为
   A. 辐辏反射
   B. 瞳孔近反射
   C. 瞳孔对光反射
   D. 角膜反射
   E. 眼折光调节反射

6. 眼作最大程度调节后能看清物体的最近距离，称为
   A. 节点
   B. 前主焦点
   C. 后主焦点
   D. 远点
   E. 近点

7. 悬韧带的放松可使
   A. 瞳孔缩小
   B. 晶状体曲度增加
   C. 晶状体曲度减少
   D. 角膜曲度增加
   E. 角膜曲度减小

8. 散光眼的产生原因为
   A. 晶状体曲率半径过小
   B. 眼球前后径过长
   C. 角膜表面不呈正球面
   D. 眼球前后径过短
   E. 睫状肌疲劳或萎缩

9. 视网膜上的感光细胞几乎全是视锥细胞的区域在
   A. 黄斑
   B. 中央凹
   C. 视神经
   D. 视乳头
   E. 视网膜周边部

10. 下列关于视锥细胞的叙述，哪项是**错误**的
    A. 外段的形态与视杆细胞不同
    B. 外段中的感光色素为视紫红质

C. 能产生感受器电位
D. 不能产生动作电位
E. 部分细胞对红色光敏感

11. 下列颜色视野中，范围最小的为
    A. 黄色
    B. 白色
    C. 绿色
    D. 红色
    E. 蓝色

12. 中央凹处视网膜的视力好和色觉强的原因是
    A. 视杆细胞多而集中，单线联系
    B. 视杆细胞多而集中，聚合联系
    C. 视锥细胞多而直径最大，单线联系
    D. 视锥细胞多而直径最小，聚合联系
    E. 视锥细胞多而直径最小，单线联系

13. 夜盲症产生的原因是
    A. 维生素 A 缺乏
    B. 维生素 A 过多
    C. 视蛋白过多
    D. 视蛋白过少
    E. 视紫红质过多

14. 近视眼与正常眼相比，近视眼的
    A. 近点大，远点小
    B. 近点和远点都大
    C. 近点小，远点大
    D. 近点和远点都小
    E. 近点大，远点不变

15. 关于远视眼的叙述，哪项是**错误**的
    A. 眼球前后径过短
    B. 眼的折光力过弱
    C. 平行光线聚集于视网膜前
    D. 平行光线聚集于视网膜后
    E. 可用凸透镜矫正

16. 视力（视敏度）测定的是哪种细胞的功能
    A. 视杆细胞
    B. 视锥细胞
    C. 毛细胞
    D. 神经节细胞
    E. 双极细胞

17. 声波传向内耳的主要途径是
    A. 外耳→鼓膜→听骨链→前庭窗→内耳
    B. 外耳→鼓膜→听骨链→蜗窗→内耳
    C. 外耳→鼓膜→鼓室空气→蜗窗→内耳
    D. 外耳→鼓膜→鼓室空气→前庭窗→内耳
    E. 颅骨→耳蜗内淋巴

18. 关于中耳和听骨链的叙述，哪项是**错误**的
    A. 鼓膜和听骨链等构成声波主要的传导途径
    B. 锤骨、砧骨和镫骨依次连接成听骨链
    C. 锤骨柄附着于鼓膜，镫骨底板与蜗窗相接
    D. 鼓膜和听骨链能增加听觉的敏感度
    E. 听骨链有保护内耳的作用

19. 正常人耳能感受的振动频率区域为
    A. 0～16Hz
    B. 16～20000Hz
    C. 1000～3000Hz
    D. 3000～30000Hz
    E. 30000～40000Hz

20. 引起耳蜗顶部的基底膜出现最大行波振幅的是
    A. 高频声波
    B. 中频声波
    C. 低频声波
    D. 任何频率的声波
    E. 高强度声波

21. 飞机骤升（降）时，旅客食用糖果有助于调节何处的压力平衡

A. 基底膜两侧
B. 中耳与内耳间
C. 前庭膜两侧
D. 蜗窗膜内外
E. 鼓室与大气间

(二) X 型题

1. 属于感受器的有
   A. 外周感觉神经末梢
   B. 环层小体
   C. 耳蜗中的毛细胞
   D. 眼
   E. 前庭器官
2. 感受器的一般生理特性有
   A. 有适宜刺激
   B. 有适应现象
   C. 可将刺激中所含信息进行编码
   D. 可将各种刺激形式转变为传入神经纤维上的动作电位
   E. 能独立产生感觉
3. 感受器电位的特征有
   A. 非"全或无"性
   B. 有总和现象
   C. 电紧张式的短距离扩布
   D. 均为去极化型的局部电位
   E. 均为超极化型的局部电位
4. 不同种类感觉的引起取决于
   A. 刺激性质
   B. 被刺激的感受器
   C. 冲动抵达皮层感觉区的部位
   D. 刺激频率
   E. 刺激的强度
5. 不同强度刺激的编码通过
   A. 感觉神经纤维上冲动的幅度
   B. 感觉神经纤维上冲动的频率
   C. 感觉神经纤维上冲动的波形
   D. 感觉神经纤维兴奋的数量
   E. 感觉神经纤维的长短
6. 视近物时, 眼的调节过程包括
   A. 晶状体变凸
   B. 瞳孔缩小

C. 眼球会聚
D. 眼裂增大
E. 眼裂变小

7. 视近物时, 瞳孔缩小的意义是
   A. 减少入眼光量
   B. 减少折光系统的球面像差
   C. 减少折光系统的色像差
   D. 增加折光系统的折光能力
   E. 减弱折光系统的折光能力
8. 视锥细胞的特征为
   A. 愈近中央凹分布愈少
   B. 对光的敏感度不如视杆细胞
   C. 不能分辨颜色
   D. 辨别物体细微结构的能力较高
   E. 能分辨颜色
9. 关于人眼视网膜中感光细胞的叙述, 正确的是
   A. 视网膜中存在两种感光细胞
   B. 两种感光细胞在视网膜中的分布是均匀的
   C. 它们的感光色素不一样
   D. 感光细胞与双极细胞、神经节细胞的联系均为"单线联系"（即 1∶1∶1）
   E. 能分辨颜色的是视锥细胞
10. 视杆系统的特征为
    A. 主要分布在视网膜中央凹处
    B. 感光色素为视紫红质
    C. 对颜色的分辨能力高
    D. 对光的敏感性高, 可感受弱光
    E. 不能分辨颜色
11. 有关老花眼的叙述正确的是
    A. 看近物不清
    B. 晶状体弹性降低所致
    C. 看近物要戴凸透镜
    D. 近点变远
    E. 看远物戴凸透镜反而不清
12. 有关视紫红质的叙述正确的是
    A. 光照下分解为视蛋白和视黄醛
    B. 分解时视杆细胞上出现电位变化

C. 缺乏维生素 A 时造成夜盲症

D. 在不同的光照条件下，它的合成与分解保持平衡

E. 光照时合成视紫红质

13. 视觉的三原色学说认为

    A. 视网膜中存在三种不同的视锥细胞

    B. 它们分别含三种不同的感光色素

    C. 不同色光的刺激，引起三种视锥细胞兴奋的比例不同

    D. 红色盲和绿色盲多见

    E. 色觉由视杆细胞完成

14. 关于视力的叙述，**错误**的是

    A. 视力可由视角来判断

    B. 视角大时表明视力好

    C. 视力是分辨物体上相距最小的两点能力

    D. 通常所说的视力是指中央凹视杆细胞的功能

    E. 通常所说的视力是指周遍区域视杆细胞的功能

15. 关于生理性盲点的叙述，正确的是

    A. 盲点处仅缺乏视锥细胞

    B. 盲点处缺乏视锥细胞和视杆细胞

    C. 位于中央凹的鼻侧

    D. 位于视神经乳头处

    E. 可被双眼视觉消除

16. 关于双眼视觉的叙述，正确的是

    A. 可弥补单眼视野中的盲点

    B. 可扩大视野

    C. 可产生立体感

    D. 人和所有动物的视觉均为双眼视觉

    E. 不能弥补单眼视野中的盲点

17. 行波学说认为

    A. 基底膜产生最大振幅的部位取决于声波频率的高低

    B. 声音频率越高，基底膜最大振幅部位越接近蜗底

    C. 耳蜗底部受损时主要影响低频听力

    D. 声音频率越高，基底膜最大振幅部位越接近蜗顶

    E. 耳蜗顶部受损时主要影响高频听力

18. 椭圆囊和球囊的适宜刺激是

    A. 直线正加速度运动

    B. 直线匀速运动

    C. 直线负加速运动

    D. 旋转变速运动

    E. 旋转匀速运动

19. 眼震颤特征为

    A. 是一种特殊的前庭反应

    B. 椭圆囊囊斑受刺激而产生

    C. 球囊囊斑受刺激而产生

    D. 半规管壶腹嵴受刺激而产生

    E. 包括慢动相和快动相两种活动

20. 眼震颤出现于

    A. 旋转开始前

    B. 旋转突然开始时

    C. 旋转持续匀速进行中

    D. 旋转突然停止时

    E. 以上情况均不出现

21. 关于视野的范围叙述正确的是

    A. 白色视野最小

    B. 颞侧视野大于鼻侧

    C. 绿色视野最大

    D. 下侧视野大于上侧

    E. 绿色视野最小

四、是非判断题

1. 感受器电位就是感觉神经末梢的动作电位。
2. 编码作用是感受器的一个重要生理特性。
3. 感受器的适应现象是一种疲劳的表现。

4. 感受器对之最敏感的刺激形式，称为该感受器的适宜刺激。
5. 用简化眼计算视网膜上的物像的大小最方便。
6. 散光眼是指平行光线分散而不能聚焦的非正视眼。
7. 瞳孔对光反射的中枢，不在大脑皮层枕叶，而在丘脑的外侧膝状体。
8. 视神经是接受光刺激的光感受器。
9. 视紫红质是视锥细胞中的感光色素。
10. 视近物时晶体前面的曲率半径变小。
11. 视网膜上的视杆细胞与双极细胞；双极细胞与神经节细胞，都是一对一的形成突触联系。
12. 视紫红质中的生色基团是由维生素 A 衍变而来的。
13. 辨别颜色是视锥细胞系统的功能。
14. 按三原色学说，在人的视网膜中存在分别对红、绿、蓝三色光敏感的三种视锥细胞。
15. 立体视觉必须用双眼视物才能产生，单眼不能产生立体视觉。
16. 耳蜗底部是接受低音的区域，耳蜗顶部是接受高音的区域。
17. 行波学说认为，声波频率越低基底膜最大振幅的部位越接近蜗底，而声波频率越高，基底膜最大振幅的部位越接近蜗顶部。
18. 把振动的音叉直接置于颅骨的中线上，患耳感觉声音更响，则是传音性耳聋。
19. 3 条半规管是感受旋转变速运动的感官，而椭圆囊和球囊则是感受直线变速运动的感官。
20. 嗅觉由香、酸、糖味和腐臭等四种基本嗅觉组合而成。
21. 味觉的敏感度受食物温度的影响，在 20～30℃ 之间，味觉的敏感度最高。
22. 舌尖对甜味比较敏感，舌两侧前部对咸味比较敏感，而舌根部对苦味比较敏感。

五、问答题

1. 注视着的物体由远移近时，眼发生哪些调节？
2. 叙述近视眼的形成原理及矫正方法。
3. 叙述远视眼的形成原理及矫正方法。
4. 维生素 A 与视觉有什么关系？
5. 请写出气传导的具体途径。
6. 请叙述前庭器官的主要功能。

参考答案

一、名词解释

1. 感受器是指专门感受机体内外环境变化的装置。
2. 感受器与它们的附属结构共同组成的感受装置称为感觉器官，也就是说，感觉器官，除含有感受器外，还包含有一些附属结构，如视觉器官、听觉器官等。

3. 一种感受器通常只对一种特定形式的刺激最敏感,这种形式的刺激称为该感受器的适宜刺激。

4. 感受器的换能作用是指它具有转换能量形式的作用。各种感受器所能感受的刺激形式虽然不同,但是它们在功能上有一个共同的特点,就是都能把感受到的刺激能量,如声能、光能、热能、机械能、化学能等,转换为生物电形式的电能,也就是引起生物电的变化,最终以神经冲动的形式传入中枢。因此,感受器可以看成是生物换能器。

5. 感受器在把刺激信号转换成动作电位的过程中,不但发生能量形式上的转换,同时还能把刺激信号中所包含的各种信息编排成神经冲动的不同序列,这种现象称为感受器的编码作用。

6. 以同一强度的刺激持续作用于感受器时,随着时间的延长感受器的阈值会逐渐升高,即对该刺激变得不敏感,这种现象称为感受器的适应现象。

7. 感受器在换能过程中,一般不是把刺激能量直接转变成神经冲动,而是先在感受器细胞内引起过渡性电变化,称为感受器电位。

8. 看近物时,可反射性地引起瞳孔缩小,这种现象称为瞳孔的近反射,也称瞳孔调节反射。

9. 当用不同强度的光线照射眼时,瞳孔的大小可随光线的强弱而改变。当光线强时,瞳孔会缩小,当光线弱时,瞳孔会变大。瞳孔这种随着光照强弱而改变大小的现象称为瞳孔的对光反射,也称光反射。

10. 视力也称视敏度,是指眼对物体细微结构的分辨能力,也就是分辨物体上两点间最小距离的能力。

11. 单眼固定不动正视前方一点时,该眼所能看到的范围,称为视野。

12. 从明亮的地方突然进入暗处,起初对任何东西都看不清楚,经过一定时间后,视觉敏感度逐渐升高,在暗处的视觉逐渐恢复。这种突然进入暗环境后视觉逐渐恢复正常的过程称为暗适应。

13. 从暗处突然来到亮处,最初只感到耀眼的光亮,看不清物体,需经一段时间后才能恢复视觉。这种突然进入明亮环境后视觉逐渐恢复正常的过程称为明适应。

14. 在视神经穿过视网膜的地方形成视神经乳头,此处没有感光细胞,故没有感光功能,是生理上的盲点,大约在中央凹鼻侧的3mm处。如果一个物体的成像正好落在此处,人将看不到该物体。

15. 简化眼是一种假想的人工模型,其光学参数与正常人眼折光系统总的光学参数相等。

二、填空题

1. 电磁波
2. 角膜　房水　晶状体　玻璃体
3. 快适应感受器　慢适应感受器
4. 晶状体变凸　瞳孔缩小　眼球会聚
5. 近点
6. 老花眼　凸透
7. 适宜刺激　换能作用　编码作用　适应现象

8. 弱　较高　差　不能
9. 强　较低　强　能
10. 红　绿　蓝
11. 大　小
12. 16　20000
13. 远　顶

三、选择题

（一）A 型题

1. D　2. A　3. C　4. D　5. E　6. E　7. B　8. C　9. B
10. B　11. C　12. E　13. A　14. D　15. C　16. B　17. A　18. C
19. B　20. C　21. E

（二）X 型题

1. ABC　2. ABC　3. ABC　4. ABC　5. BD　6. ABC
7. ABC　8. BDE　9. ACE　10. BDE　11. ABCDE　12. ABC
13. ABCD　14. BDE　15. BCDE　16. ABC　17. AB　18. AC
19. ADE　20. BD　21. BDE

四、是非判断题

1. 错　2. 对　3. 错　4. 对　5. 对　6. 错　7. 错　8. 错　9. 错
10. 对　11. 错　12. 对　13. 对　14. 对　15. 错　16. 错　17. 错　18. 对
19. 对　20. 对　21. 对　22. 对

五、问答题

1. 注视近物时晶状体的凸度加大，尤其是向前凸起更为明显；瞳孔缩小；眼球会聚。

2. 近视眼多数是由于眼球的前后径过长引起的，也有一部分人是由于折光系统的折光力过强引起的。近视眼看远物时，由远物发来的平行光线不能聚焦在视网膜上，而是聚焦在视网膜之前。矫正近视眼通常使用的办法是配戴合适的凹透镜。

3. 远视眼多数是由于眼球前后径过短引起的，也可由于折光系统的折光力过弱引起。远视眼在安静状态下看远物时，所形成的物像落在视网膜之后，矫正的办法是配戴合适的凸透镜。

4. 维生素 A 与视黄醛的化学结构相似，经代谢可转变成视黄醛。在视紫红质分解与再合成的过程中，总有一部分视黄醛被消耗，如果长期维生素 A 摄入不足，就会影响人在暗光下的视力，引起夜盲症。

5. 气传导：声波经外耳道空气传导引起鼓膜振动，再经听骨链和前庭窗传入耳蜗，这种传导方式称为气传导，是引起正常听觉的主要途径。

6. 半规管的功能是感受头部的旋转变速运动。椭圆囊和球囊的功能是感受头部的空间位置和直线变速运动。

（王　晶）

第十章 神经系统

习 题

一、名词解释

1. 神经的营养性作用
2. 轴浆运输
3. 突触
4. 兴奋性突触后电位
5. 抑制性突触后电位
6. 非突触性化学传递
7. 神经递质
8. 神经调质
9. 递质的共存
10. 中枢延搁
11. 突触的可塑性
12. 突触后抑制
13. 传入侧支性抑制
14. 返回性抑制
15. 突触前抑制
16. 特异投射系统
17. 非特异投射系统
18. 网状结构上行激动系统
19. 牵涉痛
20. 运动单位
21. 牵张反射
22. 腱反射
23. 肌紧张
24. 屈反射
25. 交叉伸肌反射
26. 脊休克
27. 去大脑僵直
28. 胆碱能纤维
29. 肾上腺素能纤维
30. 胆碱能受体
31. 肾上腺素能受体

32. 应急反应
33. 受体阻断剂
34. 生物节律
35. 第二信号系统
36. 自发脑电活动
37. 皮层诱发电位

二、填空题

1. 神经纤维对所支配组织的作用主要有两种，即_____和_____。
2. 神经纤维传导冲动的特征是_____、_____、_____、和_____。
3. 突触后电位有两种，即_____和_____。
4. 兴奋性突触后电位是突触后膜出现_____；抑制性突触后电位是突触后膜产生_____。
5. 中枢兴奋传布的特征有_____、_____、_____、_____、和_____。
6. 根据中枢抑制产生的机制不同，一般分为_____和_____。
7. 突触后抑制分为_____和_____两种类型。
8. 感觉投射系统可分为_____和_____两大类。
9. 全身体表感觉在大脑皮质的投射区主要位于_____；本体感觉在大脑皮质的投射区位于_____。
10. 视觉投射区位于_____；听觉代表区位于_____和_____。
11. 皮肤痛觉有两种类型即_____和_____。
12. 牵张反射有_____和_____两种类型。
13. 脑干对肌紧张的调节，主要是通过脑干网状结构的_____和_____实现的。
14. 小脑的主要功能是_____、_____和_____。
15. 基底核损伤主要引起两种疾病，即_____和_____。
16. 中央前回对躯体运动控制的特征是_____、_____、_____和_____。
17. 大脑皮层发出的运动信号下行通路主要有_____和_____。
18. 自主神经系统所支配的效应器为_____、_____和_____。
19. 外周神经递质主要有_____和_____。
20. 传出神经根据末梢释放的递质不同主要分为_____和_____两类。
21. 副交感神经节前纤维末梢释放的递质是_____，节后纤维末梢释放的递质是_____。
22. 条件反射形成的基本过程是_____与_____在时间上的结合，这个结合过程称为_____。
23. 依据频率和振幅的不同，正常脑电图的基本波形分为_____、_____、_____和_____四种。

三、选择题

（一）A 型题

1. 突触后神经元发生动作电位的起始部位是
   A. 突触后膜
   B. 树突始段
   C. 树突末梢
   D. 轴突始段
   E. 轴突末梢

2. 神经胶质细胞的功能有
   A. 对神经系统的支持作用
   B. 对神经元的营养作用
   C. 对神经纤维传导兴奋的绝缘作用
   D. 对神经组织的修复与再生作用
   E. 以上都有

3. 关于神经纤维传导兴奋的特征，**错误**的是
   A. 需保持生理完整性
   B. 具有绝缘性
   C. 传导速度接近光速
   D. 可以双向传导
   E. 能较长时间保持不衰减性传导兴奋的能力

4. 关于神经纤维轴浆运输的叙述，正确的是
   A. 顺向轴浆运输的方向是从轴突末梢向胞体
   B. 逆向轴浆运输的方向是从胞体向轴突末梢
   C. 逆向轴浆运输可运送某些病毒和毒素
   D. 递质的囊泡和分泌颗粒是通过慢速轴浆运输运送的
   E. 胞体合成的由蛋白质构成的微管和微丝是通过快速轴浆运输运送的

5. 关于神经纤维传导兴奋的速度
   A. 直径较细的传导速度较快
   B. 直径较粗的传导速度较慢
   C. 有髓纤维传导速度较快
   D. C 类纤维传导速度较 A 类快
   E. 低温下传导速度较快

6. 动作电位到达突触前膜引起递质释放与哪种离子的跨膜移动有关
   A. K^+ 内流
   B. Na^+ 内流
   C. Cl^- 内流
   D. Mg^{2+} 内流
   E. Ca^{2+} 内流

7. 兴奋性突触后电位的产生主要与哪种离子跨突触后膜内流有关
   A. Na^+
   B. Ca^{2+}
   C. K^+
   D. Cl^-
   E. Mg^{2+}

8. 抑制性突触后电位的产生主要与哪种离子跨突触后膜内流有关
   A. Na^+
   B. Ca^{2+}
   C. K^+
   D. Cl^-
   E. Mg^{2+}

9. 关于突触传递的叙述，**错误**的是
   A. 兴奋性递质引起突触后膜产生兴奋性突触后电位
   B. 抑制性递质引起突触后膜产生抑制性突触后电位
   C. 突触后膜上的特异性受体是一种化学门控通道
   D. 兴奋性突触后电位是发生在突触后膜的动作电位
   E. 抑制性突触后电位降低突触后神经元的兴奋性

10. 中枢神经元之间具有反馈作用的联系方式是
    A. 辐散式

B. 聚合式
C. 直线式
D. 链锁式
E. 环式

11. 下列关于兴奋通过突触传递的特征，**错误**的是
    A. 具有单向性
    B. 有一定的时间延搁
    C. 可以总和
    D. 突触后神经元的兴奋节律与突触前神经元不同
    E. 对内环境变化不敏感

12. 关于突触传递的叙述，正确的是
    A. 具有双向性
    B. 突触后神经元的兴奋节律与突触前神经元不同
    C. 对内环境变化不敏感
    D. 突触后电位不能总和
    E. 不易疲劳

13. 关于突触后抑制的叙述，**错误**的是
    A. 需通过中间神经元实现
    B. 该中间神经元属于抑制性神经元
    C. 该神经元被抑制时使突触后神经元被抑制
    D. 传入侧支性抑制属于突触后抑制
    E. 返回性抑制属于突触后抑制

14. 突触前抑制的产生是由于
    A. 突触前神经元释放抑制性递质
    B. 突触前膜发生超极化
    C. 突触前兴奋性递质释放减少
    D. 突触前递质耗竭
    E. 抑制性中间神经元兴奋

15. 产生突触前抑制的结构基础是
    A. 轴突-胞体型突触
    B. 轴突-树突型突触
    C. 轴突-轴突型突触
    D. 胞体-胞体型突触
    E. 树突-胞体型突触

16. 影响反射时间的长短的主要因素是
    A. 刺激的性质
    B. 感受器的敏感度
    C. 神经纤维的直径
    D. 神经纤维的传导速度
    E. 反射弧中突触的个数

17. 反射活动发生后放的结构基础是神经元之间的
    A. 辐散式联系
    B. 聚合式联系
    C. 直线式联系
    D. 链锁式联系
    E. 环式联系

18. 由闰绍细胞与脊髓前角运动神经元构成的环式联系所产生的抑制称为
    A. 突触前抑制
    B. 交互抑制
    C. 传入侧支性抑制
    D. 返回性抑制
    E. 侧支抑制

19. 躯体感觉传导的总换元站是
    A. 脑干网状结构
    B. 下丘脑
    C. 脑桥
    D. 延髓
    E. 丘脑

20. 丘脑特异投射系统的主要功能是
    A. 维持觉醒
    B. 维持和改变大脑皮质的兴奋状态
    C. 引起特定的感觉
    D. 调节内脏活动
    E. 协调躯体运动

21. 丘脑非特异投射系统的主要功能是
    A. 维持睡眠状态
    B. 维持和改变大脑皮质的兴奋状态
    C. 调节内脏活动
    D. 协调躯体运动
    E. 引起牵涉痛

22. 关于网状结构上行激动系统的叙述，**错误**的是
    A. 是多突触接替的上行系统
    B. 经丘脑特异投射系统发挥作用

C. 起维持和改变大脑皮质的兴奋状态的作用
D. 该系统受刺激时出现觉醒状态的脑电波
E. 其功能不易受药物影响

23. 下列哪项不符合体表感觉在大脑皮质第一感觉区的投射规律
   A. 头面部感觉投向对侧皮质
   B. 投射区的空间排列整体上是倒置的
   C. 头面部投射区内部的空间排列是正立的
   D. 感觉灵敏度高的体表感觉投射区相对较大
   E. 产生的感觉定位明确而且清晰

24. 下列哪项**不是**内脏痛的特点
   A. 疼痛发起缓慢
   B. 定位不准确
   C. 定性不清楚
   D. 缺血和炎症刺激易引起内脏痛
   E. 牵拉刺激不易引起内脏痛

25. 引起肌梭感受器兴奋的是
   A. 梭外肌收缩
   B. 梭外肌舒张
   C. 梭外肌受牵拉
   D. 梭内肌舒张
   E. 梭内肌紧张性降低

26. 肌梭是一种
   A. 张力感受器
   B. 压力感受器
   C. 长度感受器
   D. 触觉感受器
   E. 化学感受器

27. 脊髓前角α运动神经元传出冲动增加使
   A. 梭外肌收缩
   B. 梭外肌舒张
   C. 梭内肌收缩
   D. 梭内肌舒张
   E. 肌梭传入冲动增加

28. 腱器官是一种
   A. 张力感受器
   B. 压力感受器
   C. 长度感受器
   D. 触觉感受器
   E. 化学感受器

29. 脊髓前角运动神经元轴突末梢释放的递质是
   A. 肾上腺素
   B. 去甲肾上腺素
   C. 多巴胺
   D. 甘氨酸
   E. 乙酰胆碱

30. γ运动神经元传出冲动增加可使
   A. α运动神经元传出冲动减少
   B. 梭内肌舒张
   C. 梭外肌舒张
   D. 肌梭传入冲动减少
   E. 牵张反射增强

31. 在中脑上、下丘之间切断脑干可使动物发生
   A. 脊休克
   B. 共济失调
   C. 去大脑僵直
   D. 昏睡
   E. 静止性震颤

32. 帕金森病症状的产生主要由于
   A. 纹状体病变
   B. 黑质病变
   C. 红核病变
   D. 小脑病变
   E. 脑干网状结构病变

33. 下列哪项**不属于**小脑的功能
   A. 发动肌肉运动
   B. 维持身体平衡
   C. 协调随意运动
   D. 调节肌紧张
   E. 参与运动程序的编制

34. 舞蹈病的主要病变部位在
   A. 纹状体

B. 黑质
C. 红核
D. 小脑
E. 脑干网状结构

35. 下列关于大脑皮质运动区控制躯体运动的特点，**错误**的是
    A. 皮质运动区的不同部位管理不同部位的肌肉收缩
    B. 一侧皮质运动区控制对侧肢体的运动
    C. 对头面部运动的支配都是双侧性的
    D. 皮质运动区管理不同部位肌肉收缩的区域大小与运动精细程度有关
    E. 皮质运动区的空间安排整体上呈倒立的人体投影分布

36. 关于皮质脊髓侧束的叙述，正确的是
    A. 其纤维与脊髓前角外侧部运动神经元构成突触联系
    B. 主要控制躯干的肌肉运动
    C. 主要控制肢体近端肌肉的运动
    D. 主要起维持躯体姿势的作用
    E. 主要起调节肌紧张的作用

37. 下列神经纤维中属于肾上腺素能纤维的是
    A. 交感神经节前纤维
    B. 副交感神经节前纤维
    C. 支配心脏的副交感神经节后纤维
    D. 支配心脏的交感神经节后纤维
    E. 脊髓前角发出的运动神经纤维

38. 下列神经纤维中属于胆碱能纤维的是
    A. 支配胃肠道的交感神经节后纤维
    B. 支配心脏的交感神经节后纤维
    C. 起缩血管作用的交感神经节后纤维
    D. 支配肾的交感神经节后纤维
    E. 支配汗腺的交感神经节后纤维

39. 引起自主神经节后神经元兴奋的受体类型是
    A. M
    B. N_1
    C. N_2
    D. α
    E. β

40. 自主神经胆碱能节后纤维支配的效应器细胞膜上的受体类型是
    A. M
    B. N_1
    C. N_2
    D. α
    E. β

41. 阿托品对有机磷中毒引起的下列哪种症状无效
    A. 瞳孔缩小
    B. 心率减慢
    C. 肠痉挛
    D. 大汗
    E. 肌束颤动

42. 交感神经活动增强时**不出现**
    A. 肠蠕动抑制
    B. 瞳孔开大肌收缩
    C. 骨骼肌血管舒张
    D. 胰岛素分泌增多
    E. 肾素分泌增多

43. 破坏下列哪一结构会使动物进食量增加而肥胖
    A. 丘脑腹后核
    B. 下丘脑腹内侧核
    C. 丘脑腹外侧核
    D. 下丘脑外侧区
    E. 下丘脑视前区

44. 关于下丘脑功能的叙述，最适当的是
    A. 是调节血管活动的较高级中枢
    B. 是副交感神经的较高级中枢
    C. 是交感神经的较高级中枢
    D. 是调节内脏活动的较高级中枢
    E. 是交感神经和副交感神经的共同中枢

45. 条件反射的分化是由于
    A. 条件刺激得不到强化
    B. 非条件刺激得不到强化
    C. 近似刺激得不到强化
    D. 非条件刺激得到过多强化
    E. 近似刺激得到过多强化

46. 条件反射的建立需要
    A. 条件刺激与近似刺激的多次结合
    B. 非条件刺激与近似刺激的多次结合
    C. 无关刺激与近似刺激的多次结合
    D. 无关刺激与非条件刺激的多次结合
    E. 无关刺激与条件刺激的多次结合

47. 优势半球是指大脑哪项功能占优势的一侧半球
    A. 感觉功能
    B. 运动调节功能
    C. 内脏活动调节功能
    D. 记忆功能
    E. 语言功能

48. 人类区别于动物的主要特征是
    A. 能建立条件反射
    B. 条件反射可以分化
    C. 有第一信号系统
    D. 有第二信号系统
    E. 有学习记忆能力

49. 人类脑电波中的 α 波通常出现在下列哪种状态
    A. 清醒、安静、闭目
    B. 紧张活动
    C. 疲倦
    D. 睡眠
    E. 睁眼、清醒

50. 下列哪项不是异相睡眠的特征
    A. 唤醒阈升高
    B. 各种感觉功能减退
    C. 脑电波呈去同步化波
    D. 生长激素分泌明显增多
    E. 出现眼球快速运动

(二) X 型题

1. 属于 A 类神经纤维的有
   A. 自主神经节前纤维
   B. 自主神经节后纤维
   C. 支配梭外肌的传出纤维
   D. 支配梭内肌传出纤维
   E. 皮肤的触压觉传入纤维

2. 关于突触传递的叙述，错误的是
   A. 兴奋性递质引起突触后膜产生兴奋性突触后电位
   B. 抑制性递质引起突触后膜产生抑制性突触后电位
   C. 突触后膜上的特异性受体是一种电压门控通道
   D. 兴奋性突触后电位是发生在突触后膜的动作电位
   E. 抑制性突触后电位降低突触后神经元的兴奋性

3. 符合化学性突触传递特点的是
   A. 单向性
   B. 有一定的时间延搁
   C. 可以总和
   D. 相对不疲劳性
   E. 对内环境变化不敏感

4. 影响突触传递过程中递质释放的因素
   A. 神经冲动的传导速度
   B. 突触前膜锋电位的幅度
   C. 突触后膜锋电位的幅度
   D. 进入突触小体的 Ca^{2+} 量
   E. 突触小体内囊泡的大小

5. 不符合神经纤维传导兴奋特征的是
   A. 绝缘性
   B. 传导速度快如光速
   C. 双向性
   D. 相对易疲劳性
   E. 不受温度变化的影响

6. 关于兴奋性突触后电位的叙述，正确的是
   A. 具有全或无的特点
   B. 主要与 Na^+ 跨突触后膜内流有关

C. 可以总和
D. 与 Cl^- 跨突触后膜转移有关
E. 与 K^+ 跨突触后膜转移有关

7. 关于抑制性突触后电位的叙述，正确的是
   A. 属于局部电位变化
   B. 与 Na^+ 跨突触后膜内流有关
   C. 可以总和
   D. 主要与 Cl^- 跨突触后膜内流有关
   E. 与 K^+ 跨突触后膜转移有关

8. 关于突触后抑制的叙述，正确的是
   A. 需通过中间神经元实现
   B. 该中间神经元属于抑制性神经元
   C. 该神经元被抑制时使突触后神经元被抑制
   D. 传入侧支性抑制属于突触后抑制
   E. 返回性抑制属于突触后抑制

9. 与产生突触前抑制**无关**的是
   A. 突触前神经元释放抑制性递质
   B. 突触前递质耗竭
   C. 突触前膜动作电位幅度降低
   D. 突触前兴奋性递质释放减少
   E. 抑制性中间神经元兴奋

10. 丘脑三类核群是
    A. 丘脑前核
    B. 感觉接替核
    C. 联络核
    D. 髓板内核群
    E. 腹后核

11. 关于丘脑非特异投射系统的叙述，正确的是
    A. 投射到大脑皮质各区
    B. 对大脑皮质的投射具有点对点的关系
    C. 作用是维持和改变大脑皮质的兴奋状态
    D. 有维持睡眠状态的作用
    E. 参与内脏活动的调节

12. 关于网状结构上行激动系统的叙述，正确的是
    A. 是多突触接替的上行系统
    B. 经丘脑特异投射系统发挥作用
    C. 起维持和改变大脑皮质的兴奋状态的作用
    D. 该系统受刺激时出现觉醒状态的脑电波
    E. 其功能不易受药物影响

13. 关于丘脑特异投射系统的叙述，正确的是
    A. 投射到大脑皮质各区
    B. 对大脑皮质的投射具有点对点的关系
    C. 作用是引起特定的感觉
    D. 可激发大脑皮质发出神经冲动
    E. 参与内脏活动的调节

14. 符合体表感觉在大脑皮质第一感觉区投射规律的是
    A. 头面部感觉投向对侧皮质
    B. 投射区的空间排列整体上是倒置的
    C. 头面部投射区内部的空间排列是正立的
    D. 体表面积越大在大脑皮质的投射区也越大
    E. 产生的感觉定位明确而且清晰

15. 关于痛觉的叙述，正确的是
    A. 内脏痛觉有快痛与慢痛之分
    B. 皮肤炎症时常以慢痛为主
    C. 内脏痛定位不准确并且定性不清楚
    D. 缺血和炎症刺激易引起内脏痛
    E. 牵拉刺激不易引起内脏痛

16. γ 运动神经元传出冲动增加可使
    A. α 运动神经元传出冲动减少
    B. 梭内肌收缩
    C. 梭外肌舒张
    D. 肌梭传入冲动减少
    E. 牵张反射增强

17. 关于牵张反射的叙述，正确的是
    A. 属于多突触反射

B. 肌紧张和腱反射都是牵张反射
C. 感受器和效应器都在同一肌肉内
D. 感受器是梭内肌
E. 效应器是梭外肌

18. 较强的屈反射
    A. 属于多突触反射
    B. 由伤害性刺激引起
    C. 常同时出现交叉伸肌反射
    D. 可有多个关节的屈曲
    E. 感受器是腱器官

19. 小脑的功能有
    A. 发动肌肉运动
    B. 维持身体平衡
    C. 协调随意运动
    D. 调节肌紧张
    E. 参与运动程序的编制

20. 大脑皮质运动区控制躯体运动的特点
    A. 皮质运动区的不同部位管理不同部位的肌肉收缩
    B. 一侧皮质运动区控制对侧肢体的运动
    C. 对头面部运动的支配都是双侧性的
    D. 皮质运动区大小与肌肉收缩力有关
    E. 皮质运动区的空间安排整体上呈倒立的人体投影分布

21. 关于皮质脊髓侧束的叙述，**错误**的是
    A. 其纤维在延髓锥体交叉到对侧
    B. 其纤维与脊髓前角外侧部运动神经元构成突触联系
    C. 主要控制肢体近端肌肉的运动
    D. 主要起维持躯体姿势的作用
    E. 主要起调节肌紧张的作用

22. 属于胆碱能神经的是
    A. 交感神经节前纤维
    B. 副交感神经节前纤维
    C. 使胃产生容受性舒张的副交感神经节后纤维
    D. 支配心脏的副交感神经节后纤维
    E. 脊髓前角发出的运动神经纤维

23. 属于肾上腺素能神经的是
    A. 支配胃肠道的交感神经节后纤维
    B. 支配心脏的交感神经节后纤维
    C. 交感神经节前纤维
    D. 支配肾的交感神经节后纤维
    E. 支配汗腺的交感神经节后纤维

24. 交感胆碱能神经兴奋可引起
    A. 骨骼肌血管舒张
    B. 肾上腺髓质分泌
    C. 心率加快
    D. 汗腺分泌
    E. 胃肠平滑肌舒张

25. 副交感胆碱能神经兴奋可引起
    A. 骨骼肌血管收缩
    B. 胰岛素分泌
    C. 心率减慢
    D. 汗腺分泌
    E. 胃肠平滑肌收缩

26. 交感肾上腺素能神经兴奋可引起
    A. 支气管平滑肌收缩
    B. 肾血管平滑肌收缩
    C. 心率加快
    D. 瞳孔开大肌舒张
    E. 胃肠平滑肌舒张

27. 下丘脑的功能包括
    A. 调节摄食行为
    B. 调节肌紧张
    C. 调节水平衡
    D. 调节生物节律
    E. 调节体温

28. 关于脑干网状结构易化区的叙述，正确的是
    A. 有加强伸肌肌紧张的作用
    B. 其信号通过网状脊髓束下行
    C. 其作用主要通过加强γ运动神经元活动发挥
    D. 对α运动神经元无直接作用

E. 其活动不受其他脑区的影响
29. 符合异相睡眠特征的有
A. 唤醒阈升高
B. 肌紧张降低
C. 脑电波呈去同步化波
D. 生长激素分泌明显增多
E. 出现眼球快速运动

30. 条件反射不同于非条件反射的特点有
A. 在后天生活中形成
B. 数量上有限
C. 可以消退
D. 高度的适应性
E. 反射弧有极大的易变性

四、是非判断题

1. 一个神经元内只存在一种递质，故其全部神经末梢均释放同一种递质。
2. 递质去甲肾上腺素的失活，大部分是在效应细胞内通过儿茶酚胺氧位甲基移位酶和单胺氧化酶的作用而实现的。
3. 阿托品为 M 型受体阻断剂。
4. 在一个反射活动中，虽然传出神经元的神经冲动是来自于传入神经元，但二者频率不同。
5. 支配肾上腺髓质的交感神经节后纤维，属于胆碱能纤维。
6. 慢波睡眠主要与脑干内 5-羟色胺递质有关。
7. 脑电波是由皮质神经组织的动作电位同步总和所形成的。
8. 边缘叶与记忆功能有关。
9. 以电流刺激坐骨神经腓肠肌标本的坐骨神经，从刺激开始到肌肉收缩所需的全部时间称为反射时。
10. 腱反射的感受器为腱器官。
11. 神经的营养性作用与神经冲动有关。
12. 用适宜强度的电刺激刺激中央后回皮质，可引起清晰的主观感觉。
13. 正常人也可出现巴宾斯基征阳性。
14. 搔扒反射属于单突触反射。
15. 下丘脑内某些神经元能合成调节脑垂体激素分泌的肽类物质，称为调节性多肽。它们经下丘脑垂体束运输至腺垂体从而发挥作用。
16. 慢波睡眠期间脑内蛋白质合成加快，故慢波睡眠对幼儿神经系统的成熟有密切关系。
17. 递质乙酰胆碱是由胆碱和乙酰辅酶 A 在胆碱酯酶的催化作用下合成的。

五、问答题

1. 试述兴奋性突触传递的过程。
2. 试述突触传递的主要特征。
3. 试说明传入侧支性抑制的机制。
4. 试说明返回性抑制的机制。
5. 试说明特异投射系统和非特异投射系统的区别。
6. 全身体表感觉在大脑皮质第一感觉区的投射有哪些规律？
7. 何谓牵涉痛？试说明其产生机制。

8. 何谓肌紧张？它有何生理意义和特点？
9. 试说明去大脑僵直的产生机制。
10. 试说明帕金森病症状的产生机制。
11. 外周神经支配的组织中胆碱能受体有哪些类型？各有何作用？
12. 外周神经支配的组织中肾上腺素能受体有哪些类型？各有何作用？
13. 简述下丘脑的主要功能。
14. 简述自主神经系统在结构和功能上的特征。
15. 试说明中央前回对躯体运动控制的特征。

参考答案

一、名词解释

1. 指神经末梢经常性释放某些物质，持续地调整受支配组织内在的代谢活动，而持久性影响该组织的结构和生理功能的作用。
2. 指借助轴浆流动在胞体与轴突末梢之间的物质运输。
3. 指神经元与神经元之间发生功能接触的结构。
4. 指突触后膜发生的去极化电位变化。
5. 指突触后膜发生的超极化电位变化。
6. 指细胞间的信息联系也通过化学递质，但不通过经典的突触结构实现的一类传递方式。
7. 指神经元之间或神经元与效应器细胞之间起传递信息的化学物质。
8. 指神经元产生的起调节信息传递效率的化学物质。
9. 指一个神经元内可以存在两种或两种以上的递质或调质的现象。
10. 指反射活动中兴奋通过中枢扩布所需时间较长的现象。
11. 指经一系列刺激后突触传递功能可发生较长时程增强或减弱的一类特性。
12. 指通过抑制性中间神经元释放抑制性递质引起突触后膜产生抑制性突触后电位而使突触后神经元受到抑制。
13. 指传入神经纤维兴奋一个中枢神经元的同时，经侧支兴奋一个抑制性中间神经元，进而使另一个中枢神经元抑制的现象。
14. 指某一中枢神经元发出传出冲动沿轴突外传的同时，经轴突的侧支兴奋一抑制性中间神经元，该神经元轴突末梢则释放抑制性递质，反过来抑制原先发动兴奋的神经元及其同一中枢的神经元。
15. 指通过改变突触前膜活动，使其兴奋性神经递质释放减少，从而使突触后神经元产生兴奋性突触后电位减小，出现抑制的现象。
16. 指经典的特殊感觉传导道经脊髓或脑干上升到丘脑感觉接替核，换神经元后投射到大脑皮质特定感觉区，主要终止于皮质的第四层细胞的投射系统。
17. 指通过髓板内核群换元接替弥散地投射到大脑皮质各区的投射系统。
18. 指脑干网状结构内存在上行起唤醒作用的功能系统。
19. 指内脏疾患引起体表特定部位发生疼痛或痛觉过敏的现象。

20. 指由一个α运动神经元及其所支配的全部肌纤维组成的功能单位。
21. 骨骼肌受到外力牵拉而伸长时引起受牵拉的肌肉反射性收缩，此种反射称为牵张反射。
22. 指快速牵拉肌肉时引起被牵拉的肌肉快速、短暂的收缩。
23. 指由缓慢持续地牵拉肌肉引起被牵拉的肌肉轻度持续性的收缩。
24. 指当肢体皮肤受到伤害性刺激时，反射性引起受刺激一侧肢体的屈肌收缩，肢体屈曲的反射。
25. 指引起屈反射的刺激强度大时，在受刺激侧肢体屈曲的同时出现对侧肢体伸直的反射活动。
26. 指脊髓与高位中枢突然离断后，断面以下的脊髓暂时丧失反射活动能力而进入无反应状态的现象。
27. 指在中脑上、下丘之间切断脑干，动物出现四肢伸直、头尾昂起、脊柱挺硬等伸肌（抗重力肌）过度紧张的现象。
28. 以乙酰胆碱为递质的神经纤维称为胆碱能纤维。
29. 以去甲肾上腺素为递质的神经纤维称为肾上腺素能纤维。
30. 胆碱能受体是指与乙酰胆碱结合而产生生理作用的受体。
31. 肾上腺素能受体是指与肾上腺素和去甲肾上腺素结合而产生生理作用的受体。
32. 指人体遭遇剧痛、失血、窒息、恐惧等紧急情况时发生交感神经广泛兴奋的反应，表现出一系列交感-肾上腺髓质系统功能亢进的现象。
33. 指可与受体结合使递质不能发挥作用的药物。
34. 指生物体内的各种功能活动按一定时间顺序呈现周期性变化的节律。
35. 指能对第二信号（即语言和文字）发生反应的大脑皮质功能系统。
36. 指无明显外来刺激的情况下大脑皮质经常性自发产生节律性的电位变化。
37. 指在外加刺激引起的感觉传入冲动激发下，大脑皮质的某一区域产生较为局限的电位变化。

二、填空题

1. 功能性作用　营养性作用
2. 生理完整性　绝缘性　双向性　相对不疲劳性
3. 兴奋性突触后电位　抑制性突触后电位
4. 局部去极化　超极化
5. 单向传递　中枢延搁（突触延搁）　总和　兴奋节律的改变　后放　对内环境变化敏感和易疲劳
6. 突触后抑制　突触前抑制
7. 传入侧支性抑制　返回性抑制
8. 特异投射系统　非特异投射系统
9. 中央后回　中央前回
10. 枕叶距状裂的上下缘　颞横回　颞上回
11. 快痛　慢痛
12. 腱反射　肌紧张

13. 易化区　抑制区
14. 维持身体平衡　调节肌紧张　协调随意运动
15. 帕金森病　舞蹈病
16. 交叉性控制　功能定位精细　呈倒置排列　代表区的大小与运动的精细程度有关
17. 皮质脊髓束　皮质核束
18. 平滑肌　心肌　腺体
19. 乙酰胆碱　去甲肾上腺素
20. 胆碱能纤维　肾上腺素能纤维
21. 乙酰胆碱　乙酰胆碱
22. 无关刺激　非条件刺激　强化
23. α波　β波　θ波　δ波

三、选择题

(一) A 型题

1. D	2. E	3. C	4. C	5. C	6. E	7. A	8. D	9. D
10. E	11. E	12. B	13. C	14. C	15. C	16. E	17. E	18. D
19. E	20. C	21. B	22. E	23. A	24. E	25. C	26. C	27. A
28. A	29. E	30. E	31. C	32. B	33. A	34. A	35. C	36. A
37. D	38. E	39. B	40. A	41. E	42. D	43. B	44. D	45. C
46. D	47. E	48. D	49. A	50. D				

(二) X 型题

1. CDE	2. CD	3. ABC	4. BD	5. BDE	6. BCE
7. ACDE	8. ABDE	9. ABE	10. BCD	11. AC	12. ACD
13. BCD	14. BCE	15. BCD	16. BE	17. BCE	18. ABCD
19. BCDE	20. ABE	21. CDE	22. ABCE	23. ABD	24. ABD
25. BCE	26. BCE	27. ACDE	28. ABC	29. ABCE	30. ACDE

四、是非判断题

1. 错　2. 错　3. 对　4. 对　5. 错　6. 对　7. 错　8. 对　9. 错
10. 错　11. 对　12. 错　13. 对　14. 错　15. 错　16. 错　17. 错

五、问答题

1. 神经冲动到达突触前膜，引起突触前膜上电压门控式 Ca^{2+} 通道开放，细胞外液中的 Ca^{2+} 经 Ca^{2+} 通道进入到突触小体内，使突触小体内 Ca^{2+} 浓度升高，促进突触小泡与突触前膜的接触、融合和出胞，导致兴奋性递质释放到突触间隙，递质通过突触间隙扩散抵达突触后膜，作用于突触后膜上的特异性受体或化学门控通道，提高突触后膜对 Na^+、K^+，特别是 Na^+ 的通透性，Na^+ 跨突触后膜内流，使突触后膜产生去极化的电位变化即兴奋性突触后电位（EPSP）。

2. 突触传递的主要特征有以下几个方面：
(1) 单向传递：指兴奋通过突触传递时只能由突触前神经元向突触后神经元单方向进行

而不能逆向进行。

（2）突触延搁：兴奋通过突触传递需要经历递质的释放、扩散、与突触后膜受体的结合、产生突触后电位等一系列过程，相对于兴奋在神经纤维上的扩布来说耗时较长，因而称之为突触延搁。

（3）总和：突触传递产生的兴奋性突触后电位和抑制性突触后电位都具有局部电位的性质而可以相加。

（4）兴奋节律的改变：指突触后神经元的兴奋节律与突触前神经元的兴奋节律可以不同。

（5）对内环境变化敏感和易疲劳：指突触部位易受内环境理化因素的影响，并且是反射弧中最易发生疲劳的环节。如突触前膜释放递质的量减少或突触后膜受体状态不宜等，可导致疲劳。

3. 传入神经纤维兴奋一个中枢神经元的同时，经侧支兴奋一个抑制性中间神经元，该抑制性中间神经元释放的抑制性递质作用于另一个中枢神经元突触后膜受体，提高了突触后膜对 Cl^- 的通透性，Cl^- 跨突触后膜内流使突触后膜产生超极化的电位变化，即抑制性突触后电位（IPSP），使该中枢神经元的膜电位与阈电位的距离增大而不易爆发动作电位，从而产生了抑制效应。

4. 某一中枢神经元发出传出冲动沿轴突外传的同时，还经轴突的侧支兴奋一抑制性中间神经元，该神经元轴突末梢则释放抑制性递质，作用于原先发动兴奋的神经元的突触后膜受体，使突触后膜对 Cl^- 的通透性提高，Cl^- 跨突触后膜内流使突触后膜产生超极化的电位变化，使该神经元的膜电位离阈电位的距离增大而产生抑制效应。

5. 特异性投射系统指经典的特殊感觉传导道（如皮肤浅感觉、深感觉、听觉、视觉、味觉的传导束和神经元序列是固定的）经脊髓或脑干上升到丘脑感觉接替核，换神经元后投射到大脑皮质特定感觉区，主要终止于皮质的第四层细胞的投射系统；通过该系统的感觉投射路径都是专一的，具有点对点的投射关系；其主要功能是引起特定的感觉，并激发大脑皮质发出神经冲动。

非特异性投射系统指经典感觉通路传入纤维经过脑干时，发侧支与脑干网状结构建立突触联系，脑干网状结构神经元再发纤维投射到丘脑髓板内核群，换元后纤维弥散地投射到大脑皮质各区的投射系统；非特异性投射系统是不同感觉信号的共同上行通路，感觉信号经该系统上行时经多次换元而失去了原先具有的特异性，并且经丘脑髓板内核群换元后发出的神经纤维弥散地投射到大脑皮质的广泛区域，故这种投射不具有点对点的关系；其主要功能是维持和改变大脑皮质的兴奋状态。

6. 体表感觉在第一感觉区的投射规律有：

（1）投射纤维左右交叉，即躯体一侧传入冲动向对侧皮质投射，但头面部感觉投向双侧皮质。

（2）投射区域的空间排列是倒置的，即下肢的感觉区在皮质的顶部，上肢感觉区在中间，头面部感觉区在底部，但头面部的内部安排仍是正立的。

（3）投射区的大小与不同体表部位的感觉灵敏程度有关，感觉灵敏度高的，皮质代表区大，感觉迟钝的皮质代表区小。

（4）第一感觉区产生的感觉定位明确而且清晰。

7. 牵涉痛指内脏疾患引起体表特定部位产生疼痛或痛觉过敏的现象。

关于牵涉痛产生的机制有以下两种学说：

(1) 会聚学说认为，产生牵涉痛的体表部位的传入纤维与患病内脏的传入纤维由同一后根进入脊髓后角，这些纤维可能与相同的后角神经元形成突触联系（会聚），由于生活中的疼痛多来自体表部位，大脑皮质习惯于识别体表的刺激信息，因而将内脏痛觉冲动的传入信息误认为来自体表，以至产生牵涉痛。

(2) 易化学说认为，产生牵涉痛的体表部位的传入纤维到达脊髓后角同一区域，更换神经元的部位很靠近，患病内脏的传入冲动可提高邻近的体表感觉神经元的兴奋性，即产生易化作用，使平常并不引起体表疼痛的刺激变成了致痛刺激。

8. 肌紧张指由缓慢而持续地牵拉肌肉所引起的牵张反射，属于多突触反射，它表现为受牵拉的肌肉轻度而持续地收缩，即维持肌肉的紧张性收缩状态，阻止肌肉被拉长。

(1) 特点：肌紧张是由肌肉中的肌纤维轮流收缩产生的，所以不易发生疲劳，产生的收缩力量也不大，不会引起躯体明显的位移，人类直立时的肌紧张主要表现在伸肌（抗重力肌）。

(2) 意义：肌紧张是维持姿势的最基本反射活动，也是其他姿势反射的基础。

9. 去大脑僵直指动物实验中在中脑上、下丘之间切断脑干后，动物出现四肢伸直、头尾昂起、脊柱挺硬等伸肌（抗重力肌）过度紧张的现象，其产生机制是因为切断了大脑皮质、纹状体等部位与脑干网状结构的功能联系，使脑干网状结构易化区和抑制区的正常平衡被打破，抑制区活动明显减弱，而易化区活动相对地占了优势，以至伸肌紧张明显加强，造成了僵直现象。

10. 黑质和纹状体存在交互抑制作用。纹状体存在两种神经元，其一是胆碱能神经元，释放乙酰胆碱，使肌紧张增强；其二是 γ-氨基丁酸能神经元，释放 γ-氨基丁酸，抑制黑质多巴胺神经元；黑质含有多巴胺能神经元，释放多巴胺，抑制纹状体胆碱能神经元。

由于黑质病变，其多巴胺递质系统的功能受损，不能抑制纹状体内乙酰胆碱递质系统的活动，导致后者的功能亢进，如运动减少、肌紧张增强，因而出现一系列帕金森病的症状，如肌紧张增强、面部表情呆板、肢体或头部静止性震颤等。

11. 可分为毒蕈碱型和烟碱型两种类型。

(1) 毒蕈碱型受体（M 受体）：主要分布于副交感神经节后纤维和胆碱能交感神经纤维支配的效应器细胞膜上，已发现的 M 受体有五种亚型，乙酰胆碱与 M 受体结合后可产生一系列副交感神经末梢兴奋的效应（如心脏活动被抑制，支气管、消化管平滑肌和膀胱逼尿肌收缩，消化腺分泌增加，瞳孔缩小等）以及汗腺分泌增多、骨骼肌血管舒张等反应。

(2) 烟碱型受体（N 受体）：又分为两种亚型：位于自主神经节突触后膜上的 N_1 受体（又称为神经元型烟碱受体）和存在于骨骼肌运动终板膜上的 N_2 受体（又称为肌肉型烟碱受体），它们都属于化学门控通道或通道型受体，乙酰胆碱、烟碱等化学物质与 N_1 受体结合后可引起自主神经节的节后神经元兴奋，与 N_2 受体结合则产生终板电位，导致骨骼肌兴奋。

12. 可分为 α 肾上腺素能受体和 β 肾上腺素能受体两类。

(1) α 肾上腺素能受体（α 受体）：可以再分为 $α_1$ 和 $α_2$ 两种亚型，儿茶酚胺与 α 受体结合后所产生的平滑肌效应主要是兴奋性的，如血管收缩、子宫收缩、虹膜辐射状肌收缩等，但对小肠为抑制性效应（使小肠的平滑肌舒张）。

(2) β 肾上腺素能受体（β 受体）：主要有 $β_1$ 和 $β_2$ 两种亚型，分布于心脏组织（窦房结、房室传导系统、心肌）的 $β_1$ 受体的作用是兴奋性的，可使心率加快、心内兴奋传导速度加快、心缩力量加强；在脂肪组织中的 β_1 受体可促进脂肪的分解代谢；β_2 受体分布于支气管、胃、肠、子宫及许多血管平滑肌细胞上，作用是抑制性的（促使这些平滑肌舒张）。

13. 下丘脑的主要功能如下：

（1）摄食调节：下丘脑外侧区的摄食中枢和下丘脑腹内侧核的饱中枢参与摄食行为的调节。

（2）水平衡调节：下丘脑控制饮水的区域和控制抗利尿激素分泌的核团有功能上的联系，相互协同调节水平衡。

（3）体温调节：下丘脑是体温调节基本中枢的所在部位，存在大量对温度变化敏感的神经元作为中枢内的温度感受装置，对维持体温的相对恒定发挥重要调节作用。

（4）对情绪反应影响：下丘脑有和情绪反应密切相关的神经结构。

（5）对腺垂体分泌调节：下丘脑内一些神经元合成多种调节腺垂体功能的肽类物质，对人体的内分泌活动调节有十分重要的作用。

（6）生物节律的控制：下丘脑的视交叉上核可能存在日节律的控制中心，发挥控制生物节律的作用。

14. 自主神经的结构和功能的重要特征有以下几点：

（1）节前纤维与节后纤维：自主神经有节前纤维与节后纤维之分（但肾上腺髓质直接接受交感神经节前纤维的支配），交感神经的节前纤维短，节后纤维长，副交感神经的节前纤维长，节后纤维短，一根交感节前纤维与许多个节后神经元联系，故刺激交感节前纤维，引起的反应比较弥散，副交感神经节前纤维与较少的节后神经元联系，因此引起的反应比较局限。

（2）双重支配：人体多数器官接受交感和副交感神经双重支配，但交感神经的分布要比副交感神经广泛得多，有些器官如肾上腺髓质、汗腺、竖毛肌、皮肤和肌肉内的血管等只接受交感神经支配。

（3）功能互相拮抗：交感神经和副交感神经对同一器官的作用多数是互相拮抗的，但也有一致的（例如支配唾液腺的交感神经和副交感神经，它们兴奋时均可引起唾液腺的分泌，不过交感神经兴奋时分泌的唾液较黏稠，副交感神经兴奋时分泌的唾液较稀薄）。

（4）具有紧张性作用：指自主神经对内脏器官持续发放低频率神经冲动，使效应器经常维持一定的活动状态，各种功能调节都是在紧张性活动的基础上进行的。

（5）交感神经和副交感神经作用的差异：受效应器功能状态的影响（例如刺激交感神经可增强有孕子宫运动，但抑制无孕子宫运动）。

15. 中央前回对躯体运动的控制具有下列特征：

（1）交叉性控制：即一侧皮质运动区支配对侧躯体的骨骼肌，但头面部只有面神经支配的下部面肌和舌下神经支配的舌肌主要受对侧皮质控制，其余的运动，如咀嚼运动、喉运动及上部面肌运动的肌肉受双侧皮质控制，故当一侧内囊损伤时，头面部肌肉并不完全麻痹，只有对侧下部面肌与舌肌发生麻痹。

（2）运动区所支配的肌肉定位精细：即一定皮质部位管理一定肌肉的收缩，其总的安排与体表感觉区相似，为倒置的人体投影分布，但头面部代表区的内部安排仍是正立分布。

（3）运动代表区的大小与运动的精细程度有关：运动愈精细、愈复杂的部位，在皮质运动区内所占的范围愈大。

（张　量）

第十一章 内分泌

习 题

一、名词解释

1. 激素
2. 旁分泌
3. 自分泌
4. 神经分泌
5. 靶细胞
6. 允许作用
7. 下丘脑调节肽
8. 促激素
9. 应急反应
10. 应激反应

二、填空题

1. 按分子结构和化学性质，将激素可分为四大类，即_____、_____、固醇类和脂肪酸衍生物。
2. 内分泌细胞分泌的信使分子称为_____，其作用的细胞称为_____。
3. 下丘脑基底部的促垂体区神经元分泌下丘脑调节肽，经_____运送到_____调节其分泌功能。
4. 内分泌腺分泌水平的相对稳定是通过_____机制实现的。
5. 生长素的主要作用是_____和_____。
6. 由神经垂体释放的激素，其生物合成部位是_____。
7. 人幼年缺乏生长素将患_____；成年后生长素分泌过多则出现_____。
8. 幼年时缺乏 T_3、T_4 将患_____；成年后缺乏 T_3、T_4 将患_____。
9. 肾上腺皮质分泌的激素有_____、_____和_____。
10. 糖皮质激素浓度升高可引起血液中中性粒细胞数目_____，淋巴细胞数目_____，嗜酸性粒细胞数目_____。
11. 应急反应和应激反应的主要区别在于，前者主要是_____系统活动的增强，而后者则是_____系统活动的增强。
12. 血糖水平升高可引起胰岛素分泌_____。
13. 胰岛 A 细胞产生的激素主要是_____，B 细胞产生的主要是_____，D 细胞产生的主要是_____。
14. 维生素 D_3 的活性形式是_____。

15. 甲状腺功能亢进时，血胆固醇水平_____于正常。
16. 当体内甲状腺激素含量增高时，心脏活动_____。
17. 调节体内钙、磷代谢的激素是_____、_____和维生素 D_3。
18. 蛋白餐或静脉注射氨基酸可使胰岛素分泌_____。

三、选择题

（一）A 型题

1. 血中激素浓度很低，而生理效应十分明显是因为
   A. 激素的半衰期长
   B. 激素的特异性强
   C. 激素作用有靶细胞
   D. 激素间有相互作用
   E. 激素有高效能放大作用

2. 关于含氮类激素的正确描述是
   A. 分子较大，不能透过细胞膜
   B. 不易被消化酶所破坏，故可口服使用
   C. 可直接与胞质内受体结合而发挥生物效应
   D. 全部是氨基酸衍生物
   E. 用基因调节学说来解释其作用机制

3. 第二信使 cAMP 的作用是激活
   A. DNA 酶
   B. 磷酸化酶
   C. 蛋白激酶
   D. 腺苷酸环化酶
   E. 磷酸二酯酶

4. 下列哪种激素属于含氮激素
   A. 1,25-二羟维生素 D_3
   B. 雌二醇
   C. 睾酮
   D. 醛固酮
   E. 促甲状腺激素

5. 神经激素是指
   A. 存在于神经系统的激素
   B. 作用于神经细胞的激素
   C. 由神经细胞分泌的激素
   D. 使神经系统兴奋的激素
   E. 调节内分泌腺功能的激素

6. 激素作用的一般特征是
   A. 由内分泌细胞粗面内质网合成
   B. 以 cAMP 为第二信使
   C. 受体位于靶细胞膜上
   D. 对靶细胞有严格特异性
   E. 有高效能的生物放大作用

7. 类固醇激素作用机制的第一步是与靶细胞的
   A. 细胞膜受体结合
   B. 胞质受体结合
   C. 核受体结合
   D. G-蛋白结合
   E. 腺苷酸环化酶

8. 下列哪种激素**不是**由腺垂体合成、分泌的
   A. 促甲状腺激素
   B. 促肾上腺皮质激素
   C. 生长素
   D. 缩宫素（催产素）
   E. 黄体生成素

9. 下列哪种激素**不是**由下丘脑促垂体区的神经细胞合成的
   A. 促肾上腺皮质激素
   B. 生长素释放激素
   C. 催乳素释放因子
   D. 促性腺激素释放激素
   E. 促甲状腺激素释放激素

10. 排乳反射是由下列哪种激素引起的
    A. 催乳素
    B. 雌激素
    C. 缩宫素（催产素）
    D. 孕激素
    E. 生长素

11. 刺激生长素分泌最强的代谢因素是
    A. 低蛋白
    B. 低血糖
    C. 低血脂
    D. 低血钾
    E. 低血钠
12. 下列哪种激素**不是**垂体分泌、释放的
    A. 生长素
    B. 缩宫素（催产素）
    C. 抗利尿激素
    D. 促甲状腺激素释放激素
    E. 催乳素
13. 血液中生物活性最强的甲状腺激素是
    A. 碘化酪氨酸
    B. 一碘酪氨酸
    C. 二碘酪氨酸
    D. 三碘甲状腺原氨酸
    E. 四碘甲状腺原氨酸
14. 对脑和长骨的发育最为重要的激素是
    A. 生长素
    B. 性激素
    C. 甲状腺激素
    D. 促甲状腺激素
    E. 1,25-二羟维生素 D_3
15. 当甲状腺功能亢进时
    A. 蛋白质合成增加，出现负氮平衡
    B. 蛋白质合成减少，出现正氮平衡
    C. 蛋白质分解增加，出现负氮平衡
    D. 蛋白质分解减少，出现正氮平衡
    E. 蛋白质代谢无明显变化
16. 在甲状腺激素合成过程中起关键作用的酶是
    A. 过氧化酶
    B. 脱碘酶
    C. 磷酸化酶
    D. 蛋白水解酶
    E. 氨基化酶
17. 下列哪种情况下可引起 ADH 分泌增加
    A. 血浆晶体渗透压升高
    B. 血浆胶体渗透压升高
    C. 循环血量增多
    D. 血压升高刺激颈动脉窦压力感受器
    E. 大量输入生理盐水
18. 腺垂体调节甲状腺功能的激素是
    A. 生长素
    B. 促黑激素
    C. 促甲状腺激素
    D. 促肾上腺皮质激素
    E. 促甲状腺激素释放激素
19. 调节血钙浓度最主要的激素是
    A. 生长素
    B. 降钙素
    C. 甲状腺激素
    D. 甲状旁腺激素
    E. 肾上腺皮质激素
20. 血液中降钙素主要由哪种细胞产生
    A. 胰岛 A 细胞
    B. 胰岛 B 细胞
    C. 甲状腺 C 细胞
    D. 甲状旁腺细胞
    E. 小肠上部 K 细胞
21. 合成肾上腺皮质激素的原料是
    A. 葡萄糖
    B. 蛋白质
    C. 脂肪酸
    D. 胆固醇
    E. 卵磷脂
22. 关于糖皮质激素对代谢的影响，下列哪项是**错误**的
    A. 促进肝外组织蛋白质分解
    B. 促进肾保钠、排钾、保水
    C. 促进糖异生
    D. 减少外周组织对葡萄糖利用
    E. 促进全身各部位的脂肪分解
23. 刺激胰岛素分泌最主要的因素是

A. 胃泌素释放
B. 迷走神经兴奋
C. 血糖浓度升高
D. 血氨基酸浓度升高
E. 胰高血糖素释放

24. 糖皮质激素本身没有缩血管效应，但能加强去甲肾上腺素的缩血管作用，这称为
A. 协同作用
B. 致敏作用
C. 增强作用
D. 允许作用
E. 辅助作用

25. 肾上腺皮质功能不足的患者，排除水分的能力大为减弱，可出现"水中毒"，补充下列哪种激素可缓解症状
A. 胰岛素
B. 糖皮质激素
C. 醛固酮
D. 肾上腺素
E. 胰高血糖素

26. 由肠吸收的碘以 I^- 的形式存在于血液中，I^- 从血液进入甲状腺上皮细胞内的转运方式是
A. 单纯扩散
B. 载体介导易化扩散
C. 通道介导易化扩散
D. 主动转运
E. 入胞

27. 在缺乏促甲状腺激素的情况下，甲状腺本身可适应碘的供应变化调节甲状腺激素的合成、释放。这种调节方式称为
A. 神经调节
B. 体液调节
C. 自身调节
D. 前馈调节
E. 反馈调节

28. 下列哪种情况去甲肾上腺素的作用强于肾上腺素
A. 心脏兴奋
B. 血管收缩
C. 内脏平滑肌松弛
D. 产热效应
E. 血糖升高

(二) X 型题

1. 下列中具有内分泌功能的器官或组织有
A. 下丘脑
B. 肾
C. 心
D. 胃肠道
E. 松果体

2. 激素作用的一般特征有
A. 相对特异性
B. 信息传递作用
C. 高效能生物放大作用
D. 相互间可能有协同作用
E. 相互间可能有拮抗作用

3. 激素间的相互作用包括
A. 相互协同
B. 相互拮抗
C. 允许作用
D. 扩散作用
E. 渗透作用

4. 激素传递的方式包括
A. 远距分泌
B. 神经分泌
C. 旁分泌
D. 外分泌
E. 自分泌

5. 腺垂体分泌的激素有
A. 促甲状腺素释放激素
B. 促肾上腺皮质激素
C. 促性腺激素
D. 生长抑素
E. 催乳素

6. 类固醇激素的作用机制是
A. 启动 DNA 转录

B. 促进 mRNA 形成

C. 诱导新蛋白质的形成

D. 有的也可直接作用于细胞膜上的受体

E. 进入细胞内发挥作用

7. 神经垂体释放的激素有

A. 促甲状腺素

B. 促肾上腺皮质激素

C. 缩宫素（催产素）

D. 抗利尿激素

E. 催乳素

8. 甲状腺分泌的激素有

A. 甲状旁腺激素

B. T_3

C. T_4

D. 降钙素

E. 促甲状腺激素

9. 人胰岛产生的激素有

A. 胰岛素

B. 生长抑素

C. 胰高血糖素

D. 生长素

E. 缩宫素（催产素）

10. 下列哪些激素来自于下丘脑

A. 生长激素释放激素

B. 生长抑素

C. 促甲状腺激素释放激素

D. 缩宫素（催产素）

E. 抗利尿激素

11. 肾上腺分泌的激素有

A. 肾上腺素

B. 醛固酮

C. 去甲肾上腺素

D. 糖皮质激素

E. 雌激素

12. 促甲状腺激素的作用有

A. 促进甲状腺腺泡上皮细胞的增生

B. 调节降钙素的释放

C. 促进聚碘作用

D. 促进碘的活化

E. 刺激甲状腺腺泡内核酸与蛋白质的合成

13. 能产生生长抑素的有

A. 胰岛 D 细胞

B. 胰岛 B 细胞

C. 胰岛 A 细胞

D. 胃肠道

E. 下丘脑

14. 有关生长素的论述，正确的是

A. 幼年时缺乏将患呆小症

B. 幼年时过多将患巨人症

C. 成年时缺乏将使血糖升高

D. 幼年时缺乏将患侏儒症

E. 成年时过多将患肢端肥大症

15. 甲状腺激素的生理作用有

A. 促进机体新陈代谢

B. 促进脂肪重新分配

C. 促进糖的吸收

D. 提高机体的产热量

E. 促进血钾进入细胞内

16. 调节甲状腺激素分泌的有

A. 下丘脑

B. 腺垂体

C. 甲状腺激素的反馈作用

D. 自身调节

E. 自主神经系统

17. 甲状腺激素的生理作用有

A. 产生正氮平衡

B. 加速胆固醇的降解

C. 促进肝糖原的分解

D. 维持机体正常的生长发育

E. 促进脂肪分解

18. 甲状腺功能亢进患者（T_3、T_4 分泌过多）可有

A. 喜凉怕热

B. 多汗

C. 肌肉纤颤

D. 喜怒无常

E. 食欲增加

19. 肾上腺皮质功能亢进患者的血中

A. 淋巴细胞减少
B. 中性粒细胞增多
C. 嗜酸性粒细胞增多
D. 红细胞数增多
E. 血小板数目减少

20. 创伤、剧痛、失血时分泌增加的激素有
A. 胰岛素
B. 肾上腺素
C. 生长素
D. 糖皮质激素
E. 去甲肾上腺素

21. 长期大量使用糖皮质激素后可出现
A. 血糖升高
B. 骨质疏松
C. 皮肤变薄
D. 向心性肥胖
E. 伤口愈合时间延长

22. 糖尿病患者**忌用**糖皮质激素是因为它能
A. 促进糖异生
B. 加速糖的分解
C. 抑制糖的利用
D. 使血糖降低
E. 促进细胞对糖的摄取和利用

23. 醛固酮分泌过多可引起
A. 高血钠
B. 高血钾
C. 体重增加
D. 高血容量
E. 高血压

24. 妊娠期孕妇不泌乳是因为

A. 催乳素分泌过多
B. 乳腺细胞发育尚不成熟
C. 缩宫素（催产素）分泌过多
D. 雌激素分泌过多
E. 孕激素分泌过多

25. 与血钙调节有关的内分泌腺或内分泌细胞有
A. 胰岛
B. 甲状旁腺
C. 肾上腺
D. 甲状腺 C 细胞
E. 松果体

26. 甲状旁腺激素的作用有
A. 动员骨钙入血
B. 抑制肾小管重吸收钾
C. 促进肾小管重吸收钙
D. 促进 1,25-二羟维生素 D_3 生成
E. 抑制肾小管重吸收磷酸盐，降低血磷

27. 能引起血糖升高的激素有
A. 皮质醇
B. 生长素
C. 肾上腺素
D. 胰岛素
E. 胰高血糖素

28. 能促进蛋白质合成的激素有
A. 生长素
B. 甲状腺激素
C. 胰岛素
D. 雄激素
E. 去甲肾上腺素

四、是非判断题

1. 血液中激素的基础水平是稳定的，如无外界刺激，不呈现波动。
2. 激素与血中各种蛋白质是激素灭活的一个重要途径。
3. 类固醇激素由于溶于水因此较难进入细胞内。
4. 除类固醇激素以外，所有其他的激素都是通过 cAMP-PK 机制而发挥作用。
5. 下丘脑与腺垂体之间没有神经通路联系。
6. 垂体门脉中有从垂体向下丘脑去的血流。

7. TRH 也能刺激催乳素分泌。
8. 恒河猴排卵时血中出现 LH 高峰，随后门脉血中的 GnRH 也显著升高。
9. 人幼年患侏儒症，如及时用牛生长激素治疗仍可正常发育。
10. 人成年以后，随着年龄的增长，血中生长素浓度逐渐降低。
11. TSH、FSH 和 LH 的 β 链结构相似。
12. 随着食物的碘供应不断增加，甲状腺素的合成也不断增加，造成甲状腺功能亢进。
13. 测定男性尿中 17-氧类固醇含量不能反映皮质醇代谢状态。
14. 甲状腺激素使脑耗氧增加，因此兴奋性提高。
15. 醛固酮在血中主要和皮质激素运载蛋白结合而存在。
16. ACTH 对醛固酮的分泌没有影响。
17. 血液 ACTH 的日周期波动是觉醒起床前最低。
18. 胰高血糖素可刺激胰岛素的分泌，胰岛素则可抑制胰高血糖素的分泌。
19. 维生素 D_3 在肝羟化为其生物活性形式而发挥作用，最后在肾失活。
20. 血钙浓度的快速变化（几小时）对甲状旁腺激素分泌的影响比慢变化（几小时）的影响小。
21. 儿童的破骨细胞活动很弱，因此降钙素对儿童作用较小。
22. 切除甲状旁腺后，由于降钙素不足，血钙升高，发生手足搐搦症。
23. 食物中缺碘时，甲状腺将萎缩。
24. 低盐饮食的动物，给以醛固酮时尿中 K^+ 不增加。
25. 皮质醇对水盐代谢有不容忽视的作用。
26. 肾上腺素使全身血管的外周阻力升高。
27. 同样剂量葡萄糖口服时刺激胰岛素分泌的作用比静脉注射时更明显。
28. 下丘脑的神经分泌性神经元只能通过其紧贴门脉毛细血管壁的末梢将促垂体激素（因子）释入门脉血管内。
29. 所谓 CRF 已证明即是加压素。
30. 血中皮质醇总量显著增加时，可以不出现肾上腺皮质功能亢进的表现。

五、问答题

1. 激素的作用有哪些共同特点？
2. 试述下丘脑与腺垂体之间的功能联系。
3. 试述生长素的生理作用及分泌的调节。
4. 甲状腺激素的主要生理作用有哪些？
5. 简述甲状腺激素分泌的调节，阐明机体缺碘引起甲状腺肿大的机制。
6. 简述胰岛素对糖、蛋白质和脂肪代谢的调节作用及胰岛素分泌不足时可能出现的异常现象。
7. 糖皮质激素的主要生理作用有哪些？
8. 简述糖皮质激素分泌的调节，并说明长期使用糖皮质激素的病人为何不能骤然停药？

参考答案

一、名词解释

1. 激素是内分泌细胞分泌的、经体液传递信息的生物活性物质。
2. 激素通过细胞间液弥散到邻近靶细胞发挥作用的方式。
3. 是指激素在局部弥散又返回作用于该内分泌细胞而发挥反馈作用的方式。
4. 是指神经细胞分泌的神经激素通过轴浆运输至末梢释放、经血液的运输再作用于靶细胞的方式。
5. 某种激素选择性作用的细胞，被称为这种激素的靶细胞。
6. 某些激素本身并不能对某器官或细胞直接发生作用，但它的存在却使另一种激素的效应明显增强，这种现象称为激素的允许作用。
7. 下丘脑"促垂体区"肽能神经元分泌的神经肽，其主要作用是调节腺垂体激素的分泌活动。
8. 是指腺垂体分泌的促进靶腺（甲状腺、肾上腺皮质和性腺）的生长发育和分泌活动的激素。促激素包括促甲状腺激素、促肾上腺皮质激素、促卵泡激素和黄体生成素。
9. 是指在环境急剧变化和各种伤害刺激的紧急情况下引起的以交感-肾上腺髓质系统活动增强为主的适应性反应。应急反应时充分调动机体的潜能，提高"战斗力"，克服急剧环境变化对机体造成的困难。
10. 是指在环境急剧变化和各种伤害刺激的紧急情况下引起的以下丘脑-腺垂体-肾上腺皮质轴活动加强为主的一系列非特异性反应。应激反应时 ACTH 与糖皮质激素分泌明显增加，增强机体对有害刺激的"耐受力"。

二、填空题

1. 含氮激素　类固醇（甾体）激素
2. 激素　靶细胞
3. 垂体门脉系统　腺垂体
4. 负反馈
5. 促进生长　促进代谢
6. 下丘脑视上核和室旁核
7. 侏儒症　肢端肥大症
8. 呆小症　黏液性水肿
9. 盐皮质激素　糖皮质激素　性激素
10. 增加　减少　减少
11. 交感-肾上腺髓质　下丘脑-腺垂体-肾上腺皮质轴
12. 增加
13. 胰高血糖素　胰岛素　生长抑素
14. 1,25-二羟维生素 D_3
15. 低

16. 增快增强
17. 甲状旁腺激素　降钙素
18. 增加

三、选择题

(一) A 型题

1. E　　2. A　　3. C　　4. E　　5. C　　6. E　　7. B　　8. D　　9. A
10. C　11. B　12. D　13. D　14. C　15. C　16. A　17. A　18. C
19. D　20. C　21. D　22. E　23. C　24. D　25. B　26. D　27. C
28. B

(二) X 型题

1. ABCDE　2. ABCDE　3. ABC　4. ABCE　5. BCE　6. ABCDE
7. CD　8. BCD　9. ABC　10. ABCDE　11. ABCDE　12. ACDE
13. ADE　14. BDE　15. ACD　16. ABCDE　17. ABCD　18. ABCDE
19. ABD　20. BCDE　21. ABCDE　22. AC　23. ACDE　24. DE
25. BD　26. ACDE　27. ABCE　28. ABCD

四、是非判断题

1. 错　2. 错　3. 错　4. 错　5. 对　6. 对　7. 对　8. 错　9. 错
10. 错　11. 错　12. 错　13. 对　14. 错　15. 错　16. 错　17. 错　18. 对
19. 对　20. 对　21. 错　22. 错　23. 错　24. 对　25. 对　26. 错　27. 对
28. 错　29. 错　30. 对

五、问答题

1. 激素作用的共同特点

(1) 特异性：某种激素有选择地作用于某些靶器官和靶细胞的特性，称为激素的特异性。

(2) 信息传递作用：激素是化学信使分子，能将某种信息以化学方式传递给靶细胞，从而加强或减弱其代谢过程和功能活动，在完成信息传递之后即被分解失活。

(3) 高效能生物放大作用：激素在体液中含量甚少，但其作用显著，这是由于激素与受体结合后，在细胞内发生一系列酶促放大作用，逐级放大，形成一个效能极高的生物放大系统。

(4) 激素间的相互作用：当多种激素共同参与某一生理活动的调节时，激素与激素之间往往存在着协同作用或拮抗作用。另外，还有一种允许作用，允许作用是指某些激素本身并不能直接对某器官或细胞发生作用，但它的存在却使另一种激素产生的效应明显增强。

2. 下丘脑和腺垂体之间通过垂体门脉系统构成功能上的联系。下丘脑基底部的"促垂体区"，主要包括正中隆起、弓状核、视交叉上核、腹内侧核、室周核等核团。这些核团的肽能神经元分泌下丘脑调节肽，由轴突运送到末梢释放，由垂体门脉系统的第一级毛细血管网吸收，再经血流运输到位于腺垂体的第二级毛细血管网并释放，从而调节腺垂体的活动。目前已知下丘脑促垂体区分泌的下丘脑调节肽主要有 9 种，它们是促甲状腺激素释放激素、促肾上腺皮质激素释放激素、促性腺激素释放激素、生长素释放激素、生长抑素、催乳素释放因子、催乳素释放抑制因子、促黑激素释放因子、促黑激素释放抑制因子。它们分别对腺垂体 7 种内分泌细胞的活动起兴奋或抑制作用。

3. 生长素的生理作用

(1) 促进生长：促进全身各种组织（脑组织除外）的生长、促进蛋白质合成增加。特别对骨骼、肌肉及内脏器官的生长的影响更明显。生长素能刺激肝、肾产生胰岛素样生长因子，称为生长素介质，可间接地促进生长。

(2) 对代谢的作用：

①对蛋白质代谢：促进蛋白质合成，抑制分解。利于组织修复与生长。

②对糖代谢：

小剂量：降血糖。刺激胰岛素分泌，促进组织对糖的利用。

大剂量：升血糖。抑制糖的氧化和利用，血糖升高。若 GH 分泌过多，可出现尿糖，称为垂体性糖尿病。

③对脂肪代谢：促进脂肪分解，加速脂肪酸氧化，为机体提供能量。

游离脂肪酸可抑制组织对糖的利用，由脂肪酸优先供能。节约糖。

GH 过多时血中脂肪酸和酮体增多。

生长素的分泌调节

(1) 下丘脑对 GH 分泌的调节：腺垂体 GH 的分泌受下丘脑 GHRH 与 GHRIH 的双重调节。正常生理状态下，GHRH 起主要作用。GHRH 促进 GH 的释放，GHRIH 抑制 GH 分泌。

(2) 反馈调节：GH 对下丘脑 GHRH 分泌与释放有反馈抑制作用，GHRH 对其自身分泌也有反馈调节作用。

(3) 睡眠：在慢波睡眠时相 GH 分泌量明显增多。转入快波睡眠时相，GH 分泌减少。

(4) 代谢因素：低血糖、高氨基酸刺激 GH 分泌。高游离脂肪酸抑制 GH 分泌。

(5) 激素的作用：甲状腺激素、雌激素、睾酮及应激刺激均可刺激 GH 分泌。

4. 甲状腺激素的主要作用

(1) 对代谢的影响：

①促进能量代谢：产热效应。

甲状腺激素能加速体内物质氧化过程，增加体内大多数组织细胞的耗 O_2 量和产热量，提高机体基础代谢率，对维持体温的恒定具有重要意义（脑、肺、性腺、脾、淋巴结、皮肤等器官不受其影响）。

甲状腺功能亢进患者，产热量增加，BMR 较正常值高 50%~100%，怕热多汗，体温偏高。

甲状腺功能减退患者，产热量减少，BMR 较正常值低 30%~45%，喜热恶寒，体温偏低。

②促进物质代谢：

a. 对糖代谢：升高血糖和降低血糖双向作用。以升高血糖为主。

b. 对蛋白质代谢：

生理剂量：促进蛋白质合成。

大剂量：既促进合成，又促进分解，分解大于合成。

甲状腺功能减退：黏蛋白增多，水钠潴留导致黏液性水肿。

c. 对脂肪代谢：既促进合成，又促进分解，分解大于合成。

(2) 促进生长发育：主要促进脑和长骨的生长发育。与生长素有协同作用，促进长骨的生长。

甲状腺激素能促进神经元树突和轴突的形成，髓鞘及胶质细胞的生长、脑血流量增加、使蛋白质、磷脂、酶及递质的合成增多，促进脑组织发育。

(3) 其他作用：

①兴奋中枢神经系统。

②增强心血管系统的活动：心率加快，心缩力增强，心输出量增加，收缩压升高，舒张压降低，脉压增大。

③其他作用。甲状腺功能亢进时，消化活动增强。甲状腺功能亢进、甲状腺功能减退时，生殖能力均降低。

5. 甲状腺激素分泌的调节

(1) 下丘脑-腺垂体-甲状腺机能调节轴：下丘脑分泌促甲状腺激素释放激素（TRH），促进腺垂体合成分泌促甲状腺激素（TSH），TSH促进甲状腺腺细胞的增生，加速T_3、T_4的合成与分泌。当血中T_3、T_4增多时又反馈抑制腺垂体TSH的合成与分泌，有利于维持体内T_3、T_4的稳定。寒冷可引起下丘脑TRH分泌增多使体内T_3、T_4水平升高。

(2) 自身调节：血碘过高时可抑制T_3、T_4的合成与分泌。

(3) 神经调节：交感神经兴奋促进T_3、T_4合成，副交感神经兴奋抑制分泌。

机体缺碘引起甲状腺肿大的机制：碘是合成甲状腺激素的原料。当食物中长期缺碘时，体内甲状腺激素的合成与分泌减少，对腺垂体的反馈抑制作用减弱，则腺垂体分泌促甲状腺激素（TSH）增多。TSH能刺激甲状腺代偿性地增生、肥大。由于甲状腺的功能基本正常，故又称为单纯性甲状腺肿。

6. 胰岛素对糖、蛋白质和脂肪代谢的调节作用及胰岛素分泌不足时可能出现的异常情况如下：

(1) 对糖代谢：胰岛素一方面促进全身组织对葡萄糖的摄取和利用，加速肝和肌糖原合成，并促进葡萄糖转变为脂肪；另一方面还抑制糖原分解和糖异生，因而能使血糖降低。胰岛素分泌不足最明显的表现为血糖升高，当血糖超过肾糖阈时，糖即随尿排出，出现尿糖。

(2) 对脂肪代谢：胰岛素能促进脂肪的合成与贮存，同时抑制脂肪的分解。

(3) 对蛋白质代谢：胰岛素能促进细胞对氨基酸的摄取和蛋白质合成，抑制蛋白质的分解，因而有利于生长。

7. 糖皮质激素的主要生理作用有以下几个方面

(1) 对物质代谢的影响

①促进糖异生，抑制糖利用，升高血糖。

②促进肝外组织蛋白质的分解。

③促进脂肪分解，引起脂肪重新分布，出现"向心性肥胖"。

④有较弱的保Na^+排K^+作用。

(2) 在应激反应中的作用：人体突然受到创伤、手术、焦虑、惊恐等有害刺激时，血液中促肾上腺皮质激素和糖皮质激素等激素的浓度急剧增高的现象，称为应激反应，可增强机体对伤害性刺激的抵抗力和耐受力。

(3) 对各器官系统的作用

①使血中红细胞、血小板和中性粒细胞数目增多，淋巴细胞和嗜酸性粒细胞减少。

②增强血管平滑肌对儿茶酚胺的敏感性（允许作用），降低毛细血管的通透性。

③提高中枢神经系统的兴奋性。

④促进胃酸、胃蛋白酶的分泌。

8. 肾上腺皮质分泌糖皮质激素主要受下丘脑-腺垂体-肾上腺皮质轴的经常性调节。下丘脑分泌的促肾上腺皮质激素释放激素（CRH），通过垂体门脉系统的运输到达腺垂体，可促进腺垂体分泌促肾上腺皮质激素（ACTH），ACTH刺激肾上腺皮质合成、分泌糖皮质激素，促进肾上腺皮质发育生长。血液中糖皮质激素水平增高不仅反馈抑制下丘脑CRH的分泌、而且主要反馈抑制腺垂体ACTH的分泌（长反馈）。ACTH亦可反馈抑制下丘脑CRH的分泌（短反馈）。总之，下丘脑、腺垂体、肾上腺皮质组成一个密切联系，协调统一的功能活动轴，从而维持血中糖皮质激素的相对稳定和在不同状态下的适应性变化。

长期大量应用糖皮质激素时，由于它对下丘脑和腺垂体的负反馈作用增强，导致腺垂体分泌的促肾上腺皮质激素减少，引起肾上腺皮质萎缩，自身分泌的糖皮质激素减少。如果突然停药，必将因自身分泌不足而使血中糖皮质激素水平突然降低，病人将处于肾上腺皮质功能低下状态，如血糖下降、血压下降、神经系统的兴奋性降低和对伤害性刺激的耐受力降低等，严重的可危及生命。因此不能突然停药，而应逐步减少剂量，以使对下丘脑和腺垂体的负反馈作用减弱，还可间断给予ACTH，有利于肾上腺皮质功能恢复。

（梁秀艳　孙德英）

第十二章 生 殖

习 题

一、名词解释

1. 月经
2. 排卵
3. 妊娠黄体
4. 月经周期

二、填空题

1. LH 刺激睾丸的_____细胞分泌_____；FSH 刺激睾丸的_____细胞分泌_____。
2. 卵巢的功能是_____和_____。
3. 月经周期按子宫内膜的变化分为_____、_____和_____三个时期。
4. 月经周期中由于_____和_____浓度迅速下降，导致子宫内膜脱落、出血，形成月经。
5. 人类胎盘分泌的激素主要有_____、_____、_____和_____。

三、选择题

（一）A 型题

1. 睾丸间质细胞具有下列哪项功能
   A. 营养和支持生殖细胞
   B. 分泌雄激素
   C. 产生精子
   D. 起血睾屏障作用
   E. 分泌抑制素
2. 下列哪个部位产生精子
   A. 精囊
   B. 间质细胞
   C. 附睾
   D. 曲细精管
   E. 输精管
3. 关于睾酮的叙述，**错误**的是
   A. 刺激雄性器官发育并维持成熟状态
   B. 刺激男性副性征出现
   C. 促进蛋白质合成，增加钙磷沉积，促进骨骼、肌肉生长
   D. 刺激骨髓造血，使红细胞增多
   E. 无水钠潴留作用
4. 关于睾丸功能调节的叙述，**错误**的是
   A. FSH 促进睾丸的支持细胞分泌抑制素
   B. LH 刺激间质细胞分泌睾酮
   C. FSH 对生精有始动作用
   D. 抑制素对 FSH 有负反馈作用
   E. 睾酮对腺垂体 FSH 的分泌起负反馈作用
5. 关于精子与受精的叙述，下列哪项是**错误**的
   A. 每次射精的精子数少于 2000 万，即不易使卵子受精

B. 在男子体内，精子已发育成熟，但没有使卵子受精的能力
C. 在女性生殖道内，精子获能
D. 孕激素使宫颈液变得稀薄，精子容易通过宫颈
E. 精子和卵子一般是在输卵管内结合

6. 睾酮的化学本质是
   A. 类固醇激素
   B. 含氮类激素
   C. 肽类激素
   D. 蛋白质激素
   E. 胺类激素

7. 卵巢分泌的雌激素主要是
   A. 雌二醇
   B. 雌三醇
   C. 孕酮
   D. 雌酮
   E. 己烯雌酚

8. 血中哪一种激素出现高峰可作为排卵的标志
   A. 人绒毛膜促性腺激素
   B. 孕激素
   C. 黄体生成素
   D. 人绒毛膜生长素
   E. 雌激素

9. 健康女性每个月经周期中，两侧卵巢能发育成熟的卵泡通常为
   A. 一个
   B. 两个
   C. 十几个
   D. 二十几个
   E. 三十几个

10. 排卵一般发生在
    A. 月经来潮之前
    B. 增殖期的第 3 日
    C. 分泌期的第 14 日
    D. 月经周期的第 28 天
    E. 月经周期的第 14 天

11. 排卵后形成的黄体可分泌
    A. LH
    B. FSH
    C. GnRH
    D. 人绒毛膜生长素
    E. 孕激素和雌激素

12. 能直接作用于子宫内膜使其产生分泌期变化的主要激素是
    A. 促性腺激素
    B. 促性腺激素释放激素
    C. 孕激素
    D. 孕激素和雌激素共同作用
    E. 促性腺激素抑制激素

13. 排卵前黄体生成素出现高峰的原因是
    A. FSH 的作用
    B. 少量 LH 本身的短反馈作用
    C. 血中高水平的雌激素对腺垂体的正反馈作用
    D. 血中孕激素对腺垂体的正反馈作用
    E. 血中雌激素和孕激素的共同作用

14. 临床上可用哪种简便的方法来监测排卵
    A. 测定孕激素的高峰
    B. 测定雌激素和孕激素的高峰
    C. 测定雌激素的高峰
    D. 测定基础体温
    E. 测定 FSH 的高峰

15. 月经血不发生凝固的原因是
    A. 雌激素可阻止血凝
    B. 孕激素可阻止血凝
    C. 子宫内有大量的肝素
    D. 子宫内有丰富的纤溶酶原激活物
    E. 子宫内膜分泌大量的抗凝血酶抑制血凝

16. 关于月经出血的叙述，下列哪项是**错误**的
    A. 与 FSH 和 LH 的分泌减少有关
    B. 由于雌激素和孕激素分泌减少而引起

C. 子宫内膜血管痉挛，子宫内膜缺血、坏死、脱落
D. 因为子宫内膜组织中含有丰富的纤溶酶原激活物，故月经血不凝固
E. 由于雌激素和孕激素分泌增多而引起

17. 月经的发生与下列哪项因素有关
    A. 血液中雌二醇水平升高，孕酮水平下降
    B. 血液中孕酮和雌二醇水平下降
    C. 血液中孕酮水平升高，雌二醇水平下降
    D. FSH 和 LH 水平升高
    E. 血液中人绒毛膜促性腺激素浓度升高

18. 关于雌激素生理作用的叙述，下列哪项是**错误**的
    A. 使输卵管平滑肌活动增强
    B. 促进阴道上皮细胞增生、角化，并合成大量糖原
    C. 促进肾小管对水和钠的重吸收
    D. 使子宫内膜增生变厚，腺体分泌
    E. 刺激乳腺导管的结缔组织增生，产生乳晕

19. 关于孕激素生理作用的叙述，下列哪项是**错误**的
    A. 刺激子宫内膜呈增生期变化
    B. 使子宫平滑肌活动减弱
    C. 降低母体免疫排斥能力
    D. 刺激乳腺腺泡发育
    E. 促进能量代谢

20. 妊娠期内不排卵是由于下列哪种激素的作用
    A. 雌激素
    B. 孕激素
    C. 雌激素和孕激素
    D. 催乳素
    E. 促性腺激素释放激素

(二) X 型题

1. 下列哪些激素是由睾丸分泌的
    A. 睾酮
    B. 抗利尿激素
    C. 前列腺素
    D. 绒毛膜促性腺激素
    E. 抑制素

2. 下列哪些是睾酮的生理作用
    A. 促进男性附性器官的发育
    B. 提高性欲
    C. 刺激男性副性征的出现
    D. 刺激蛋白质合成，呈现负氮平衡
    E. 维持生精

3. 下列哪些是卵巢分泌的激素
    A. 雌激素
    B. 孕激素
    C. 肾素
    D. 少量雄激素
    E. 绒毛膜促性腺激素

4. 下列哪些为雌激素的功能
    A. 促进肌肉蛋白质的合成
    B. 使子宫内膜增生
    C. 促进基础代谢，使基础体温在排卵后升高
    D. 促进排卵
    E. 使阴道内形成酸性环境，增强阴道抗菌能力

5. 雌激素对代谢的作用，下列哪些是正确的
    A. 增加肾小管对 Na^+ 的重吸收
    B. 抑制肾小管对 Na^+ 的重吸收
    C. 促进蛋白质合成，加强钙盐代谢
    D. 促进脂肪合成，增高血浆胆固醇
    E. 促进糖原分解，升高血糖

6. 体内哪些部位可以分泌雌激素
    A. 胎盘
    B. 肾上腺皮质网状带
    C. 卵巢
    D. 肾上腺皮质球状带
    E. 肾上腺皮质束状带

7. 在正常的月经周期中
    A. 排卵与血液 LH 水平突然升高有关

B. 在排卵前宫颈黏液变得稀薄
C. 子宫内膜生长的增殖期依赖于雌激素的分泌
D. 月经期大约失血 500ml
E. 雌激素对 GnRH 的分泌存在正反馈的作用
8. 关于月经黄体的叙述，正确的有
   A. 对分泌期子宫内膜的发育和维持起着不可缺少的作用
   B. 受腺垂体的调节控制
   C. 在妊娠早期，因继续受垂体促性腺激素的作用，仍分泌卵巢激素
   D. 大约在妊娠第一个月末开始萎缩
   E. 若排出的卵受精，可转变为妊娠黄体
9. 关于卵巢的叙述，下列哪些是正确的
   A. 从青春期开始出现原始卵泡
   B. 每个月经周期可排出 5～10 个卵子
   C. 可受胎盘激素的影响
   D. 对于周期性的子宫内膜的变化是必需的
   E. 可以分泌少量雄激素

四、是非判断题

1. 曲细精管的生殖细胞产生雌激素。
2. 女子的卵巢也能分泌睾酮。
3. 睾酮必须先转变成双氧睾酮才能发挥其生物学作用。
4. 睾丸间质细胞有雌激素受体。
5. 排卵前的 LH 高峰是由雌激素引起的。
6. 雌二醇转变成雌三醇后生物学作用大为增强。
7. 整个妊娠期垂体促性腺激素分泌均增高，维持了黄体的持续存在。
8. 胎盘能独立地合成雌激素和孕酮。
9. 精子在进入附睾前已具备受精能力。
10. 无排卵即无月经。
11. 老年妇女血中促性腺激素水平很低。
12. 高位脊髓横断的人仍能射精。
13. 前列腺分泌物中含大量前列腺素。
14. 新生儿卵巢内只有少量原始卵泡，生后逐渐增多，到青春期后才大量形成。
15. 孕卵的着床只能发生在子宫内。

五、问答题

1. 试述月经周期中腺垂体、卵巢激素和子宫内膜的变化。
2. 一个月经周期中血液内雌激素出现几次高峰，是如何形成的？

参考答案

一、名词解释

1. 在卵巢激素周期性分泌的调控下，子宫内膜发生周期性脱落、出血现象。
2. 每次月经周期中成熟卵泡逐渐靠近卵巢表面并破裂，内含的成熟卵细胞与其周围的

放射冠等一起被排入腹腔，这一过程称为排卵。

3. 每个月经周期中卵巢都有一个成熟卵子排出，排出的卵子受精后，在胎盘激素的作用下，黄体继续长大成为妊娠黄体。

4. 在下丘脑-腺垂体-卵巢轴的调控下，女性从青春期开始，在整个生育期内（除妊娠和哺乳期外），子宫内膜呈规律性的月周期变化，称为月经周期。

二、填空题

1. 间质　睾酮　支持　抑制素
2. 生成卵子　分泌雌激素和孕激素
3. 月经期　增殖期　分泌期
4. 雌激素　孕激素
5. 人绒毛膜促性腺激素　雌激素　孕激素　人绒毛膜生长素

三、选择题

（一）A型题

1. B	2. D	3. E	4. E	5. D	6. A	7. A	8. C	9. A
10. E	11. E	12. D	13. C	14. D	15. D	16. E	17. B	18. D
19. A	20. C							

（二）X型题

| 1. AE | 2. ABCE | 3. ABD | 4. ABDE | 5. AC | 6. ABC |
| 7. ABCE | 8. ABE | 9. CDE | | | |

四、是非判断题

1. 错　2. 对　3. 错　4. 错　5. 错　6. 错　7. 错　8. 错　9. 错
10. 错　11. 错　12. 错　13. 错　14. 错　15. 错

五、问答题

1. 新的月经周期开始时，由于卵泡刺激素（FSH）分泌增加，动员新的一批卵泡发育并促使卵泡发育成熟。在与黄体生成素（LH）的共同作用下，发育中的卵泡分泌雌激素。子宫内膜在雌激素的作用下呈现增殖期变化。当卵泡发育成熟时，所分泌的雌激素形成一个排卵前的高峰，雌激素高峰触发垂体分泌大量的黄体生成素出现高峰，引起成熟卵泡破裂、排卵。排卵后，黄体生成，黄体分泌大量的雌激素和孕激素，共同作用于子宫内膜，呈现分泌期的变化，另一方面，高浓度的雌、孕激素又负反馈作用于下丘脑和腺垂体，抑制LH和FSH分泌，使黄体退化、萎缩，血中雌激素和孕激素的水平迅速下降，子宫内膜退化、缺血坏死、脱落、出血，进入月经期。这时负反馈作用解除，FSH又增高，促进新的一批卵泡发育进入下一周期。

月经周期形成的原理及卵巢和子宫内膜的变化

	增殖期	分泌期	月经期
时间	第6～14天	第15～28天	第1～5天
腺垂体	分泌FSH	分泌LH	分泌FSH、LH减少
卵巢	卵泡生长、发育、成熟 分泌雌激素	排卵后的卵泡转变为黄体 分泌雌激素、孕激素	黄体退化变为白体 分泌雌激素、孕激素减少
子宫内膜	呈增殖型 增生增厚 血管增多增长 子宫腺增多增长 腺体不分泌	呈分泌型 继续增厚 血管继续增长 子宫腺继续增多增长 腺体分泌	脱落、出血

2. 在月经周期中，雌激素的分泌呈现规律性变化。在增殖期，在FSH和LH的共同作用下，卵泡发育并分泌雌激素，雌激素又通过局部正反馈作用，浓度不断升高，在排卵前形成一个高峰，在排卵后即下降。但在排卵后4～5天时，由于黄体发育，黄体细胞不仅分泌大量孕酮，也分泌大量雌激素，形成雌激素的第二个高峰。

（王　平）